老子答问录

刘修明 著

河北出版传媒集团
花山文艺出版社

图书在版编目（CIP）数据

老子答问录 / 刘修明著 .—石家庄:花山文艺出版社，2014.9
ISBN 978-7-5511-2072-2
Ⅰ.①老… Ⅱ.①刘… Ⅲ.①老子－哲学思想－通俗读物 Ⅳ.①B223.15-49
中国版本图书馆CIP数据核字(2014)第198521号

书　　名： 老子答问录
著　　者： 刘修明

策　　划： 张采鑫
责任编辑： 梁　瑛
特约编辑： 龙若飞
责任校对： 齐　欣
美术编辑： 胡彤亮
装帧设计： 曲晓华
出版发行： 花山文艺出版社（邮政编码：050061）
（河北省石家庄市友谊北大街330号）
销售热线： 0311-88643221/29/31/32/26
传　　真： 0311-88643225
印　　刷： 三河市华晨印务有限公司
经　　销： 新华书店
开　　本： 710×1000　1/16
印　　张： 17.75
字　　数： 230千字
版　　次： 2014年11月第1版
2020年1月第2次印刷
书　　号： ISBN 978-7-5511-2072-2
定　　价： 36.00元

刘修明　著名秦汉史研究专家。1940年7月出生于上海。1963年复旦大学历史系毕业。上海社会科学院历史研究所研究员。曾任《史林》副主编，《社会科学报》常务副主编，中国秦汉史研究会理事、副会长等职。

主要从事中国古代史、秦汉史、史学理论研究，对中国通史也有很深的造诣。擅长从宏观角度观察、研究历史，以非凡的洞察力揭示某些真相与规律，并结合现实提出自己的真知灼见。独自承担“七五”国家社会科学基金项目“儒生与国运——中国封建社会知识分子的道路”，历经十年而完成。发表论文近百篇，多次获得上海市哲学社会科学优秀成果奖；出版著作多部，如《雄才大略的汉武帝》、《汉光武帝刘秀》、《从崩溃到中兴》、《老子答客问》、《儒生与国运》等；策划、主编大型通俗历史丛书《话说中国》（16卷）、《毛泽东晚年过眼诗文录》等。

修订版自序

我从复旦大学历史系毕业后，一直在上海社会科学院历史所从事秦汉史的研究。上世纪末，应上海人民出版社总编辑郭志坤先生之邀，承担了他主编的“贤哲自述丛书”中的《老子答客问》一书的写作任务。去年，花山文艺出版社总编辑张采鑫先生向我提起有意再版此书，承蒙他的盛情和好意，我把这部旧著认真修订了一遍，核对、增加了一些新的资料和见解，重新编订了体例和目录，改书名为《老子答问录》，交由花山文艺出版社出版。

古往今来，解读、研究《老子》一书的著作浩如烟海，即使是注释和白话翻译的各种版本亦是不计其数。本书不是一部严格意义上的学术著作，而是进行了一种全新的尝试，即在恪守“言之有据”原则的基础上，采取今人与先哲问答“对话”的形式，来向非从事专业性研究的读者，深入浅出地介绍老子的生平、事迹、学说、人生观和哲学思想，点评历代研究者的种种解读和释义，并发表一些自己的“感言”，以期帮助普通的读者走进先贤的内心世界，从古人的智慧中汲取思想和道德的滋养，充实并完善自己。我们相信，这种让古人“起死回生”的表述方法，对消除读者在接受过程中的隔膜和障碍是有帮助的，至少可以将一些学术研究的成果、古代哲学思想的介绍和知识性、趣味性的问题轻松地融合在一起，让读者读起来有一种亲切感。只是在写作的过程中才深切地感受到，这种对话式的解读作起来并不“轻松”；因为深入才能浅出，“深入”有道，才能“浅出”有术。但愿本书的表述和内容能让喜欢老子的读者认可和满意。

老子学说对中国传统哲学思想的形成和发展有着很重要的影响。孔孟老庄是中国古典哲学思想的两个源头，老庄哲学和儒家思想互为补充，互为阴阳两极，对中华民族每个人人生观的形成都留下了或深或浅的镌刻和烙印，并随着时代的发展彰显出新的价值意义。复兴中华优秀传统文化也是实现中国梦的一个重要组成部分，期望本书能为读者了解和亲近祖先的精神智慧、养成健康良好的人生观和道德情操提供一点助益。

谨记。不妥之处，还望读者批评指正。

作 者

2014年6月8日于上海黄浦区汇龙新城

目录

第一章　老子其人

一、姓老，还是姓李？ …… 1
二、我的名字：李耳还是李聃？ …… 3
三、籍贯和乡里 …… 5
四、当什么官？周朝“守藏室史” …… 7
五、太史儋是另一个人，我的后代 …… 9
六、老莱子也不是我 …… 10
七、“老”“彭”是怎么回事 …… 12
八、我是孔子的前辈，孔子向我问礼 …… 13
九、我活了多少岁？　马叙伦的考证 …… 16

第二章　关于《老子》

一、《老子》成书年代　众说纷纭 …… 17
二、一以贯之的一家之言　著作权属于我老子 …… 18
三、文体问题　哲理诗　不是论文 …… 19
四、郭沫若关于“关尹”“环渊”的大胆设想 …… 21
五、杨朱和《老子》书也没有关系 …… 22
六、马叙伦《老子校诂》、朱谦之《老子校译》言之有据，

研究《老子》不可不读 …………………………… 22
七、《老子》怎么变成了《道德经》? …………………… 23
八、上、下两篇怎么变成了八十一章? ………………… 24
九、马王堆汉墓出土《老子》帛书 ……………………… 26
十、《老子》郭店简本 …………………………………… 27

第三章　关于"道"

一、"道"的内涵 ……………………………………… 29
二、"道"为万物之母 ………………………………… 31
三、玄妙的"道",超越"绝对理念"和"天理" ……… 32
四、"谷神"和"玄牝" ………………………………… 34
五、"道"之"精",唯物还是唯心? ………………… 36
六、宇宙"四大":天、地、人、道　道为主宰 ………… 39
七、"玄德"云云 ……………………………………… 41
八、上士、中士、下士对"道"的不同态度 ………… 44
九、"道":幽隐无名 …………………………………… 45
十、"道"的哲学真谛 ………………………………… 47

第四章　知识和知识论

一、"不出门,知天下;不窥牖,见天道" …………… 49
二、您如不是读书多的史官,能感知天下吗? ……… 52
三、"道"是不可感知的,靠感知未必能悟道 ……… 54
四、政教礼乐制度,是无用的文化垃圾 …………… 55
五、饱学之士,未必知"道";懂得越多,忧患越多;道德
教化,是反面的暗示;知识是罪恶的途径和手段 ………… 58
六、"绝圣弃智"、"绝学无忧" ……………………… 59
七、"使民无知无欲"是"愚民政策"吗? ………… 59
八、大实话:"民之难治,以其智多" ………………… 59

九、“知人者智，自知者明” …………………………………… 61

第五章　人性论

一、人的本性　性善性恶 ………………………………………… 63
二、节欲行善　纵欲性恶 ………………………………………… 63
三、婴儿无欲论　理学家的说教 ………………………………… 64
四、“虚其心，实其腹；弱其志，强其骨” ……………………… 66
五、奢靡之风的由来 ……………………………………………… 66
六、寡欲，“道”的追求 ………………………………………… 67
七、贪官污吏：“盗竽”，强盗头子 …………………………… 67
八、“见素抱朴”、“去甚，去奢，去泰” ……………………… 68
九、“知足不辱，知止不殆，可以长久” ……………………… 69
十、“恶”的绝端表现：“乐杀人”、“强梁者不得其死” … 70

第六章　“无为”一：原则

一、人的主观能动性和“无为”的处世哲学是对立的 ………… 73
二、道的本质和行为要求就是“无为”、“无为而无不为” … 74
三、虚静恬淡，即无为 …………………………………………… 75
四、无为，是顺应自然，不是什么都不干 ……………………… 75
五、通过无为途径，才能有“德（得）”、达“道” ………… 75
六、有为是倒退，使社会变乱；礼者，忠信之薄而乱之首也 … 76
七、“为”而不过度；“为”而不为，为所欲为，乃“无为”真义 …………………………………………………………… 80
八、权势者以“有为”对抗“无为”，玩弄万民，结果以社会灾难、历史倒退付出惨痛代价 …………………………………… 80
九、饱学之士不应曲解我的“无为”思想 ……………………… 81
十、疯狂有为是对大自然的掠夺和破坏 ………………………… 82
十一、人口问题，环境灾难 ……………………………………… 85

十二、“无为，无事，无味” …………………………… 87
十三、人类文明史几乎都是“有为”的历史，信仰您老子哲学的人太少了 …………………………………… 88
十四、天地的惩罚：“天地不仁，以万物为刍狗” ………… 93
十五、“处无为之事，行无言之教” ………………………… 95

第七章　“无为”二：政治哲学

一、论政治哲学　“道”是老子政治哲学的组成部分　当权者对老子政治哲学的态度 …………………………… 96
二、“道”融合哲学、伦理、政治于一体，归结为权谋是皮相的见解，主体精神即“无为” ……………………… 97
三、“无为”政治的指导思想、治国原则　“以正治国”、“以无事取天下” ……………………………………… 98
四、四种社会现象让我深思 ………………………………… 99
（一）天下多忌讳，而民弥贫 ……………………………100
（二）民多利器，国家滋昏 ………………………………100
（三）人多伎巧，奇物滋起 ………………………………100
（四）法令滋彰，盗贼多有 ………………………………101
五、治者无为，民自顺化；治者好静，民自端正；治者无事，民自富足；治者无欲，民自淳朴 ……………………101
六、统治者能正己者不多　社会灾难和罪恶是统治者“有为”的结果 ……………………………………………………102
七、“无为”政治原则：“少扰民” ………………………103
八、“无为”政治哲学：“以老百姓为心” ……………105
九、“无为”政治目标：“爱民治国” ……………………106
十、“无为”“无知”不是愚民政策 ……………………107
十一、“无为而治”是柔弱和退守原则在政治上的运用 ………110
十二、当权者不甘心充当阴柔或雌性角色 …………………… 111

十三、唯“太上之君”才能顺乎道之自然，合乎民心 …………113
十四、“治大国若烹小鲜” ………………………………… 114
十五、“变法”不能“数变”“数徙”“数挠” …………115
十六、礼，乱之首 …………………………………………117
十七、“大道废，有仁义” …………………………………120
十八、再论“盗竽” 民之饥，以其上食税之多 …………121
十九、“民之难治”，是因“上之有为”；“民不畏威，则大威至” ……………………………………………………124
二十、“民不畏死，奈何以死惧之”，朱元璋的思考，贪官畏死，正可以死惧之 …………………………………126
二十一、“心服于德，不服于力” …………………………128
二十二、真谛：“天下神器，不可为也” …………………129
二十三、“无为”政治哲学的策略方针：“去甚，去奢，去泰” …130

第八章 “无为”三：社会经济思想

一、我不是经济思想家 观点太陈旧，只有被批判的资格 ……131
二、“小国寡民”是我社会经济思想的主要内容 …………132
三、古代社会也有社会“大怨” ……………………………133
四、五色、五音、五味皆“生之害也” ……………………134
五、合乎“道”的“三宝”：慈，俭，不敢为天下先 ……136
六、“三宝”是公平、正义的表达，目的是解决自然和社会的均衡问题 …………………………………………………138
七、“损不足以奉有余”和“损有余而补不足”的对立 ……139
八、“啬”：珍惜物力、财力的经济学法则 ………………142
九、“啬”也是一种“德”（得） 上可明道，下可治身，推之可治人 ……………………………………………………143
十、“小国寡民”：“至德之世”（庄子）、“至治之极”（司马迁） ………………………………………………………146

第九章　“无为”四：立身处世哲学

一、论各家的立身处世哲学 ……151
二、道家立身处世原则：淡泊，退让 ……152
三、争、斗是世界通行原则，老子独异于人 ……153
四、“不知常，妄作，必凶” ……154
五、“自矜者不长” ……157
六、“自知之明”者强 ……157
七、示人以弱的策略原则 ……158
八、全真保性的生命哲学：摄生、护生、长生 ……160
九、“强梁者不得其死” ……163
十、与人为善　不结怨于人　不争而顺天道 ……164
十一、正确理解“天网恢恢” ……167
十二、“功成身退，天之道” ……169
十三、老子处世哲学的非功利性和超功利性 ……170

第十章　辩证法思想

一、黑格尔承认您的辩证法思想是古代东方的精神代表 ……172
二、老子的辩证法思想来自春秋时代社会大动荡 ……174
三、“反者道之动”：一是变，二是向反方向变 ……174
四、“天地尚不能久，而况于人乎？” ……176
五、“正复为奇，善复为妖” ……177
六、“物壮则老”　“重为轻根，静为躁君” ……178
七、“夫物芸芸，各复归其根”　循环论？ ……180
八、《道德经》“相反相成”“相辅相成”的概念和范畴，是对人类思想的巨大贡献 ……182
九、“有无相生，难易相成，长短相较，高下相倾，音声相和，前后相随”：世界因对立统一而存在 ……184

十、“祸兮，福之所倚；福兮，祸之所伏” …………………… 186
十一、“祸莫大于不知足” ………………………………………… 188
十二、“物极必反”“曲则全”云云 ……………………………… 189
十三、老子辩证法包含质量互变的定律（韩非的诠释，法家深化了我的思想） ………………………………………… 196
十四、“慎终如始，则无败事”“虑终之患如始之祸，则无败事” ……………………………………………………… 198

第十一章　策略思想

一、论策略　《道德经》的策略思想 ………………………… 199
二、正确的策略是对辩证法的正确理解和灵活运用 ………… 200
三、老子策略思想：“无为”宗旨和柔弱胜刚强的原则 ……… 200
四、老子策略思想“四要”：不为天下先，后发制人，藏而不露，功成身退 ………………………………………… 201
五、“不为天下先”是保持成功、避免失败的策略 ………… 202
六、“其无私，故能成其私” ……………………………………… 204
七、“终不为大，故能成其大” ………………………………… 205
八、“善用人者为之下” ………………………………………… 206
九、“不争之德”　水之性“几（近）于道” ………………… 207
十、“将欲歙之，必固张之；将欲弱之，必固强之；将欲废之，必固兴之；将欲夺之，必固与之”不是权术，是历史经验，是君子对付小人之“术” …………………………………211
十一、后发制人，以退为进　“微明”是远见，是大度 ……… 215
十二、藏而不露，是为“袭明”，把聪明包藏起来 ………… 215
十三、阴谋家盗用老子策略作为智囊宝鉴 ……………………217
十四、“国之利器不可以示人” …………………………………218
十五、韩非对利器（赏罚）的发挥适应于君权集权的需要 …… 220
十六、“大直若屈，大巧若拙，大辩若讷”是修养也是策略 … 222

十七、防微杜渐，洞察出微　“多易必多难”，从难处着手 …… 225
十八、“自伐者无功，自矜者不长” …… 226
十九、“功成身退” …… 228

第十二章　军事思想

一、《老子》是一部兵书 …… 229
二、我的兵法思想高于春秋以来的兵家 …… 231
三、对战争的看法　老子是反对战争的 …… 233
四、“大军之后，必有凶年”　“兵者不祥之器” …… 234
五、兵“不得已而用之”，“恬淡为上” …… 235
六、“杀人之众，以哀悲莅之；战胜，以丧礼处之” …… 239
七、处理好大小国关系，“大者宜为下” …… 240
八、“兵强则灭” …… 242
九、“慈，以战则胜，以守则固” …… 243
十、战略战术（一），退守原则：以退为进，以逸待劳，哀兵必胜 …… 245
十一、战略战术（二）：“以奇用兵”，“正复为奇” …… 247
十二、战略战术（三）：“祸莫大于轻敌” …… 250

第十三章　道家怎么变成道教?

一、哲学流派道家怎么变成道教? …… 251
二、我未开门收徒，“开创”道家“学派”都难说 …… 251
三、是《道德经》的思想力量和后人的传承，才形成道家学派 …… 252
四、从春秋“老学”到汉初“黄老之学”，是思想适应现实的流程 …… 253
五、“老”怎么变成“黄老”？　稷下学派的形成 …… 253
六、汉初黄老之学盛行，是中间过渡阶段 …… 255

七、汉代巫术、巫士和道家思想结合，加上谶纬神学盛行，
使道家逐步向宗教变迁 …………………………………… 255
八、道家“化”了自“胡”而来的佛教？ 《老子化胡经》 … 257
九、太平道和五斗米道：道教形成在民间 ……………………… 259
十、为何形成于民间？ “天之道损有余而补不足” ………… 260
十一、葛洪：道儒结合，官方化，世俗化，宗教化 李姓的
唐朝，拉血缘关系，我变成“道德天尊” …………………… 261
十二、“孔子是中国的，老子是世界的”；但不是宗教的，
而是哲学的 ……………………………………………… 263

附 录

一、老子年表 ………………………………………………… 265
二、主要参考书目 ……………………………………………… 266

第一章　老子其人

一、姓老，还是姓李？

1．问：尊敬的老子先生，从今天开始，我向您虔诚地请教。向您提的第一个问题是您的姓氏问题。司马迁在《史记·老子传》里称先生“名耳，字聃，姓李氏”。既谓先生姓李，为什么又要叫您“老子”啊？

答：对这个问题，许多学者也做了不少考证文章，应该由我来说清楚。早在汉代，经学家郑玄在注《礼记·曾子问》时就说：“老聃，古寿考者之号也。”意思是说我活得长，所以称“老”。后来，晋代葛洪的从祖葛玄在《道德经序》中也说：“生而皓首，故称老子。”是说我年纪大，头发白，显得老迈，所以称“老子”。这些都是附会之说，望文生义，不足为据。你们近代的大学问家胡适之先生在《老子略传》里，又提出了一个新见解，他说：“老或是字。春秋时人往往把‘字’用在‘名’的前面”，“或者老子本名聃，字耳，一字老”，“老或是姓”，“姓老而氏李”（见《中国哲学史大纲》第三篇第一章）。按胡适之先生的意见，我的名字就应该是“李老”或“老李”了，哈哈，真有意思，我叫“李老”或“老李”，和你们民间朋友的亲昵称呼一样！但是，博学而聪敏的胡先生却无意中讲了一句：“老或是姓……老子虽不曾做大官，或者源出于大族，故姓老而氏李。”（同上书）我就是姓老。老、李乃是一声之转，音同而变为李。老就是姓。你们现在已没有姓老的人，姓李的则成千上万。殊不知，老、李原来就是一个姓。这是语言音韵上的一个小问题，不是什么大问题，简单的问题被后人搞得复杂了。说我姓老、姓李都可以。

2. **问：**先生姓老？又称李？尊称叫您“老子”呢，还是“李子”？

答：前面我说过了，老、李原来是一个姓。这是古代声韵转变的结果，原来称老，后来才变成李。学过音韵学的人很容易理解。“老”是姓氏，后来演化为“李”。所以称我“老聃”或“李聃”是一样的，但人们习惯称我为“老聃”。习惯上还是喊我为“老子”吧，但不是老子天下第一。

3. **问：**先生能具体说说“老”这个姓氏的由来和后来的变化吗？

答：可以。古代只有老姓，而无李姓。《世本》记载，颛顼子有老童。《风俗通义》说：“老氏颛帝子老童之后。”《左传·成公十五年》：宋有司马老佐。《左传·昭公十四年》：鲁有司徒老祁。老童、老佐、老祁都以“老”为姓氏。在春秋二百四十二年间，没有姓李的人。《左传·闵公二年》记载晋国有里克其人，《左传·昭公十八年》记载郑有里析其人，《国语·鲁语》记有里革其人；但都作“里”不作“李”，说明那时没有李姓。李是后来从老衍变出来的。直到《战国策》里才出现李悝、李克、李谈、李牧，《韩非子》里才有李克、李史，这说明李姓之起很晚。我生在春秋时代，当时只有老姓，没有李姓。正因为这个缘故，周秦时代的古书，如《庄子》、《荀子》、《韩非子》、《吕氏春秋》、《礼记》、《战国策》等古书，对我只称“老聃”而不称“李聃”，称我为“老子”而不称“李子”，就说明我原来姓老。

4. **问：**先生对老氏的起源说得很清楚。能否再说说由老姓变成李姓的过程？

答：古代人的姓氏原来没有确定的本字，往往借同音字作姓，所以“荀卿”又作“孙卿”，“田仲”亦作“陈仲”，“邹衍”又作“驺衍”，“惠子”亦作“慧子”，等等。“老”变成“李”，也是语音转变的结果。在古代音韵中，“老”属“幽”部，“李”属“之”部，两部相近，古代音也许不分，“幽”“之”通谐，“老”很容易变成“李”。

5. 问：那么，什么时候，先生的姓从“老”变成“李”的呢？

答：我估计大概是从汉朝开始的。班固在《汉书·艺文志》里记载：“《老子邻氏经传》四篇。”自注云：“姓李，名耳，邻氏传其学。”或许当时姓李的人多了，读起来顺耳；叫“老耳”反而不顺口，读“李耳”的人多了，约定俗成，就变成李耳了。大家就称我“姓李名耳”了。但人们还是尊称我为“老子”，也是顺口的缘故。

二、我的名字：李耳还是李聃？

6. 问：请教了尊姓，再请问先生大名。先生提到先秦诸子都称先生名“聃”。但司马迁又说：“名耳，字聃。”到底是“聃”，还是“耳”？这两个字有没有关系？有什么联系和变化？请先生释疑。

答：前面我已提到，班固在《汉书·艺文志》中《老子邻氏经传》自注时说过：“（老子）姓李名耳。”司马贞作《索隐》说：“许慎云，‘聃，耳漫也’（按《说文》作‘耳曼’），故名耳字聃。”“曼”是长的意思，是说我的耳朵大而长。清代的考据家王念孙在《春秋名字解诂》中就采用了司马贞的意见来解释我的名字。“老聃”又作“老耽”。先秦时代的书如《吕氏春秋》中的《不二》、《重言》、《当染》诸篇以及《礼记》、《庄子》、《韩非子》、《战国策》均作“耽”。“聃”、“耽”义相近，古音也相近，古代本是一字。《说文》对“耽”的解释是“耳大垂也”，也是说耳朵大。我生而大耳，故父母名之曰“聃”。老、李通，聃又有“耳”，姓老名聃，是我的名和姓。种种原因，汉代某些学者又把我变成“李耳”了。姓名不过是一个人的符号。“老聃”也好，“李耳”也好，但好在没有人把“老聃”、“李耳”误会成两个人。

7. **问**：先生所言极是。但我又想起另一个说法，称先生“字伯阳”，这是怎么回事？据我所知，“字伯阳”是《史记·老子传》索隐引文里的说法。汲古阁本《史记》因之而曰：“字伯阳，谥曰聃。”《列仙传》、《老子铭》也说：“名耳，字伯阳。”这“伯阳”二字，怎么冒出来的？

答：我没有用过“伯阳”的字。这是后代神仙家（谢谢他们让我成了“神仙”）改窜的结果。清代考据家王念孙在《读书杂志·读老子》里已把这个问题考证得很清楚了。《史记·老子传》索隐原来是作“名耳，字聃，姓李姓”七个字，估计在唐代已有将我的字作“伯阳”者，并窜入《史记·老子传》索隐的文字中。它应来自《列仙传》一书。《文选·反招隐诗》注引《史记·老子传》曰：“老子，名耳，字聃。”又引《列仙传》曰：“李耳，字伯阳。”“伯阳”二字由此而来（近人马叙伦还指出：“谥曰聃”三字也是《列仙传》文字，见《老子校诂》）。汲古阁本《史记·老子传》里的“字伯阳，谥曰聃”就是承唐代或宋初的错误而来的。唐初的《史记》无“字伯阳，谥曰聃”之说。神仙家们胡说八道，他们为了抬举我为“神仙”，把我的名字越搞越神秘，也越搞越糊涂，以致《路史》里说我“初名元禄”（注谓出《集真录》），《酉阳玉格》说我“具三十六号七十二名，又有九名”。这都是荒诞不经的胡说八道，神仙家们混淆视听。我感到可笑。一旦我成为他们可以利用的人，他们就会把我搞得神秘兮兮。把一个人妖魔化可以画成鬼，把一个人神圣化又可以把他变成神。这在中国屡见不鲜。

8. **问**：叫伯阳的古人不止一人。《国语·周语》记幽王二年有个“伯阳父”的；《墨子·当染》提到舜时有许由、伯阳。《御览》卷八十一引《尸子》说舜有六友，其一曰伯阳。《吕氏春秋·本味》又说“尧舜时得伯阳、续耳然后成。”《韩非子·说疑》提到“晋伯阳”。《汉书·古今人表》里列了两个伯阳，一个在帝舜之世，一个在周厉之世。不管这些“伯阳”是什么人，是一个人还是几个人，他（或他们）在古代是有影响的人物。伯阳是个好名字，有灿烂的光环，讨口彩。

答：正因为如此，后代那些道家、神仙家之流，要把我说成是神仙之人，炫耀后世，所以造了“老子字伯阳”的说法，以附丽于周之伯阳，或更早的唐虞时代的伯阳。汉代高诱注《吕氏春秋·重言》曰：“老聃学于无为而贵道德，周史伯阳也。三川竭，知周将亡，孔子师之也。”又注《当染》曰：“伯阳盖老子也，舜时师之者也。”伯阳或许任过周史，我也做过周史，这就附会到我身上。这种附会大抵是在汉代出现的。大儒高诱也被神仙家们蒙骗了，不过他对我的尊崇是真诚的。这是他上当的原因。

9. **问：**先生姓老（后又音转为李），名耳，字曰聃，是明白的，没有什么可怀疑的。后世把您的尊姓大名搞糊涂了。这又引发了我的一个想法：您的哲学影响太大了，以致影响到您的大名，造成许多是非。先生不要名的结果，反而使您的名字的影响更深更广更远，也因此搞得更乱更杂更玄乎。亏得清儒和近代学人的考证，并得到先生自己的认可，总算把这个问题搞清楚了。

答：名是虚的，可世上有些人就是要名，好名，争名，骗名，千方百计要“正名”。因为在世俗的功利社会里，这名有用处，有好处。你们当代人印名片，有时有几十个头衔，名片是两折甚至三折的。名的后面有利益，还可以谋权得位，获取更大的物质利益。我没有这个追求，因此不重名，也因此在姓名问题上留下麻烦。

三、籍贯和乡里

10. **问：**可是先生的“老子”大名和您的《老子》书的大名，却因为您的淡泊名利而永远留存并流传下来。这也是辩证法吧！对那些追名逐利、沽名钓誉的人，我从心底里蔑视他们！对先生只有崇敬。

再请问先生的籍贯乡里。《史记》里说先生是“楚苦县厉乡曲仁里人”，《列仙传》说先生是“陈人”，边韶《老子铭》说先生是“楚相县人”，葛洪《神仙传》说先生是“楚国苦县濑乡曲仁里人”。陆德明《老子音义》说先生是“陈国苦县厉乡人”。他还提到当时有关先生籍贯的另外两种说法：“又云仁里人”，“又云陈国相人”。这就弄不明白了，先生的国别或是楚，或是陈；县或是苦县，或是相县；里或是曲仁里，或是仁里。先生的籍贯到底是哪里啊？

答：准确的说法应该是：我是陈国相人。您提到有上面这许多不同说法，同地理沿革的变化有关。苦县本属陈国，春秋时楚灭陈，苦又属楚，所以说“楚苦县”。汉高帝十一年（前196年）立淮阳国，陈、苦县地均属淮阳国。陈国的相，在春秋之后经过战乱变得荒虚了，改属为苦，这就是从“相”转“苦”的缘故。其故城在赖（又作濑）乡之东，涡水在其阳。说法虽然不一样，实际都是指一个地方，现代的地点是在河南鹿邑东。张守节《史记正义》引《括地志》还记载其地“有老子宅及庙，庙中有九井尚存”。《史记正义》又引《晋太康地记》说：“城东有濑乡祠，老子所生也。”这是后世乡人为纪念我而建的祠堂。我谢谢他们记得我。

11. 问：厉乡、赖乡、濑乡应该是一个地方吧？是音同而导致字异的缘故吧？

答：厉、赖、濑古代通用。所以《史记》作厉乡，《礼记·曾子问》疏作赖乡，《老子铭》、《汉书·地理志》颜注引《晋太康记》、《后汉书·郡国志》、《水经注》也作赖乡，《史记正义》引《晋太康地记》作濑乡，实际是一回事，指的是同一个地方。“仁里”就是“曲仁里”，脱“曲”字。刘昭注引《古史考》有“曲仁里，老子里也”的记载。

12. 问：历史变迁和地理沿革，把先生的出生地也搞得复杂化了，还要后人几番考释几番说明才能说清楚。为什么会发生这种情况呢？

答：实际上，司马迁在《史记·老子传》中有关我出生地的记载原文是“相人”二字而已。就如同他记颜回“鲁人”、孟轲“邹人”、张仪“魏人”（记其国而不记地）、庄子“蒙人”、申不害“京人”（记其地而不记国）、苏秦“（东）周雒阳人”、李斯“楚上蔡人”（国地并记）。为何对我特别优待，就记得特别详细呢？（孔子出生地也特别详细）这是后代人加上去的。汉初尊黄老学，后又尊儒术，就把我和孔子的出生地越弄越仔细，也越弄越具体了。是什么人始作俑的？我以为是河上公。他在写《老子章句》时，把我写成“姓李，名重耳，字伯阳，陈国苦县厉乡曲仁里人”。后来因为地理沿革的变化，又转变成《史记》里的“楚苦县厉乡曲仁里人”。所以，《史记》里关于我出生地的记载，不是司马迁的原文，是后人刊改的结果。随着历史的发展、历史材料会越来越膨胀的。我的出生地变得如此具体也得益于后人的层层加码。

四、当什么官？周朝“守藏室史”

13. **问**：经先生这番解释，我明白了，先生是相人，今地在河南鹿邑东。再请问先生的仕宦生涯。用我们的现代语言来说，就是先生的职业是什么？司马迁说您是“周守藏室之史也”。这是不是从《庄子·天道》篇中的“周之徵藏史有老聃者”来的？您是周朝的史官呢，还是周朝国立图书馆馆长呢？

答：《庄子》里说我是“徵藏史”，《史记》作“守藏室之史”，意思差不多。徵藏是主管收藏的意思，或曰掌管，所以司马迁把“徵”字改为“守”，又加“室”字。“守藏室史”也就是“徵藏史”，是管理周朝藏书室之史。说我是周朝图书馆馆长，或者是周朝的史官，关系都不大。两者有内在联系，“史”是藏书的内容，“史”又是我的职业。

14. **问**：所以《史记》索隐说：“藏室史乃周藏书室之史也。”但是，《史记·张汤传》又为什么称先生为“柱下史”呢？

答：周朝的藏书室在宫殿的柱下，所以就以“柱下”为官名（《史记·老子传》索隐）。《礼记·曾子问》疏引《史记》说："老聃为周柱下史，或为守藏史。"可见《史记》原先有"为柱下史"的记载，后来省略了。虞世南《北堂书钞·设官部》引《汉官仪》也说："侍御史，周曰柱下史，老聃为之，秦改为御史。"《史记·张苍传》也说："张丞相苍者，秦时为御史，主柱下方书。"索隐云："周秦皆有柱下史，谓御史也。所掌及侍立，恒在殿柱之下，故老子为周柱下史。"柱下史又名柱后史。不过我这"柱下史"不是后来秦朝改称的"御史"职，只为执掌管理图书而侍立于殿柱之下，没有后代御史那样广泛的职责。"守藏室之史"、"徵藏史"、"柱下史"、"柱后史"说法不同，内容则一，就是管理图书文件。《列仙传》说我为周柱下史，转为守藏史，是不知两者为一官，想当然耳。这个问题，马叙伦的《老子校诂》和高亨的《史记老子传笺证》（《古史辨》第六册）已讲得很清楚了。我这个史官，只管理图书文件，不记录史事。但我喜欢读书。工作的方便，让我有机会读了大量的史书，大长知识，大开眼界，也因此形成了我对人生、对社会、对自然、对世界的见解。我或许没有条件行万里路，但读万卷书的条件是有的。这对我大有裨益。后来《汉书·艺文志》说："道家者流，盖出于史官，历记成败存亡祸福古今之道。"这话有一定道理。我的哲学见解，就是通读大量史书后反复思考而形成的。

15. 问：《礼记·曾子问》疏引郑玄《论语注》云："老聃周之太史。"把您确定为周朝太史，大概也是扩而充之的结果吧？

答：这是郑玄用《周礼》和《春秋》推论的结果。他升了我的官。"太史"官阶不低。古代史官掌管邦国之志，所以《国语·楚语》说："教之故志，使知废兴者而戒惧焉。""故志"就是所谓记前世成败之书。我只是掌管"故志"的"小史"，"小史"是掌管"邦国之志"的图书馆长，做做具体工作，但不是"太史"。后代人因我后来的声名大了，就想当然地升了我的官，真是不胜荣幸，可惜我没有这个资格。

五、太史儋是另一个人，我的后代

16. 问：提到史官的事，我又想提另外一个问题，就是太史儋的问题。我当然知道太史儋同您不是一个人，可是，由于司马迁在《史记·老子传》里附带说了一句："或曰（周太史）儋即老子，或曰非也。世莫知其然否。"这就把一个问题留下来了。如果是张冠李戴，请问先生，是怎样阴差阳错戴上去的？

答：司马迁是严肃的史家。他只说是"或曰"，留下一种说法，并没有确定。但这一句不置可否的话，太史儋是不是我、我是不是太史儋，就成为一个悬案了。清毕沅《道德经考异》、汪中《老子考异》都认为太史儋就是我。近代以《古史辨》为阵地的争论中，有关我的这一问题，罗根泽是主张"老子即太史儋"最力的一个学者（见其所著《老子及〈老子〉书的问题》，《古史辨》第四册）。罗根泽的论据主要是：一、聃、儋音同通用；二、聃为周柱下史，儋亦周之史官；三、老子有西出关的故事，太史儋见秦献公也一定要西出关；四、《史记》所载的老子的后代与孔子的后代世系到汉代时碰不拢。

其实，这些问题我认为都好解释。聃、儋音通，未必一人之名；在周均为史官，也未必一人之事；出关入秦，也未必一人之行。这三条论据都非确证。至于"老子世系"问题，后面再说。敝人和太史儋不是同一个人。太史儋见秦献公是献公十一年（前374年）的事，我是春秋时代人。他是他，我是我，我们碰不到一块儿，因时代差得很远。汉代人不清楚，以读音相近等原因，把我同太史儋混同为一人。司马迁对这个问题只是把汉朝人的看法客观地表述一下，并没有认同我就是太史儋。汉晋人伪作的《列子》（其中的《黄帝》、《说符》等篇）和《文子》（《精诚》等篇）记载不可靠，不足为凭，这里就不去细说了。

17. 问：不过，要请问先生，为什么这么巧呢？罗根泽的几条根据也不是一点道理没有。

答：点穿了，这个问题也很简单。我同太史儋不是同一个人，但我们有关系。《史记》里关于老子后裔的一段插话是汉朝人编造的家谱。但是太史儋不是我，而是我的后代。《史记·老子传》中说的我的儿子“宗”，实际上搞错了，宗不是我的儿子，而是太史儋的儿子，而太史儋是我的后裔。我既为周史，老而去官，去周适秦。古代当官的往往世袭，我的后代也因此为周史，一传二传三传至百年，到儋又为周史，又去周适秦。我们是一脉相传的一家人，同姓、同官又同行迹。加上聃、儋音相近，后人混淆，把我同太史儋混同为一个人。

太史儋入秦在周烈王二年、秦献公十一年，即公元前374年。他的儿子宗（即《史记·魏世家》中之段干子，《战国策·魏策》中之段干崇）在魏安釐王四年、秦昭王三十四年（前273年）为魏将参加华阳之战时，其间隔101年。如果太史儋30岁入秦，60岁生子宗（这是可能的），宗任魏将时71岁，这也说得通。因为太史儋是我的后代，又传聃、儋为一人，司马迁错把太史儋之子宗误会成我的儿子了。近人高亨在《史记老子传笺证》（《古史辨》第六册）一文里对这个问题的精确考证是对的，他点明白了汉朝人没有弄清的问题。简言之，太史儋是我的后代。宗者，太史儋之子也。这样，我的时代问题、世系问题，就可以完全说通了。

六、老莱子也不是我

18. 问：我搞清楚了。高亨这位学者真聪明。我也认为他的解释是合理的。太史公记您的家族世系确有可疑处，梁启超早就对此提出了疑问（见《古史辨》第四册）。他的学生高亨就这个问题非常有说服力地作了正确的解释。

解决了太史儋的问题，再请问老莱子的问题。司马迁在《史记·老子传》里又说：“或曰：老莱子亦楚人也，著书十五篇，言道家之用，与孔子同时云。”他含蓄地指出，汉代还有一种看法，认为老莱子就是您老先生。

答：司马迁是史学大家，他只是提出当时有人这么认为，他自己并不认为老莱子就是我。他在《史记·仲尼弟子列传序》里说得很明白：“孔子之所严事，于周则老子……于楚老莱子。”明明白白认为老莱子和我是两个人。他还说：“老子乃著上下篇，言道德之意，五千余言。”又说：“老莱子著书十五篇，言道家之用。”在汉代，我的书和老莱子的书都在，所以司马迁都提到了。两个人，两本书，不是一个人，一本书。《汉书·艺文志》里有《老莱子》九篇，已亡佚，清马国翰有辑本。

19. 问：清代人汪中武断地认为老莱子就是您（见其所著《老子考异》），理由是，你们都是楚人，观点也相近，等等。

答：大同乡，观点又相近，就是一个人哪？！这样判断太武断。老莱子就是莱子，因年纪大而称老莱子。莱是以国为氏。《春秋·襄公六年》载：“齐侯灭莱。”《春秋》中有莱驹、莱章、莱书等人。莱国后为楚所灭。司马迁以老莱子为楚人，是因为后来老莱子的后代住在楚国的缘故。老子是老子，老莱是老莱，不是一个人，不能合而为一。《庄子》里分得很清楚。庄子只在《外物》篇中提到老莱子，“老聃”则散见于各篇。古代读书人并没有把我同老莱子混为一人，只有清代汪中等少数人把我说成就是老莱子。毕沅、洪亮吉等人早就指出汪中错误地把两个人混成一个人了。这是个已经解决的不成问题的问题。我认为后人不必就此问题再做什么文章了。

20. 问：读书不求甚解，对一般人说来可以；学者用以考据，武断下结论，就要出毛病、闹笑话。简单的问题，会被搅浑了，搞乱了。把老莱子误成是您老先生，就是一个例子。

答：方法对头，搞学问越搞越有意义，可发前人所未发，见前人所未见。方法错误，主观武断，自以为是，对的也会说成是错的，最后落得贻笑大方的结果。这叫钻牛角尖，哗众取宠。这样的事，这样的人，历代都有。不过也有好处，无聊的、本事不大的文人可以靠我吃饭。

21. 问：先生是哲学家，雍容大度，从不计较别人的评论是非，那就让别人“吃”先生吧。不过我总觉得这对先生不敬。

答：无所谓敬与不敬，不然就没有“老子学”了。这么多年，人们对我感兴趣，研究我，考证我，正是对我的“大敬”。不胜荣幸之至。哈哈。

七、“老”“彭”是怎么回事

22. 问：还要请教先生一个问题：《论语·述而》篇中提到的“老彭”，是不是您老先生？为什么要叫“老彭”？

答：这个问题比较复杂，我只能简单谈谈。汉代郑玄对“老彭”作了个解释：“老，老聃；彭，彭祖。”（《论语释文》引）把“老”解释为我老子，“彭”说成是彭祖。彭祖其人，据说他是《风俗通义》里提到的颛帝的儿子老童的曾孙，又说他活了八百多岁。人哪有活八百岁的？实际上这是指古代的彭祖国（封于彭城），享国祚八百年而亡（灭于商），这就说得通了。老童，彭祖，老彭，老聃，是老氏一脉之传，彭祖和老彭在这里有联系。从血脉上说，和上面提到的老莱子，则无联系。他是莱姓，不是老氏。孔子说：“述而不作，信而好古，窃比于我老彭。”这里的“老彭”，应指敝人，是一人，不是两个人。“老”是姓氏，“彭”是国名。孔子是追述我的先辈曾封建彭祖国才这么说的。这个问题，马叙伦的《老子校诂》、高亨的《史记老子传笺证》讲得大体上是有道理的。我这里只能简单说说。

23. 问：年代悠远，古书又多，加上传说，众说纷纭，原来不复杂的问题也变得复杂了。经先生这么一解释，就清楚了。

答：简单的变成复杂的，复杂的再变成简单的，对世上一切事物的认识，就是这么发展过来的。

八、我是孔子的前辈，孔子向我问礼

24. 问：现在再请教先生一个重要问题，就是先生生活的时代问题。具体地说，就是先生生活的时代是在孔子之前还是在孔子之后的问题。司马迁在《史记》的《老子传》和《孔子世家》里都记载了孔子向您问礼的事。可是，由于种种原因，仍然有人认为您是战国时代人，生在孔子之后，孔子不可能向您问礼。主张这种说法较早的，清代有汪中（《老子考异》），近现代有梁启超（《评胡适之中国哲学史大纲》）、冯友兰（《中国哲学史》）、范文澜（《中国通史》第一卷）、罗根泽（《老子及〈老子〉书》）、侯外庐（《中国思想通史》第一卷）、杨荣国（《中国古代思想史》）等人。但也有不少学者认为您生活在孔子之先，比孔子年长，是孔子的前辈，孔子确实以后学的身份向您讨教，向您问礼，您不仅回答了孔子的问题，还对他进行了一番教诲。主张这种观点的有马叙伦（《老子校诂》）、唐兰（《老子时代新考》）、张煦（《梁任公提诉老子时代一案判决书》）、郭沫若（《老聃·关尹·环渊》）、吕振羽（《中国政治思想史》）等人。这两种意见公说公有理，婆说婆有理，可是事实只能是一个，不能有两种截然不同的事实。先生能对这个问题说明您的看法，同时澄清事实吗？

答：我比孔子年龄大，在他之先，他向我问礼，这是没有问题的。假如我在孔子之后，孔子又何必向我问礼呢？所以，司马迁在《史记》的《老子传》和《孔子世家》里都提到孔子向我问礼的事，只是具体的时间没有讲清楚。因此，以后的学者就各说各话，说孔子见我的时间或在30岁（司马迁），或孔子51岁（庄子），或34岁（阎若璩），或34岁至41岁（胡适）。问学地点或在沛，或在鲁。孔子见我向我讨教则是没有疑问的。此事的记录四见于《礼记·曾子问》，八见于《庄子》的《天道》、

《天地》、《天运》、《田子方》、《知北游》等篇，又见于《吕氏春秋·当染》。司马迁作为一位史学大家，对基本的史实的记载是郑重的，不会把没有的事写入史书。

当时的儒家并不以孔子向我问礼为羞，也不回避孔子向我问礼的事，所以都老老实实记下了这件事。《庄子》虽多寓言，但总得有孔子见老子的事实，才能借此事做文章。何以庄子不记孔子见杨朱、见墨翟，单写孔子见老聃？只能因为这是基本事实，而且是当时许多人都知道的事实，所以庄子才这么写。《吕氏春秋》是集纳诸家之说和历史事实的，所以《吕氏春秋·当染》也说："孔子学于老聃。"

孔子向我请教，这是没有问题的。从前某些儒生认为孔子是"至圣先师"、无冕之王，如果向我请教，既降低了他们祖师爷的身份，也坍了他们的台，所以千方百计考证，要否认孔子向我求教的事。我觉得很可笑。我比孔子年龄大，懂得比他多，理解人世比他深，他也承认我的智慧比他高，他虚心向我讨教，有什么不可以？这些儒生真是死要面子，他们忘了孔子说过："三人行，必有我师。"孔子之所以为孔子，就在于他肯学习，肯虚心向一切有学问的人学习、求教。所以我也委婉地批评了他，指出他的不足。他也听得进我的批评。这并不影响他的伟大，也不妨碍他以后由于种种原因成为"圣人"、"至圣先师"。

25. 问：先生说得对。先生不是好为人师的人，孔子也不是不肯向人讨教的人。他向您讨教问礼，您向他说您的看法，有何不可？

答：关键还在于基本事实。基本事实就是孔子向我请教过，这是没有问题的。至于人们争论的孔子是在17岁至30岁之间向我请教（《史记·孔子世家》），还是51岁向我请教（《庄子·天运》），是见了一次，还是见了两次，我记不清了。我不记日志，也没有留下档案，向我求教的人不少，《庄子》里就记载有庚桑楚、南荣趎、柏矩、阳子居等人向我问过学。我记不清他们什么时候来的。孔子何时来过，也记不清了。他是在鲁国见我的，是在沛见我的，还是在周室见我的，都不是重要问题。基本事实是孔子见过我，请教过问题。近现代学者有关这些问题，做了许多考证文章，也算是一门学问吧，不然他们怎么成为专家、学者呢？

26. 问：确定一个人的时代，一是靠材料，二是靠分析。就第一点说，《史记》就是最基本的材料，其他材料可以作为参证、旁证。虽然因为年代久远，有些材料会有错误或衍夺，但其基本事实（孔子见您这件事）不会出入太大。就第二点说，进行思想时代上的分析也是重要方法。孔子见您时谈到他的思想观点和您对他的回答，正切合你们二位的思想体系和价值判断。这是逻辑分析的方法。至于梁启超所说老子的八代孙和孔子的十三代孙同时为不可能，从而认定您应在孔子之后，不是您长于孔子一辈有问题，而是司马迁《史记》所记的"老子之子名宗"的断语有问题。

答：如我上面所说："宗"不是我的儿子，而是太史儋的儿子，是我的后代，我同孔子子孙世系碰不拢的问题，就不成其为问题了，一切就都可以解释通了。后世许多学者好钻牛角尖，有些牛角尖钻出了名堂，有些就越钻越糊涂。梁启超如此聪明的人都钻进了牛角尖，把自己搞糊涂了，也把别人弄糊涂了。材料出处有问题，对材料的理解有问题，走进死胡同，怎么钻得出来？

27. 问：也难怪后世学者要讨论您的时代问题，因为明确了您所处的时代对研究您的思想有意义。中国在上世纪二三十年代的古史分期问题之争，什么奴隶制、封建制，奴隶主阶级、领主阶级、地主阶级啊，闹得不亦乐乎。这些问题又同中国革命的性质，应该由哪个阶级领导中国革命的对象、革命的任务有直接关系，难怪要争论不休呢！

答：还有这许多名堂啊？我可没想到我们这些人和先秦诸子会在两千多年后的政治斗争中成为借用的玩偶，可我对此没兴趣；有兴趣的后代人拿我们做文章，我也无权干涉。我还是我。你们的胡适博士说过，历史和古人都是任人打扮的女孩子。但希望不要把我这样的老朽也打扮成大姑娘。

28. 问：先生的幽默，表达的是先生的大智慧。今人喜欢借你们古人做文章，正说明先生思想之不朽价值，说明先秦诸子思想之不朽价值。

答：我早就朽了。人岂有不朽的？你们今天考证，有说我活了160多岁，也有说活了200多岁的。活得再长也是要朽的。不然世界上住不下这许多人。但是，你说的思想可能不朽，倒是有些道理。有真理价值的某些思想可以不朽，但也有时空的界限。

九、我活了多少岁？ 马叙伦的考证

29. 问：提到先生活得长，都知道先生高寿。想请问先生到底高龄几何？

答：是问我在世的年龄吗？司马迁写道：“盖老子百有六十余岁，或言二百余岁。”我是享了高寿。为什么能高寿？正如司马迁所言：“以其修道而养寿也。”我看透了人世，回归自然，隐居天涯，修身养性，人事不涉，百事不烦，与天地同道，和自然合辙，饮食有节，大欲不兴，山泉甘美，空气清新，不像你们今天中东部地区老是雾霾天，因此长寿，能够虚度光阴。说我活了90多岁也好，活了160多岁也好，200多岁也好，无非是老迈年高，虚度了人生。你们现代的小姐们不愿报年龄，我也不想报真实年龄，反正这无关紧要，也留个问题给后世学者继续做考证文章吧！

30. 问：马叙伦考证您“生当定王、简王”（按：周定王，前606～前586年；周简王，前585～前572年）。如假定孔子51岁见您，则“当在周敬王十八年”（按：前502年）。这时先生大概已八九十岁了（《老子校诂》）？

答：我是老寿星，也不必问活多长了。老而不死，人家不高兴。老而病，老而生活不能自理，也没有多大意思。还不如当断就断，当亡则亡，干脆了事。上苍予我高寿，我走得还算顺畅。谢谢马叙伦先生花了那么多功夫考证了我的年龄，反正八九不离十。哈哈！

第二章 关于《老子》

一、《老子》成书年代 众说纷纭

1. 问： 先生的年龄问题，同先生的时代问题有一定关系，同先生的《老子》书问题也有一定关系。您的年龄和生活的时代引起后世学者的争论，您的《老子》更引起后世学者的讨论。司马迁认为《老子》为老子亲著，许多学者不信，认为是其弟子或再传弟子道家后学编纂而成。这问题争论很大。有的学者认为，《老子》书里的话就是您老先生所说的话，或谓《老子》就是老聃的语录，如唐兰（见其所著《老子时代新考》）。唐兰还考证了《老子》书的撰成，当在《墨子》、《孟子》成书的时期。与唐兰观点相近的还有郭沫若，他进一步考证《老子》上下篇是环渊所记录的老子的遗训，而环渊其人，即老子出关时遇到的关尹（见《青铜时代》中《老聃·关尹·环渊》一文）。郭沫若不愧是才子型的学者，想象力真丰富，能从“关渊”联想到“关尹”、“环渊”！也有学者认为《老子》书应为老子手著，但有后人掺入的内容（吕振羽《中国政治思想史》）。这一大派观点基本认为《老子》就是先生的著作，差别在于手著还是别人手录。另一派观点则认为您是战国时人，《老子》是战国时书。前边提到的梁启超、冯友兰、范文澜、罗根泽、侯外庐、杨荣国等人，均持这种意见。更有人认为《老子》成书推得更迟，认为应在秦汉之间，如顾颉刚（《从〈吕氏春秋〉推测〈老子〉之成书年代》）、刘节（《古史考存·老子考》）等人。先生作为当事人，请您谈谈《老子》何时成书的？

答：我是春秋时代的人，《老子》是我在春秋晚期所写的书。说《老子》不是我写的，而是战国时代别人整理的我的语录，那是一种假设。只要从《老子》书中包容的春秋时代的时代特色和其中所反映的社会内容来分析，就可推定它的时代。它是我的专著而不是后人的纂辑。你细读全书，此书全书系统性、贯通性极强，叙述语言和艺术风格是一致的。太史公所言可信。当然，有助手帮我整理，但著作权是属于我本人。这本著作的理论是一以贯之的一家之言，而不是由许多内容对立的部分凑成的。应当承认，传本在传抄中会有窜乱掺杂，但对全书的系统性、完整性并无大的损害，不影响我的著作权。

二、一以贯之的一家之言　著作权属于我老子

2. **问：**罗根泽提出一个观点，认为战国以前没有私人著作，见他写的《战国前无私家著作说》。他认为那时的私人著作，均为后人伪托。冯友兰也认为：“孔子以前，无私人著述之事。”是承罗说而来，认为《老子》不是您写的，您也不是春秋时的人。

答：罗的说法源自章学诚的观点，章说：“古人不著书，古人未尝离事而说理，六经皆先生之政典也。”（《文史通义》内篇四《答客问》）战国以前有私人著作，只是由于种种原因这些私人著作没有留传下来。《汉书·艺文志》所载战国前私家著作有多种（罗皆认为是伪托）与孔子同时的晏子曾著书，但没有传下来。其书今传者，不是《汉书·艺文志》记的本子。与子产同时的邓析也写过书（《竹刑》），今传《邓析子》也不是《汉书·艺文志》所载的本子。齐国政治家管仲也写过书，也没传下来。春秋时代已开私人著述之风，我当然也可以写自己的书。孔子说他“述而不作”，表白自己不愿写书，但这不等于别人不可以写书。春秋之时，私人著书之风已开，至战国而大盛，这是合乎发展规律的。春秋

末时，王官失守，散在民间，私学因而兴起，私家著作也因之而起。这些著作虽不存，但其断片在《左传》等书中保存不少。“战国前无私家著作说”站不住。

三、文体问题 哲理诗 不是论文

3. 问：还有学者认为，《老子》的文体不同于战国时代的书如《墨子》、《庄子》、《荀子》、《韩非子》等，以此为根据判断《老子》书的成书时间比这些书还要迟。

答：以文体来分析，反而可以证明我的书比这些书的成书时间早。春秋时代传下来的书和由后人记录成书的书，一类是如同《易》中之《爻辞》、《诗》中之《雅》《颂》的韵体文，另一类是《论语》的散文体。还有，早于《老子》的是《诗经》，晚于《老子》的是《楚辞》。我是楚人，但长期在周王室工作，是南人北居。《诗经》、《楚辞》两大文体在《老子》书中都有反映。我的书是南北文化交融的产品，古代的书没有纸墨可以传写，而是契于简册，所以要求写的书一是简洁，二是便于口传。这就造成我的文体简洁而有韵的特点。这也是区别战国前或战国后的作品的重要标志之一。战国中期以后诸子写的书，大都是长篇大论，文不厌烦。而我的文字的特点是简洁短小明了，又容易记，同《诗经》的韵文风格比较相似。风格上与诸子的大不相同。在文体、篇幅上，战国前后的作品是有显著不同的。这也是我的书成书于战国前的一个重要根据。

4. 问：正因为先生的书写在战国前，所以战国时代的庄子、韩非子等人才一再引用您的大作。但是有一个问题要请教先生，梁启超说《老子》里的“偏将军居左，上将军居右”（三十一章）这种官名，春秋时代不存在，是在战国时才出现的（《论〈老子〉书作于战国之末》）。这如何解释？请先生释疑。

答：“偏将军”、“上将军”这些官爵，春秋时代不会有，是后人掺入我的书中去的。前人已注意到这是注疏窜入正文的缘故，王弼的注本里就没有收入这一章。我的书在长期的流传过程中，由于众多注家作注，在刻印过程中注文误作正文每有发生，这是不足为奇的。好在经过校勘家们的反复校勘，传本还能基本保留我的本意，经过两千多年的沧桑，这已经很不容易了。不能因为有“偏将军”和“上将军”的误植，而否认我在春秋末年写了这部书。这也太以偏概全了。

5. **问：**是的，正是先生写了这部影响深远的名著，所以后来许多人在他们的书里引用了您书中的话。您的书引用率是相当高的。据我所知，直接引用您大作的有《战国策》、《吕氏春秋》、《淮南鸿烈》、《韩非子》、《庄子》等，伪托的古书《孔子家语》、《列子》也引用了您的话。《论语》虽然没有明言是引用了您的话，实际上也引用了您的话。

答：我说过“报怨以德”，《论语·宪问》也说：“或曰：以德报怨，何如？”我说过“慈故能勇”，《论语·宪问》也说：“仁者必有勇。”虽说这些观点已在社会上形成，但表达为言简意赅的语言则是一个创造。我不与孔子争著作权，不过他在《论语》中确实说了许多我说过的话。他对我很尊重，对我的许多说法很赞成。因此，直接或间接地引用了我的话。

6. **问：**先生，有人还认为春秋时代不应有《老子》五千言那么长的文章，以为那时的文章都是简洁短小的，您对此有何看法？

答：商朝中期的《盘庚》一文，已有一千二百字了，到周朝中叶出现两三千字的一篇文章不奇怪。何况我写的文章实际上是一节一节的短文、韵文，并不是章法严整、结构整齐的论述文，在某种意义上与《论语》有相似处，只是文体不同。我写的时候或许是一节一节地写，是短文章；但思想一贯，成系统，连成一篇便成了长文章了。从文字的数量上说，《论语》要比我写的《老子》长四倍。所以，认为由短文联缀而成的《老子》

五千言文章长而否定我的著作权，是没有根据的。

7. 问：《老子》一书喜欢每句用韵，又喜欢用“兮”字，这都是诗体文字演变的结果，有南方的特点，同北方派的墨子、孟子写的文章显然不同。先生是南方人，先生写的书也有南方文体的特点。这也从一个侧面证明《老子》书是您的著作。

答：我喜欢用春秋后期盛行的文体——杂言哲理诗，这种文体有时代特色，又反映了地方风格。文如其人，文反映一个人的思想、风格和时代特征。《老子》是我的思想、风格和时代特征的反映。

四、郭沫若关于“关尹”“环渊”的大胆设想

8. 问：郭沫若在20世纪30年代提出《老子》一书是楚人环渊辑的老子的语录，就如同《论语》是孔子的语录，《墨子》是墨翟的语录一样。他认为，环渊集老子的语录时，不像孔门弟子那样质实，而是用自己的文章润色了先师的学说，有着自己的时代色彩（见《青铜时代》一书中《老聃·关尹·环渊》一文）。先生对他的高见以为如何？

答：郭沫若认为我确是孔子之师，表明他确认我是春秋后期的人。但他认为“老子的时代本是还没有著书的风气的”，因此认定《老子》是环渊编的我的语录，只是文经润色，有失真之处。这种看法就有问题了。他的根据是《史记·孟子荀卿列传》里的“环渊，楚人，著上下篇”和《史记·老子传》里的“老子乃著上下篇，言道德之意五千余言而去”，缀合两段史料，又考证《史记·老子传》里的“关令尹”就是《庄子·天下》篇和《吕氏春秋·不二》篇中的“关尹”，而“关尹”和“环渊”是一声之转，从而证明《老子》是关尹所著。郭沫若很聪明，但他浪漫主义的想象不能否认“老子著书上下篇，言道德之意五千余言”的基本事实，他只是大胆假设，没有过硬的证据。他不仅把关尹考证为环渊，又考证其因为

音变与字误而变成不同姓名的好几个人，如它嚣、娟嬛、便蜎、蜎蠉、玄渊、便嬛的各种异称，他的想象力更是惊人。我除了佩服这位才子学者以外，就无话可说了。

五、杨朱和《老子》书也没有关系

9. 问：到20世纪50年代，又有李泰棻提出《老子》是战国初年杨朱整理的老聃语录，先生以为如何？我记得他是在《老庄研究》一书里提出的这个观点。

答：这种说法是依据《庄子·应帝王》和《庄子·寓言》篇中有阳子居求见老聃，又考证阳子居即杨朱而来的。在孟子时代，“杨朱墨翟之徒盈天下”，杨朱“为我”、“贵己”、“全性葆真”，同我的思想有些关系，但他是他，我是我。某些思想观点的近似，和是同一个人是两回事。何况杨朱的“拔一毛而利天下，不为也”也不是我的哲学。我的思想观点到战国时代有了某些变化，杨朱学说掇其数处发展成他那个样子，他也成为一个怀疑论者，盛极一时，同儒、墨抗争。那是他的事，同我没有多大关系。认为我的书是杨朱整理的，也是一种假设，而不是有确凿材料和根据的事实。

六、马叙伦《老子校诂》、朱谦之《老子校译》言之有据，研究《老子》不可不读

10. 问：先生为我详细解释了有关《老子》书的这许多问题，使我弄明了许多疑点，真要好好谢谢先生。《老子》书应是先生所著，表达了您大智大慧的哲学思想。用这本书研究您的思想，应是第一手的材料。除了研究您的原著，和古人的注本外，先生能否介绍几本近人研究您的书的著

作?

答：我说《老子》书是我所著，也许还有学者不同意。不同意也可保留他们的意见，百家争鸣嘛，老子不是天下第一，唯我为是，唯我独尊。当然，也要承认这一事实，就是我的书在传世过程中，会有后人注疏的文字混杂到我的文章中去的情况。这就需要校订考证。好在近两千年来有许多考证精审的校本、注本，可以恢复原书的面貌。马叙伦的《老子校诂》一书为此作了时代性的总结工作，这是一本以校勘为主，兼及考订的书，吸收了前人许多成果，也作出了作者自己的一些判断，引用资料也非常丰富，对读者有一定的参考价值。1973年12月，从湖南马王堆三号汉墓中出土的两种《老子》写本，是目前能见到的《老子》一书的古本子之一，对研究我的原书也很有价值，学者可以分析、比较、研究。1993年湖北荆门郭店一号楚墓发现的竹简《老子》本，比马王堆帛书本早了一百年左右，是迄今所见最古的传抄本。噢，我还忘了，近人朱谦之撰的《老子校释》也是一部很有功力的本子，代表了20世纪50年代《老子》校释的水平。它成书于1957年，而马叙伦的《老子校诂》成书于1924年。这是两本有代表性的著作，虽然已过去几十年，但其学术水平仍然很高，研究我和我的书的学者不可不读。

11. 问：谢谢先生的指教。

答：不用客气。至于《老子》旧注本，流传最广的，有河上公、王弼二种。各种版本在朱谦之的书里有详细介绍。我们以后讨论时还会提到。

七、《老子》怎么变成了《道德经》？

12. 问：先生，据我所知，您的大作按习惯的叫法就叫《老子》，不是“经”，也不叫《道德经》。《史记·老子传》称“上下篇”，《史记·儒林列传》说：“窦太后好《老子》书。”《汉书·景十三王传》

说："献王得古文《孟子》、《老子》之属。"都说明汉初都直称您的大作为《老子》书，并无"经"（《道德经》）之名。请问先生，《老子》升为"经"、有《道德经》之名始于何时?

答：经，是指历来被尊崇为典范的著作或宗教的典籍。提到经，人们首先会想到儒家的经典，如"五经"、"十三经"等，从前的图书目录把它定为儒家专著、经典的特定称呼。其实，儒家的书原来也不称经，是在汉代确立独尊地位后才称经。我的书也只是一家之言，自然不在"经"之列。东汉班固修《汉书》列《艺文志》，我的书不录其中，但录了《老子邻氏经传》、《傅氏经说》、《徐氏经说》，或许这是把我的书称为"经"的开始。邻氏、傅氏、徐氏可能是汉元帝、汉成帝以前的人。《法苑珠林》卷六八引《吴书》一段话值得注意，其曰："阚泽对孙权曰：汉景帝以黄子、老子义体尤深，改子为经，始立道学，敕令朝野悉讽诵之。"《吴书》今亡佚，但引用的这段史料说明《老子》一书是在汉景帝时改子为经的。这同汉初文景之世崇尚黄老思想的时代背景和思想氛围是一致的。后来的道教之徒就以此为根据，称我的书为"经"了。我的书上篇言"道"，下篇言"德"，《老子》因而变成《道德经》。从此，我的书，我这个人地位就上升了，不胜荣幸之至。

八、上、下两篇怎么变成了八十一章?

13. 问：可能因为这个缘故，您的书就列入经典之列。后来扬雄在《蜀王本纪》中就说："老子为关尹喜著《道德经》。"边韶《老子铭》说："见迫遗言，《道德》之经。"《列仙传》曰："老子著书，作《道德经》上下二卷。"葛玄《老子序》曰："作《道德经》二篇五千文上下经。"按这些汉代的史料，或许可证黄老之学兴、《老子》称《道德经》在西汉时已盛行。

从司马迁到边韶所见的《老子》也即后来的《道德经》，都是上下两篇，直到汉魏晋宋时篇目都应当是如此。今存的老子《道德经》的河上公本、王弼本、傅奕本却是八十一章，怎么从“上下篇”变成八十一章的呢？

答：我的书原来只有上下篇，不分章。后人在注释时，为便于行文，自行分段，就把我的上篇分成三十七章，下篇分成四十四章。最早分章的可能就是汉文帝时的道家河上公。他的注本文字简古，还在每章前加上章名。王弼、傅奕等人承之。八十一章的分法比较流行。但清代的魏源作《老子本义》时，认为有些浮文、赘文为后人所增，因此“著其是，舍其非，原其本，析其歧”，把我的书改订为六十八章。还有人据《韩非子·解老》篇分为五十五章者。他们加工我的书，要怎么分，怎么注，我也管不上，反正听任他们摆布。但摆布得有好有坏，水平有高有低。有注得好的，比较合乎我的原意；也有注得未必合乎我原意的，而是借我的名义阐述他们自己意旨的。至于“经”的原文，由于历代传抄刻印，有增有减，有夺有衍，也有差异。我的书在两千多年间，文字越注越多，越印越多，版本也越来越多。

14. 问：是的，据朱谦之的《老子校释》所搜集的版本统计，计有石本（碑文）13种，写本（唐人写本与敦煌残卷等）19种，佚本（辑佚）10种，道藏本41种，刻本16种，其他（群书）4种，合计103种。虽未必比儒家经疏多，可也不算少了。

答：敝人没有想到在我身后这么许多人注疏我的书，又印了这么多的版本，不胜荣幸之至！

15. 问：也可见先生思想之博大精深宏远、影响之深啊！两千多年了，一直有人在研究您、领会您的思想的无穷魅力。您思想的生命力始终没有消退。

答：我当时不过就我所见到的所思考的写下我的想法，完全是随想录式的、札记型的，凑成这五千言。没想到这五千言传了两千几百年，留下这许多版本。

九、马王堆汉墓出土《老子》帛书

16．问：这些都是传本。先生前面曾提到马王堆汉墓中出土的《老子》帛书，能谈谈您对帛书《老子》版本的看法吗？

答：1973年12月长沙马王堆三号汉墓中出土的帛书《老子》有两种写本，一种是带有隶书笔法的小篆，整理者称之为甲本。一种是用隶书抄写的，称之为乙本。甲本因为帛有破损，文字残缺不少；乙本大体完好，文字残缺不多，字体也清晰。从甲、乙两本都不避汉惠帝（刘盈）和汉文帝（刘恒）的讳，和乙本独避汉高祖刘邦的讳来分析，可以证明：乙本应是刘邦称帝后、刘盈刘恒称帝前抄写的，甲本不避刘邦讳，应是刘邦称帝前抄写的。墓主人葬于汉文帝十八年（前162年）。这对确定《老子》甲乙本的年代可以有明确的时间界线。这两个《老子》古本的发现，对研究我的著作的"准原型"状况有很大的学术价值。您前面提到《老子》分八十一章的问题，帛书《老子》甲乙本均不分章，可见不分章是《老子》一书的原样，分章是后人分的。实际上，在注释《老子》时，如果不受章界的限制，反而能更好地理解和切合我的本意。

17．问：是的，帛书《老子》不分章，说明它原来只是上下篇而不分章。上下篇内在联系是一致的。把它划分为八十一章，分割成八十一块，反而损害了先生思想的完整性。但有一个问题我弄不明白：帛书《老子》甲乙本，都是《德经》在前，《道经》在后，与传本的《老子》正相反，这是什么原因？

答：《老子》上篇，讲"道"的文字多些，因此后人称做《道经》；下篇，讲"德"的文字多些，所以后人称为《德经》。我讲的"道"，按你们今天的哲学概念，多属宇宙论与本体论范畴；而我讲的"德"，多属人生论与政治论范畴。按逻辑顺序，我当然先重视“道”，“德”应当从属于“道”。所以上篇应该是“道”经，下篇才是“德”经。

但是，从先秦的古籍记载中看，《老子》传本在战国期间，可能就已经有两种本子：一种是《道经》在前、《德经》在后，这应当是道家的传本。《庄子》论道德，也是把“道”放在第一位，把“德”放在第二位的（例子很多，从略）。另一种是《德经》在前、《道经》在后，这应当是法家的传本。《韩非子·解老》篇首先讲《德经》第一章，而解《道经》第一章的文字，则放在全篇的后部，便是明证。

道、法两家对我的书各有侧重，在文字的排列次序上也有区别。汉初兴黄老而实际上是重刑法，采用“刑法之言”而辅以“黄老之术”，政治法律制度取法家，而统治方术取自黄老，这就很自然地采用《韩非子》编的“德”前“道”后的编写次序了。所以说，帛书《老子》排列《德经》在前、《道经》在后，是汉初统治贵族兼重黄老刑法学说的政治背景下的编写宗旨的反映。

十、《老子》郭店简本

18. 问：先生，听说又发现一个比马王堆帛书本更早的版本，请您介绍介绍。

答：这就是1993年在湖北荆门郭店一号楚墓发现的竹简《老子》本，墓葬年代约公元前4世纪末，即战国中期偏晚。传抄年代应当更早，比马王堆帛书本早了一百年左右，是迄今所见最古的传抄本。共有甲、乙、丙三个抄本，为南方传抄本。从内容看，三本传抄来源应不同。甲本底本可能早于乙、丙本。乙本、丙本与帛书本及通行本差别极小。三本均为摘抄本，各有不同主题。甲本主要论治国，乙本论修道，丙本论道、修道与治国。郭店本《老子》问世，有力地推翻了《老子》书为秦汉时成书的看法！《老子》郭店简本是一个重大发现。照片与释文编为《郭店楚墓竹简》，1998年由文物出版社出版，郭店《老子》简本三种全在其中。

19. 问：郭店《老子》竹简的发现，对澄清事实，理解您的思想好处极大。对理解您思想的内在联系，理解《老子》的成书年代，也有很大好处。在您身后，许多问题被搞混了。考古学的新成就有助于事实的澄清。

答：我管不了身后事，但我感谢考古学家。他们用田野考古、释文研究以及科学考证，澄清了许多问题。思想家想发现规律和法则，可他们本人的历史，甚至他们的思想，又免不了被后人随便摆弄。历史，时代，名誉权，著作权，我都管不了，没法和他们打官司。他们可以超越时空想怎么说就怎么说，但本人不能超越时代和历史。就像我吧，最后也只能归隐、逃遁，走向桃花源。哈哈哈……

第三章　关于“道”

一、“道”的内涵

1. 问：先生，我们或许可以进入有关您哲学思想体系的讨论了。先从《道德经》的“道”谈起吧。我们今天把“道”理解为宇宙万物的本原、本体，也理解为一定的人生观、世界观、政治主张或思想体系。就我所知，“道”作为一个哲学概念，是先生首先提出来的（不知我讲得对不对）。就您提出这一哲学范畴来说，就是思想文化上的一大贡献。但由于您的“道”玄妙深远，包容的内容太多，您又没有作一个简单明了的说明，因此，后世许多人从您的“道”中引申出许多他们各自理解的认识和解释。近代学者有的把它阐发为唯物主义，有的把它阐发为唯心主义。您在《道德经》中开宗明旨就说：“道，可道，非常道；名，可名，非常名。”（第一章）认为说得出的“道”，它就不是永恒的“道”；叫得出名的“名”，也不是永恒的“名”。可是，在我们搞学问的人看来，总得给哲学概念一个明确的界定，否则我们怎么以它为出发点去分析、推论一切问题呢？不知我这个问题提得对不对？

答：至于说“道”这一范畴是我先提出来的，要作些解释。“道”的观念不是春秋末期冒出来的，殷周之际已出现“道”的观念。殷季的《散氏盘》、周初的《比干铜盘铭》都有“道”字。《国语》中“道”“德”两词，更是政治思想范畴的常用语。“道”是东周时代意识中评估人世间政治社会的最高价值标准的一种表述。先有事实，后有概念，这是你们常说的话。我的“道”是事实，还是概念，你们可以讨论研究，我也说不明白。你讲的是你们自己的传统思维，未必能抓住我的哲学思维的本质和方法。我提出“道”这个哲学范畴，确实没有把它讲得十分清楚，我生活时代的科学水平和物质生活，远没有到达你们的原子时代、电子时代、信息时代，也不能概括出“物质”“精神”这样的哲学概念。但是，我的思考确实从错综复杂的社会实际生活中和自然界的变化中，悟到有一种我不能说得很清楚，也不能明确给它定名的规律性的东西（“规律”一词，也是借用你们的近代名词），在大千世界中无所不在地在起作用。所以，我开头就说：“道，可道，非常道；名，可名，非常名。”我概括总结的“道”是说不出的，它涵盖宇宙、自然、人类、社会的一切，所以我认为它是具有永恒意义的“道”。我的“道”的哲学范畴，是由对人生和自然的直感、实感中总结出来的，是对“道”的名实与时代问题的哲学反思。如果几句话就能讲清楚，以为这种几句话就说清楚的“道”能统率世界上的一切，那就是吹牛，就谈不上是我的“道”。同样，叫得出名字的“名”也不能包容世界上一切事物的“名”。如果“道”能以“名”名之，这样的“道”也不是我说的具有永恒意义、普遍规律的“道”。

2. 问：“道”是内涵，“名”是表达。文字的表达，不论它多么精辟，总是“粗”于事物内涵的全部内容的。《淮南子·本经训》曾引了“道，可道，非常道；名，可名，非常名”以后，评论说：“著于竹帛，镂于金石，可传于人者，其麤（粗）也……晚世学者……博学多闻，而不免于惑。”所以后世学者对先生的“道”在理解时不免感到困惑，实际上是不能理解“道”的广博深远的内涵。他们总是用自己的理解去作这样那样的解释，进行如此这般的争论。中国哲学家用中国文字表述他们的哲学概念既有它的宽泛性，同时又有它的不确定性，但在总体上是它的涵盖性、普遍性。我用这种观念理解先生提出的“道”不知是不是正确？

答：可以这样说。我是以“道”作为我哲学思想立言的旨趣。所谓

“道”，是变化的总名，包含着“规律性”的意思。世界是与时俱变、应物变化的。但在变易的现象中有不变的东西存在，这就是我说的“道”，或谓之为“常”。汉代的高诱在注解《淮南子·泛论训》时说：“常道，言深隐幽冥，不可道也。”有一本伪托的书叫《关尹子》，也是我这一派的，它将“道”推而广之，说“不可言即道”。我说的“道”，变动而不固定，不断地周流六虚。上下四方为六虚，周流六虚指阴阳周遍流动在六位之虚。世界上没有永久不变的道，也没有永久不变的名。它不具有“故常”性（即不变化），所以称之为“非常”。天地之道，恒久而不已，永远在变化，这才成为天地之道。如果天地不变、不易、不化，就谈不上“常”。常道就是变化。三国曹魏王弼解释说：“指事造形非其常也，故不可道不可名也。”清代魏源在《老子本义》中说：“道，至难之言也。”这两种解释都是说准了我讲的“道”的实质的。我的“道”是很难用言语、文字来表达的。

二、“道”为万物之母

3．问：先生说“无名，天地之始；有名，万物之母”，是承着“名，可名，非常名”而发挥的。这里是否把“名”的问题同万物的起源问题联系起来？我不理解，“名”和天地万物的起始有什么关系？

答：为了解释这两句话的含义，我先介绍一下王弼对这些话的诠释。他说：“凡有皆始于无，故未形无名之时，则为万物之始。”《说文》对“始”的解释是“女之初也”。对“母”的解释是“象怀子形，一曰象乳子也”。女性、母亲是孕育人类的。这里是比喻。“有”天地万物，是从“无”天地万物开始的。天地未生之时，混混沌沌，正如未出闺的少女那样天真淳朴。从少女到母亲的变化，本质上是从“无”（儿女）到“有”（儿女）的变化。我在第二十五章中说“有物混成，先天地生”，在第四十章中说“有生于无”，都是表达“天地万物生于无”这个意思。

从“无”到“有”是世界发展的客观规律，从“无”到“有”，“有”则生生不息。我在第四十二章中又说“道生一，一生二，二生三，三生万物”，意思是说“道”产生统一的事物，统一的事物分裂为对立的两个方面，对立的两个方面产生新生的第三个事物，再从第三者产生千差万别的事物。这就是我说的“有名，万物之母”的含义。“道”是无名的，是天地的开始；万物是有名的，“有名”是万物的根本。这就把“无”和“有”、“天地”和“万物”的关系连在一起说了。

4. 问：所以先生接下去说：“常无，欲以观其妙；常有，欲以观其徼。”先生的意思是，经常从无形象之处来认识“道”的无名的微妙，同时经常从有形象之处来认识万物有名的终极处。“徼”在这里解释为“边”的意思，引申为终极。从“有”和“无”这两方面来认识“道”变化的微妙以及它在万物上各种各样的终极表现。先生的“有”“无”观是统一的、联系的、变化的，是一个完整的发展过程，并非对立而不可统一的。

答：你的理解很对。这就叫“此两者同出而异名”，两者（指“有”和“无”）是同一来源而有不同的名称。“有”和“无”的名称虽然不同，而“道”则是通而为一的。因此，我下的结论是：“同谓之玄，玄之又玄，众妙之门。”玄的原意是深黑色。我是借深黑色表达一个重要概念，表达“道”有深远、看不到底、看不透的含义。简言之，“道”派生的“有”以及“无”的生成、发展、变化的规律，是非常深远、十分玄妙的。“道”是一切透露事物微妙变化的总门。正因有这变化莫测、至玄至极的“玄机”之门，才造就天地，化育万物，生成人类和社会的一切。

三、玄妙的“道”，超越“绝对理念”和“天理”

5. 问：好精湛的哲学！好玄妙的“道”！难怪后世有些学者要说您

是唯心主义哲学家。这玄妙深远的唯心主义哲学有多少话可说，有多少文章可写！我想到了汉代有两位思想家都承继了您说的“玄”，表述了他们各自的哲学思想。一位是张衡，他说：“玄者无形之类，自然之根；作于太始，莫之能先；包含道德，构掩乾坤；橐籥元气，禀受无形。”（《御览》引《玄图》）把“玄”看成是造就自然万物和伦理道德而又没有形迹的世界之“元”。还有一位是扬雄，他说：“玄者，幽摛万类而不见形者也。”（《太玄经·玄摛图》）对“玄”的理解类同张衡。在科学技术大大发展了的20世纪，当人们对宇宙的起源提出了各种假设，但又谁都说不清道不明的情况下，还不可能有人推翻您的“道”、“无”、“有”、天地、万物的本体论。这也许是哲学思维的超前性和滞后性的特点吧。但不是人人都能进行这种思维的。

答：可以“道”可以“名”的，我都据我的体验和认识写在五千言中了；其不可言不可名者，则在各人体察我说的“道”的各自的心得。至于如何理解，说我唯心也好，说我唯物也好，你们后人以你们各自的认识水平，各自去体察、去认识、去说明吧。我不在乎你们怎么说，百家争鸣嘛！

6. 问：先生的“道”深不可测，玄不可言，无形无象，而又无所不在，无处不在起作用。我总感到这样的“道”太抽象了。这样抽象的“道”，我们怎么感觉它呢？有一种观点认为，我们感觉不到的东西，也就无法认识它；只有感觉到的东西，才能认识它。如果这话是对的，那先生的“道”也应该让人感觉到啊！先生对此作何解释呢？

答：我认为我找到了天地万物的“道”，但我无法使你直接感觉到它的存在。我在第四章中又写道：“道冲，而用之或（一本作‘久’）不盈。渊兮，似万物之宗。”用白话说，就是：道不可见，而用它（道）永远也用不完。它是那样的渊深啊，它是万物的宗主。“道”是世界的主宰，但它无形无色无臭。如果用现代的语言来说，把“道”解释为规律或许可以。规律是无形，也是不能靠眼耳鼻舌身来感觉的，但它确实在产生、支配着一切，人在自然界和社会的运动中可以感觉到它无处不在、无时不在。所以我说它有“挫其锐”（不显露锋芒）的特点，又能“解其纷”（超脱于一切纠纷之外），“和其光”（涵蓄着光耀），“同其尘”（混同着天地间的尘埃）。我叹息着它“湛兮，似或存”——它是那样的无形无象啊，虽然它到处存在，却又寻觅它不着。所以我说：“吾不知谁之子，象帝之先。”我不知道它是从哪里产生出来的，只知道它出现在上帝之先。我不认为“道”是上帝，但相信它的存在一定比人们信仰的上帝还早。它在有天地以前就存在了。

7. **问：**或许人们要批评说：您的“道”是典型的客观唯心主义，像德国的黑格尔的“绝对理念”，或者是宋代理学的“天理”。

答：他们远不如我。我的“道”的哲学比他们早得多。不要加我什么客观唯心主义、主观唯心主义的帽子，对此我一律不接受。我深信有这个主宰宇宙、自然、社会运行的超然独立又不离其宗的“道”的存在。我是“道”的发明者，我是“道”的创造者，我也是“道”的信仰者。我和“道”是不可分的。老子所以成其为老子，就是因为“道”的哲学。

四、“谷神”和“玄牝”

8. **问：**先生在《道德经》第六章中讲到“谷神不死，是谓玄牝”。“谷神”是什么？同您说的“道”有什么内在联系？为什么要用“谷神”表述您的“道”？

答：谈这个问题之前，先要讲一讲版本上的问题。我的书，由于两千几百年的传抄刻印，在版本文字上有不少问题。就拿你问的“谷神”二字来说吧，河上公本的《老子》作“浴神”，边韶《建老子碑铭》也作“浴神”。应该作“谷神”。今宋本和《道藏》河上公本皆作“谷神”。“谷”指山谷，山谷是广大空虚的。神，指神奇不测。唐傅奕解“谷神”

二字为“幽而通也”，释义和我的本意是相近的。宋司马光解“谷神”为“中虚故曰谷，不测故曰神。天地有穷而道无穷”，这解释也大抵可以。我说“谷神不死”，即指“道”是无穷的。清严复有一个解释，他说：“以其虚，故曰谷；以其因应无穷，故称神；以其不屈愈出，故曰不死。”这一解释也没有违背我的原意。我认为我的“道”揭示的原理和规律是可以涵盖一切的，是有永恒存在意义的，可以包容一切，无穷无尽，这就叫“谷神不死”。

9. **问：**那为什么又要说“是为玄牝”呢？

答：“牝”是指一切动物的母性生殖器官。“玄牝”就是象征着一切深远的、看不见的生产万物的生殖器官。我是借雌性生殖器官来比喻，说明我的“道”是生成万物、万代承续和万物不断变化的根源。接下去说“玄牝之门，是谓天地根”，也是这个含义。天地间的一切，是从“道”这个深远的、看不见的“玄牝之门”中产生出来的。它绵绵不断地延伸着，存在着。它无形无影，无踪无迹，但无时无处不在起作用，左右着万物的发生、发展、变化，用之不尽，取之不竭，“绵绵若存，用之不勤”。这就是我把“道”与“玄牝之门，是谓天地根”联系在一起的原因。

10. **问：**先生把“道”比之为“玄牝”太有意思了。您用包括人在内的一切动物的生殖本能产生自然界和社会活动群体，来说明“道”的本体，表明“道”是您的哲学基础，很通俗，又很深刻，大家一听就懂了。先生讲了“道”的渊阔辽远，讲了“道”的深不可测，阐明了“道”是生成一切事物的本体。但我毕竟是中等智力水平，对此还是感到有些玄。先生能不能进一步对我讲讲“道”的一些特点呢？只有掌握了“道”的特点，才能由表及里地理解“道”的本质。

答：我写的书，后人名之为《道德经》，不管是“道”在前的《道德经》，还是“德”在前的《德道经》（如马王堆出土的帛书），我所阐述的“德”的内容，实际上是同“道”一致的，“德”也指具体事物从“道”所得的特殊规律或特殊性质。《管子·心术上》云：“德者，道之舍。”即其意也。讲这些，是为了回答你询问的“道”的一些特点。我在第二十一章中说：“孔德之容，惟道是从。”“孔德”就是“大德”，也就是“盛德”。“盛德”的表现（“容”），是服从于“道”这个“体”的。

“道”是什么呢？它没有固定的形体，它是那样的恍惚而不可捉摸，但在恍惚之中却有影像；它虚无飘忽，但在虚无飘忽之中却有实物；它深远暗昧，但在深远暗昧之中却涵容着细微至极的精气。这是我对“道”的特点的描述。你们可以说这是唯心主义的，也可以从“精”（精气）的存在说这是唯物主义的。我用韵文描写“道”的这些特点，就成为这样的几句：“道之为物，惟恍惟惚。惚兮恍兮，其中有象；恍兮惚兮，其中有物；窈兮冥兮，其中有精。”窈作深远解，冥作暗昧解。我还强调了“精”的真实性、具体性：“其精甚真，其中有信。”在我的“道”中，虚无与真实是同在的。

五、“道”之“精”，唯物还是唯心？

11. 问：王弼注解您的这几句话时说：“万物以始以成，而不知其所以然，故曰恍兮惚兮，惚兮恍兮，其中有象也。”不知为什么王弼所引的文字中少了“其中有物”四字，而且“惚兮恍兮”的文字也倒置，可能他见到的本子是如此。也许他是摘引，不是全引。王弼所解释的，也是先生的抓不住摸不到的“道”，认为它是生成万物的本。但您又说“道”中包含着极细微的“精”，“其中有精”，“其精甚真，其中有信”。这“精”能够触摸到吗？还是不可触摸的？这又回到我们上面讨论到的问题：“精”是唯物的，还是唯心的？有些学者把“精”说成是古代朴素唯物主义的思想，不是没有道理的。记得冯友兰在《先秦道家所谓道之物质性》一文中即持这样的见解。先生能对此说说您的看法吗?

答：我早就说过，我生活的时代的科学发展水平和我们的生活条件，不大可能产生什么唯心、唯物的明确概念。你们以“精”来判断我的“道”是唯心主义还是唯物主义，是你们的自由，代表你们自己，不代表我。我要表明的是我的“道”不是胡说八道，而是有道的正道，为的是揭示世界发生、发展和变化的根本。尽管它是看不见、摸不着的，但它确是存在的，支配着自然与社会的运行。《管子·内业》云：“精也者，气之精者也……凡人之生也，天出其精。”表述的是这层意思。《庄子·德充符》也说：“夫道，有情（即精）有信，无为无形；可传而不可受，可得而不可见。”也是基于我的思想。因此，我才说：“其精甚真，其中有信。”——这极微的精气是具体而真实的，也是最有“信”的。自古至今，体现“道”的“精”是无法废去的。据之，才能认识万物的开始及其变化。我在这一章的最后写道：“自今及古，其名不去，以阅众甫。”就是这个意思。“阅”在这里作“认识”、“检查”解释。“吾何以知众甫之状哉？以此。”——我怎么能够知道万物开始的情况呢？原因就在这里。“道”虽然看不见，摸不着，但它确实存在，万物是由它产生的。

12. 问：汉代刘安的《淮南子》在不少方面，体现了您的这一思想。《原道训》说：“万物之总，皆阅一孔；百事之根，皆出一门。”《俶真训》说：“夫天之所覆，地之所载，六合所包，阴阳所呴，雨露所濡，道德所扶，此皆生一父母而阅一和也。”表达的都是您的思想：万物万事包括伦理道德，均源“道”而生，源“道”而衍，源“道”而广。先生是把涵“精”之“道”作为世界万事万物的原点来考察的。我们应当以此来认识“道”的本质。

答：具有主宰性、规律性的“道”是无形无相的，因此不能被感知。人类不能全部认识它，但它又时时、处处在起作用。我称之为：“视之不见，名曰夷；听之不闻，名曰希；搏之不得，名曰微。”（第十四章）看它看不见，叫作“夷”；听它听不到，叫作“希”；摸它摸不到，叫作“微”。“夷”一本作“几”。傅奕解释说：“几者，幽而无象也。”“希”的意思是稀疏。河上公注云：“无色曰夷，无声曰希。”希夷可联解，释为空虚寂静，不能感知。“搏”，一作“揗”，《说文》对“揗”的解释是：“揗，摩也。”这里说的都是“道”的特征，“道”在视觉、听觉、触觉三方面都无法感知。它在上面并不显得光明（“其上不皦”），它在下面也不显得阴暗（“其下不昧”），它渺茫得难以形容，最终还是回复到无形无象的形态。这就是我说的“道”。

13. 问：超凡脱俗的无状之状，应当是见不到形体的形象，这就叫“无状之状，无物之象”。我们不能用世俗理解的有形有体的具体物件来代表先生的“道”，这就是先生一再形容为“惚恍”之状的“道”的特征吧。

答：是的。“迎之不见其首，随之不见其后”。道，从正面看，看不到它的前面；从后面看，看不到它的背后。有句俗话说：“神龙见首不见尾。”惚恍的“道”，就是既不见首也不见尾的神龙。

14. 问：说它玄，它也不玄。先生说：“执古之道以御今之有。”自古以来的“道”足以支配当今的具体事物；无形无象的“道”，跨越时空一直在起作用，左右着万事万物、芸芸众生。

答：是的，“能知古始，是谓道纪”（一作“以知古始，是谓道已”）。“道纪”指“道”表述的规律。能认识自古以来的开始，这就是“道”的规律。远古时代离我们今天是遥远的，但“道”的法则和运行古今是存在如一的。所以，掌握了“道”的法则，在今，可以知古；古“道”，也可知今。这就是无形无名的“道”之所以成为万事万物之宗的原因。

15. 问：先生关于“道”的这一段话，是千古定律、金玉之言：“有物混成，先天地生。寂兮寥兮！独立不改，周行而不殆，可以为天下母。”这一段关于“道”的描述和归纳，是先生哲学中非常重要的一章。

答：这点，你说对了。这一章被列为第二十五章，实际上应该是首章（第一章），当然，也可以把它列为“道”的总结章。我以为“道”的存在是先于天地万物的。“道”是浑然一体的东西，它先天地而生。它既无声无形，也不依靠外在的力量。它遵循自己的法则，永远不停地循环往复运行。因此，“道”是天下万物的根本（即“母”）。正因为它具有这种性质，我也不太容易给它起个恰当的名字，就把它叫作“道”，或者再勉强给它起个名字叫作“大”。之所以又称之为“大”，是为了说明“道”的宏大渊远、周而复始、运动不止的性质。“大曰逝，逝曰远，远曰反（一本作‘返’）。”“道”体至广至大，不足以尽之，故名之曰“逝”。孔子说：“逝者如斯夫！”（《论语·子罕》）逝者，往去之意也。然而，“逝”又不足以尽之，故又名之曰“远”。《说文》：“远，辽也。”“道”是辽远无界的。但是，有往必有返，故又曰“返”（反）。返则周流不息，这是为了说明“道”的周而复返、运动不息的性质。世上一切事物均在不停地运动之中。宇宙者，“道”之动也。

六、宇宙“四大”：天、地、人、道　道为主宰

16. 问：先生在这里又讲到“大”的问题，这使我联想到您在这一章中谈到的“道大，天大，地大，人亦大”的说法。既然这四者都大，那我要追问，到底是谁大啊？

答：都大。宇宙间有四种伟大的存在。天、地、人，是我们所能感知的。天是伟大的，它无边无际，笼罩四野，无处不在它无形的天幕遮盖之下，谁能说天不大呢？地也是伟大的，它辽阔无边，厚实沉重，承载着世上的一切，你能说它不伟大吗？人也是伟大的，人是万物之灵，创造世界上能够为人所创造的事物，世界如果没有人就没有生气，没有活力，也不会有你们常说的发展，人不是也伟大吗？在这三“大”之外，还有一

“大”，这就是“道”，它和天、地、人共同构成了宇宙间的四“大”，有灵气的人只居其一。这四“大”的互依互存关系是“人法地，地法天，天法道，道法自然”，人以地为法则，地以天为法则，天以道为法则，道以它自己的样子为法则。人不违背地的法则才能得到安全；地不违背天的法则才能得到天的庇护；天不违背道的法则才能得到道的覆盖。道则按照它自己的本性在行动，以不违背其本性为准则。自然者，性之谓也。在这四个“大”中，“道”是最高的，也是主宰天、地、人的。其他三个“大”，都是从“道”产生出来的。这就是我把“道”作为世界本原，认定它是“先天地生”的原因。“道”是我哲学的出发点。

17. 问：先生，作为一个学者，在读书、观察、思考之中，我常有一种感悟：宇宙这么广，世界这么大，社会这么复杂，可是，你总会感觉到冥冥之中有一种无形的东西、巨大的力量，在左右着万事万物。你说不出所以然，但你不能不承认，存在着这样一种力量。所以，神仙、上帝、超自然力量、天理、绝对观念等由普通人或由哲学家加以描绘或规定或命名的东西出现了。而您则第一次提出了“道”的概念，而且把它描述得如此精细，既抽象又形象，既飘渺又实在。“道”在您的哲学体系中，犹如泛滥的江河一样，浩浩荡荡、波浪滔天般地在世界上周流，万物依靠它生存，而它却从未对万物有所求。宇宙生成了，世界形成了，人类诞生了。“道”依仗它内在的力量成就了大功，我们却无法表明或赞颂它的大功在哪里。它护养了万物，而不以为主宰，没有一点自己的欲望可以表达，没有任何欲念可以要求。它的欲念极少极小，极淡极微。万物归附于它，而它并不以为自己是万物的主宰。从这个意义上说，它又极为伟大。自以为伟大者必定渺小，不以为自己伟大才是真正的伟大。先生的“道”是如此，创造了“道”的概念的您也是如此，从谦逊中表现您的伟大！

答：你这一段歌颂“道”的独白（可名之谓《道颂》），或许表明你已相当深入地理解我的“道”的哲学。你说的这一段话，也许是无意之中用现代语言说出了我在《道德经》第三十四章中写过的话：“大道泛兮，其可左右。万物恃之以生而不辞，功成而不有。衣养万物而不为主，常无欲，可名于小；万物归焉而不为主，可名为大。以其终不自为大，故能成其大。”宋代苏辙说：“泛兮，无可无不可者，大道也。”“大道”的涵盖面是极其广泛、伟大的，但我自己却无从“伟大”。这并非矫情自谦。不是我发现了“道”，而是“道”发现了我，让我在我生活的特定时代陈述了“道”。不是我伟大，而是主宰宇宙的“道”伟大。

18. 问：“道”是隐于无名的，先生也是隐于无名的，先生对“道”也以“无名”名之，这反而成就了“道”的有名和伟大。在自古而今由哲学家创造的哲学概念中，“道”无疑是一个永恒的哲学概念。

答：王弼作注说：“万物皆归之以生，而力使不知其所由，此不为小，故复可名于大矣。”我同意这一解释。他说明了“大道”的内涵、实质和意义。“道”是万物的主宰。它以自己的方式生养了万物，“道生之，德畜之，物形之，势成之”（第五十一章）。“道”使万物生长，“德”使万物繁衍。它们使万物成就了形状，使万物形成了自己的态势，所以我说“是以万物莫不尊道而贵德”，万物因此没有不尊崇“道”而珍贵“德”的。但是，“道”被尊崇，“德”被重视，并没有谁来命令，它从来就是这样的。“道”使万物成长、发展，“德”使万物成熟、结果，对万物爱养、保护，生长了万物而不把功劳据为己有，推动了万物生成、发展，而不自以为尽了力，作了万物的统帅而不对它们统治、宰割。“道”具有一种深远的、看不见的“德”，我把它命之为“玄德”。

七、“玄德”云云

19. 问：以前我读《道德经》第五十一章的内容，不很理解。“道生之，德畜之，长之育之，亭之毒之，养之覆之。生而不有，为而不恃，长而不宰，是谓玄德。”经您这么解释，我懂了。畜、长、育、养、覆还好理解，亭、毒就不好懂。亭，《释名》云："亭，停也。"转义为凝结，这里释为结果实；毒，《说文》云："毒，厚也。"这里转义为成熟。这几个字都是说"道"对万物生长的功能。您充分肯定了"道"在万物生长发展中顺其自然的作用，"夫莫自命而常自然"，"为而不恃，长而不宰"，推动了万物发展而不恃有功，作万物的首长而不宰制。这是顺乎自然的"道"深远而看不见的德，因之，您名之为"玄德"。"玄德"一词，非常妥帖。王弼的解释也不错："有德而不知其主也，出乎幽冥，是以谓之元（玄）德也。""道"生长、维护万物，都由于自然，并非有心于万物，也不希望万物的回报，生不辞劳，施不求报，生之而不执有，为之而不矜恃。您在这里把"玄德"拟人化了。词同而理通，但只有圣人、真人才能具备如此崇高的德。

答：你的理解大体是可以的，但是有意识的人同自然的"道"还是有区别的。表现在"德"上，人很难达到自然的"道"那样的水准和高度。玄德是自然无为、为而不有之德，是幽寂高远、慎隐微妙之德，是圣人觉识大道法则、顺应自然的一种德性。德和道是相配的。"德"要受到世俗社会的影响，而"道"则左右万事万物和世俗社会。

20. 问：是的，先生，"道"和"玄德"是那样的崇高伟大，因此，世上的人去求"道"，也只能有极少数人得"道"并认识"玄德"。他们一旦得"道"，那才是最高的追求和目标了。这只能是哲人的追求。一般的人都追求生活的美好和安泰，因此，动听的音乐和可口的美食，可以使过路人停下来，为的是听其声，尝其味。对那虚无缥缈的无形伟大的"道"和高深的"玄德"，向往追求的人并不多。先生讲了这么多有关"道"和"玄德"的道理，深刻是很深刻，但不会引起芸芸众生的兴趣。

答：是的，你说的是常情，但不是常理。常情不一定是常理。大千世界，芸芸众生，绝大多数人追求的是口之食、身之衣、目之视、触之觉。衣食住行，声色享受，是人这灵之长所企盼所追求的。这就是你提到我在第三十五章中说过的话："乐与饵，过客止。"而我说的"道"，是无形无象的。"道"是"大象"，"大象"是无象之象，它出于声色嗅味之外，说出来是淡而无味、无形无声无色的。看它，看不见；听它，听不到；但如果用它，又用不完。这就叫："道之出口，淡乎其无味，视之不足见，听之不足闻，用之不足既。""道"无形无声，无色无味，它不像雅乐中的郑声、五谷中的肥旨（即甘旨肥浓），它清淡和心而养人。无味之味，是为至味；希声之声，是为大音；无象之象，是为大象。终身用之而无害，推之四夷而可行，放之四海而皆准。所以，我写道："执大象，天下往。往而不害，安平泰。"这"大象"就是"道"。我在第四十一章中还专门论述了"大象无形"的思想。与"道"俱行，往不离"道"，则无所不安，无所不平，无所不泰。谁能认识这个道理，他在"道"的探求道路上就有了进步，他就比常人更胜一筹。

21. 问：先生持之以恒宣传您的"道"的原则，教世人相信：只要相信"道"，就会得"道"；如果不相信，不照着做，就不能得"道"。不过，我想，相信"道"，认识"道"，实践"道"，是一个没有终止点的过程。除了先生这样的大哲，又能有多少人能说他真正懂得了"道"，实现了"道"，得了"道"？不管个人的才智、努力的程度有多大差别，即使最聪明、最能干的人，恐怕都只能在"道"的道路上有所前进而已。他们一生在事业上的成就、人生旅途上的顺逆，也依据他们对"道"的接近程度和实践程度而定。人只能接近真理，而不可能穷极真理。

答：追求是一层意思，追求达到的程度是另一层意思。我说的"道"的作用，只是就其终极点而言，事实上没有终极点，也没有人能到达终极点。因为万事万物的发展没有终极点，有发展就没有终极点。然而追求应当是一个哲人一生的目标。追求达到什么程度，同要不要追求是两个含义。我强调的是对"道"的不懈、不息、不止的追求。"故从事于道者，同于道；德者，同于德；失者，同于失。"我在第二十三章中强调的思想就是：寻求"道"的，就与"道"相同；寻求"德"的，就与"德"

相同；寻求“失”的，就与“失”相同。你想得到“道”，“道”也愿意得到你；与“德”相同的人，“德”也愿意得到他；与“失”相同的人，“失”也愿意得到他。人们要坚定对“道”的信仰。没有信仰，就没有信任。你真正坚定了对“道”的信仰，就能够接近“道”的真理。王弼对“道者同于道”一句作解释说：“与道同体，故曰同于道。”这解释是对的，关键是对“道”的信仰与认同。

八、上士、中士、下士对“道”的不同态度

22. **问**：世上的人各种各样，对“道”的态度也各式各样。有不懈追求的，有不屑一顾的，也有可有可无的。与“道”发生共谐而有追求的人，毕竟是少数。请先生谈谈这个问题，分析分析不同的人。

答：我把那些有些学问的被称之为“士”的人，按他们对“道”的态度，分为三种：上士、中士、下士。“上士闻道，勤而行之；中士闻道，若存若亡；下士闻道，大笑之，不笑不足以为道。”（第四十一章）上士听得进“道”的道理，而且听了就照着做；中士闻“道”，将信将疑，他们对“道”本来就没有坚定的信仰；下士听到“道”的道理，会哈哈大笑，以为这是空洞的没有意义的道理。如果他们不感到可笑那才是怪事，因为“道”同他们是格格不入的。

23. **问**：是的，不同的人对“道”会有不同的认识。深的道理，普通的人理解不了，也认识不到。有深刻思想的人，才能认识和理解深刻的道理，并能实践“道”的原则。下士闻“道”大笑，正应了中国民间一句谚语：对牛弹琴。“道”是深刻玄远的，浅陋的读书人自然理解不了。

答：明显的“道”，看来好似黯然；进前的“道”，看来好像后退；平坦的“道”，看来似乎崎岖；崇高的“德”，好像卑下的山谷。这正如最白的颜色好像有污垢，最大的“德”好像有欠缺，刚健的“德”好像很

怠惰，质朴纯真的东西好像不能坚持下去，最方正的物体反而没有棱角，最贵重的东西总是最后制成，最强的声音听来反而稀微，最大的形象看来反而无形。这种正面和反面合而为一的“道”，相反相成，却饱含真理的光芒。低能的下士当然不能理解，反而会遭到他们的冷嘲热讽。

九、“道”：幽隐无名

24. 问：您写在第四十一章里的这一段妙文，我背得出来：“明道若昧，进道若退，夷道若颣（《广雅·释言》：‘颣，节也。’《通俗文》：‘多节曰颣。’引申为‘高低不平’），上德若谷，大白若辱（宋范应元本作‘黩’。《玉篇》：‘黩［即辱］，垢黑也’），广德若不足，建德若偷，质真若渝，大方无隅，大器晚成，大音希声，大象无形。”句句是至理明言。低智能、少智慧的下士是无法理解先生“道”的哲理的。

答：你们现在为了使一个人、一本书、一篇文章、一首曲子、一首歌让人人皆知，时兴一种“炒作”的方法。一“炒”就热了。实际上是吹捧。我的“道”是无名的，不需要炒，也不需要捧。“道隐无名。夫唯道，善贷且成。”“道”是幽隐无名的，它不需要张扬和吹捧。然而，只有“道”才使万事万物善始善终，有个完整的过程。世上的“诸善”都是“道”成就的。但它又平淡无奇，不显山露水，不龇牙咧嘴，以一种平静而深沉的态势协助万事万物的运行，成就它们的全过程。这就是“大象无形”。

25. 问：是啊，正如先生在第六十二章中所说的：“道者，万物之奥。善人之宝，不善人之所保。”“道”是万宝深藏的地方。它是好人不可须臾离开的法宝，坏人也必须持有它才能生存。能说漂亮话的人能够赢得别人的尊敬，能有优良行为的人也能凌驾在别人之上。好人以“道”为宝，能够得乐知福；坏人如果得不到“道”的指点，就不能改邪归正。因此，坏人哪有舍弃“道”的道理？他难道不应该使自己在“道”的指引下变成一个让别人尊重的人吗？

答：天子就位，三公就职，要有将拱璧放在前面的仪式，还要有四匹马跟随后面这样的规矩。这都是必要的仪礼。可是，在我看来，“不如坐进此道”，即使不用这些仪式，而把“道”作为献礼也未尝不可。“虽有拱璧，以先驷马”，但“道”比拱璧、驷马要贵重得多。重视“道”，运用“道”，天子、三公的目标就可以实现，有罪孽的也可以免除。所以我认为“道”高于一切，重于一切。

26. 问：先生把“道”的好处和用处真是说到极致的地步了。但愿不仅仅是善人知此义，通此理，行其道，还有那些专干恶事的不善人，执掌权力的帝王将相也能知此义，通此理，行其道，改其行。若能如此，我们生存的这个世界，或许有望到达理想境界。

答：这是一个美好的人类企求的理想境界。能够达于“道”的人毕竟是少数。这样的人，我在第十五章中称之为“善为士”或“善为道”者。这样的人，他们细致、深刻而通达，理解问题的能力和思想的深刻性远远超过一般人。这样的人，不是常人。他办事有准备而谨慎，就像冬天涉水过河那样考虑周到。他思考问题反反复复，如同提防敌人要进攻那样有备不懈。他做事情想问题，犹如做客人一样恭敬严肃。他处理问题通融灵活，就像春天河里的冰块将要融化一样随时变化。他为人敦厚稳重，像未经雕琢的原木。他心胸开阔，犹如深山幽谷。他能兼容并蓄，像大江大河那样接纳一切混浊。然而，他又能以耐心和平静使混浊的江河通过自净作用慢慢变得澄清透明。他又能使长久安定的局面通过不断的变动打破平静，使事物充满生命，蓬蓬勃勃向前发展。这样的士人，是真正得“道”的人。他通过求“道”而得到了“道”并保持了“道”，但他从不以此为满足。正因为他不知满足，他从不以为自己到达“道”的圆满境界。因此，看上去他貌似古拙保守，却因不断地追求而取得新的成功和新的胜利。

27. 问：先生这般解释极妙！从前，我对先生所说的这类“微妙玄通，深不可识”的“古之善为士者”的描述，似懂未懂。“豫兮，若冬涉川；犹兮，若畏四邻；俨兮，其若客；涣兮，其若凌释；敦兮，其若朴；旷兮，其若谷；混兮，其若浊。孰能浊以止？静之徐清？孰能安以久，动之徐生？保此道者不欲盈。夫唯不盈，故能蔽不（而）新成。”经先生这么一解释，我明白了这是您对得了“道”的人的称赞。先生称得上是这样的人了。先生在第四十五章中还说过：“大成若缺，其用不弊。大盈若冲，其用不穷。”圆满的好似欠缺，但它的作用不会败坏。最充实的好像很空虚，但它的作用不会穷竭。这同您上面讲的应该是一个意思。

答：是的，是一个意思。得道者应该在思想上达到这个境界，才能在行动上自如。不过要经过一个艰苦历练的“求道”、“得道”的过程，才能接近这个境界。小子，望你努力！

十、“道”的哲学真谛

28. 问：我向先生如此深入地请教了“道”的哲学，感谢先生花了这么许多时间给我传授了“道”的真谛。您为我阐述了“道”的本体，分析了它的性质、特点和作用。您把它视之为创造宇宙、统治宇宙的最高主宰，认为它的存在与运行，左右着万事万物的成长和发展。您避开了“道”的唯心主义、唯物主义的性质的讨论或争论，因为根据您的介绍和我的理解，也确实很难分清“道”是唯心的还是唯物的。这两种截然对立的判断都可以找到它们的根据，可见您的无所不包的“道”也是统率和包容了唯心与唯物两种属性的，或者可以说是调和、折中了两派观点的。

“道”既是物质的实体，又指物质的属性。它是自然法则，世界的本原，万物的本质。没有万物，“道”也不存在。“道”成为世界的物质基础。世界上的一切，由它变化发展而成。按这种解释，“道”就具有唯物的含义。但“道”又是理性的，具有规律性的超自然的理性的含义，好像又不包括物质的实体性，它好像是“先天地生”的“万物之宗”。物为“道”所生，“道”的义理性又好像是泛神论的神秘力量，“道”是超物质的绝对精神。我学识有限，没有能力把它归属于哪一种范畴。但我想，把“道”说成是规律性的某种体现，应该是不违背先生有关“道”的哲学原旨的。您首先提出“道”这个哲学概念和哲学范畴，这本身就是了不起的。一个“道”，说不清，道不明，千百年来，有点思想的哲学家或学者，都能从您的“道”当中做出一大篇文章，发一大通议论，这充分显示了先生的“道”的深远辽阔。哲学家未必能正确地认识自己创造的哲学体系。我想，先生对自己的“道”的哲学的评估可能也是如此吧。但是，我应当承认，您今天的有关“道”的讲授，对我加深对先生“道”的哲学的理解是大有帮助的。我作为一个天资不高的学生，应当向先生表示衷心的感谢。

答：你的这些归纳，是一篇很好的学习心得。可见你的领悟力还是很强的。欢迎你再和我讨论问题，让我们共同切磋。我不希望好为人师，以为老子天下第一。我也不愿像你们当代有些学者那样做某种学说的传道士、卫道士，只希望在发展变化了的错综复杂、问题多多的现代社会里探讨一些迫切而严重的问题，同当代学者共同讨论我的“道”，能帮助当代人作一些有益的提示。这样，或许还能在新的条件下解决一些问题，再悟出一些新的道道来。

29. 问：当代人能不能领悟，还是一个未知数。先生辛苦了。今天就到这里吧，下次再向先生请教。先生早点休息吧。

答：您慢走。我也要闭目养神了。哲学的思考和哲学的谈话确实是很累人的。这是一种很费脑力的高强度的思维运动。

第四章　知识和知识论

一、“不出门，知天下；不窥牖，见天道”

1. 问：先生，有关“道”的本体的讨论，我从您这里获得许多教益。这个大问题，还将贯串我们今后有关各种问题的讨论之中，只能说是暂告一段落。在同您交谈之后，晚上睡觉时我躺在床上想，有关“道”的宏旨的广博而深刻的含义，您是怎么总结出来的？难道您也是躺在床上，或是端坐沉思，或是闲庭信步，边走边想，才悟出来的吗？这就涉及知识论和认识论的问题……

答：请你先说说你自己的想法吧。

2. 问：在认识论的历史上，有一派哲学家认为，感觉和直接观察在认识中占首要的地位，而理论思维、概括和抽象是没有什么意义的。这是经验论的认识论观点。另一派哲学家则把理性活动提到首位，认为理性是唯一的认识力量，而感性认识、经验和观察是没有什么意义的。这是唯理论的认识哲学。而我们则认为，实践是认识的出发点，人的知识是从实践中来，知识是人们在社会实践中积累起来的。人的认识过程是从生动、直观的现实出发，再经抽象的思维，上升为理论，回过来再指导实践。知识属于认识的范畴。人的知识是在后天的实践中形成的。所谓生而知之，是根本不可能的。这在我们今天已成为大多数人的通识、共识。

答：这大概就是你们的马克思主义认识论吧。我没学过，也没读过你们这方面的书。今天听了，多有教益。谢谢你简明扼要的介绍。

3. **问：**是的，我们接受的就是这种教育，学习的就是这种观点。也许是先入为主，我在读先生《道德经》第四十七章时，就为您石破天惊的观点而不可理解。您说："不出户，知天下；不窥牖，见天道。其出弥远，其知弥少。是以圣人，不行而知，不见而名，不为而成。"先生认为不出门，能知天下事；不向窗外观望，就能知天道。走得越远，知道得越少。"圣人"不必有经历就能知道一切，不必亲见事物就能明了一切，不必身体力行就能成功。先生所说的"圣人"是伟大的。但是我无法理解，"圣人"何以有此能力？何以能不经过学习，也不必实践，就能有这样广博的知识？他凭什么能有洞察一切的眼光，有无所不能为、无所不能知的本领？

答：我不知道你后面的几句话是不是有讥讽的意思，但我知道，我的这些观点在你们以马克思主义为指导思想的国家意识形态领域里，是一定要受到批判的。

我丝毫不在乎批判不批判，我还是坚持我的观点。我的这些观点在古代社会两千多年间一直流传，在现代社会里受到一些人的批判并没有使我受损害，老子的思想仍然存在。人类认识现实、认识真理的哲学，从来就有你们认为的唯物主义的认识论和唯心主义的认识论两种对立的观点。

我是"唯心主义"的，或者是你们批判时说的唯心论的先验论。我不认为实践经验在认识中有什么好的作用。这些实践经验是可靠的吗？未必。是真理吗？未必。你亲身见到的、听到的、经历的，难道都是真实可靠的吗？未必。假象多得很，道听途说的多得很，看似真理实为谬说的事多得很。既然未必都是真实可靠的，从虚幻的前提得到的结论就未必是真理。我们能够依靠它们作为认识的出发点吗？

我说"不出户，知天下；不窥牖，见天道"，不能理解我是主张把人变成瞎子、聋子。我也生活在这个世界上，我也通过五官感受、体察世界上的一切，但我感受到的这一切不是天道，也代表不了天道。天下之所以为天下，天道之所以为天道，不是靠出户窥牖所能认识的。你想靠出门或打开窗户就能认识世界、领悟天道是不可能的。你的足力、目力之能及，是极为有限的，你能从你极为有限的所见所闻中领悟天道的哲理吗？即使你们今天有飞机、火箭、宇宙飞船，可以遨游太空，行走宇宙，可以日行万里，周游五洲，阅历可谓广也，知之可谓多也，但你能穷极宇宙吗？你们能讲出宇宙的起源和未来吗？你能以你们的科学技术的现有知识做出哲理性的概括，对天道做总体的描绘吗？一个自然科学家，一个天文学家未必就是一个哲学家……

4. **问：**请原谅我打断您的讲话。但我们人类的认识总是从亲知亲见开始的，总是从第一手的感性材料开始的。不看不听，我们怎么认识世界？这个认识过程是个没有终极的过程。这个过程虽然永远有局限，但人类只要努力总会不断深化，认识世界，接近真理。先生怎么能够否定这种认识手段和认识的必要性呢？

答：天道是一种理性的体验、心灵的感知。人们出户窥牖求天地之真，所求的只能是天地的“形”，而所见的天地是极为有限的，这就叫天地不可以形尽，而只能以理尽。如果承认这“理”是认识“道”的途径，即使你足不出户，关上门窗，你也一样能认识。“圣人”是有高智慧的与众不同的人，他不必依靠所见的有限的“形”来得到他的“道”，他不必依据他所见的有限的事物而明白事理。他的成功，不在于做成一件什么具体的事，而是通“大道”之原，晓“天道”之理。这就叫“不为而成”。不为而成的“为”才是“大为”。《淮南子·主术训》举的一个例子对说明我的思想有一定帮助。这篇文章说，“人主”住在宫门之内，“内不知闾里之情，外不知山泽之形”，“目不能见十里之前，耳不能闻百步之外”，而“天下之物，无不通者”，就是“不出户而知天下，不窥牖而知天道”。帝王虽非圣人，这里的道理是一样的。

二、您如不是读书多的史官，能感知天下吗？

5. 问：这个例子说服力不强。帝王虽然不出门，但是有臣下给他上书，报告给他种种情况。这也是间接获得知识。何况他们也出巡，如秦始皇、汉武帝那样。我们说人对外界的感知，一种是身体的感知。其中，一种是直接感知，一种是间接感知。帝王通过读奏章、听取汇报就是间接感知。另一种是理性的体验。先生认为直接的感知是不重要的，没有意义的。难道离开身体的直接感觉，没有眼耳鼻舌身对外界事物传达的信息的分析（或间接感知），我们能凭“心”的体验，就能悟出宇宙间的大道理吗？关于人类认识论的不同见解已经并存了几千年，也争论了几千年，但我总不能体会先生所说的不必认识事物就能“见天道”的内在逻辑。我总认为，您对天道独特的领悟，不管是直接还是间接，总是对人世间、对自然界的种种事物，有所认识、有所总结的结果。或许先生“出户”并不多，直接采取的第一手资料也不多，但先生作为周朝史官或国立图书馆馆长，读了那么多书，不也是对人世、对自然的间接感知吗？如果先生从出生那天开始，就被封闭在一间黑屋子里，不让您同外界接触，也不教您识字读书，恐怕到您头发白了，牙齿掉了——请先生原谅我的不敬，您可能还是一个什么都不懂的“孩童”，更谈不上您会总结出什么“道”的哲学来吧？

答：孩童当然总结不出“道”的哲学，但读万卷书、行万里路的饱学之士就一定能总结出“道”的哲学吗？我说“不出户”、“不窥牖”是极而言之，哪有活人不出户、不窥牖的？事实上，有不少知识丰富的人，他们只是活的材料库、会走路的两脚书橱。他们见多识广，可这“见识”只是事实和材料，他们没有能力使知识上升为“道”的哲学。这样的人，难道不是千千万万？有思想的人，一滴水可以见太阳；没有思想的人，即使沉在大海里看到的也是黑暗。区别何在？在于他有没有“心”，有没有“悟性”。这是常人与哲学家的区别。常人多而哲学家少。

哲学家不是外部现象的接受者，不是材料库。大千世界的外部现象不能转化为天道，只有哲学家悟出的“大常理”的“道”才能执古御今。我是古代人，我总结的“道”的哲学离你们有两千多年的时间跨度，而且也并不包含现代科学技术的知识，但仍能对你们今天的世界发生作用，起到影响。同样，这超越时空的“道”也可以分析古代世界的一切。今人不能超越时空到古代的某地，古人也不能超越时空到当代的某处见到当代的某某人。但我们却能因“道”而超越时空来进行常人不能设想跨越时间和空间的谈话。这表明凌驾时间与空间的“道”对古今有宏观的指导意义。这在某种意义上也是“不出户”、“不窥牖”而可知过去、知今天、知未来。王弼对我第四十七章的解释是很有道理的。他说：“事有宗而物有主。途虽殊而同归也，虑虽百而其致一也。”讲到“道”，他解释说：“道视之不可见，听之不可闻，搏之不可得。如其知之，不须出户；若其不知，出愈远愈迷也。”正因为“道”是不可感知的，因此，仅仅靠感知，未必能悟“道”。你对“道”既不能悟，你走得越远，知道得越多，离开“道”也就越远。这就是说，天道不是锐利的目力所能看到的，也不是因为有持久的足力才能找到的。“道”是要凭借“心”的悟性、凭大智慧求之于“内”才能发现的。如果不是这样，而是求之于外，走得越远，迷惑也越多。

6. 问：我不知道先生这番说教是雄辩还是诡辩，但我承认您的逻辑是可以成立的，虽然我还是不同意您的观点。我们的出发点不一样。您是唯心论的先验论，我们是唯物论的实践论。不同的出发点和不同的立场，是造成我们意见不一致和争论的主要原因。但我懂得了您主张的认识论的内在逻辑性，也因此懂得了，为什么有些学者认为您的“道”属于唯心论哲学范畴的原因。

答：我们持不同见解，却能在这里讨论，双方都不掩饰自己的观点，我看这很好。哲学的争论是没有终结点的争论。我们可以讨论下去，你不强求我，我也不强求你。因为今天已不存在借权力的高压确立某种思想理论“定于一尊”的地位的环境。先秦诸子辩论中可以骂得对方狗血喷头，但争论还是平等的。只有到秦始皇时代才用“焚书坑儒”的高压手段对付政治和思想上的异己分子。

三、“道”是不可感知的，靠感知未必能悟道

7. 问：谢谢先生的大度。我接下去再说。先生认为从事学问、增加知识是没有意义的，这同您认为不出户、不窥牖就能知“道”的意思是一致的。您在第四十八章中说：“为学日益，为道日损。损之又损，以至于无为。”从事学问，知识一天比一天增多；从事于“道”，知识一天比一天减少。知识要减少再减少，以达到“无为”的境界。您的这种主张，显然同我们常人认为的多求知识、获得长进的观点，是格格不入的。请问先生，您怎么有这种奇怪的与众人不同的观点？

答：在回答你的问题前，我先说一说河上公对这句话的解释。他说：“学，谓政教礼乐之学也。日益者，情欲文饰日以益多也。道，谓自然之道。日损者，情欲文饰日以消损也。”他的解释是对的，合乎我的原意。人类社会中大量的所谓“学”，都是历来为统治者服务的政教礼乐制度以及相应的繁文缛节，周朝的“礼”就是其集大成者。学这些东西于我何益？于世何益？这些东西接受得越多，人的自然本性抑制得也越多。所以我说：“学不学，复众人之所过。”（第六十四章）圣人的学问，就是不学那些乌七八糟的东西，唯有如此，才能补救众人犯过的错误。复，这里作“补救”解。求“道”为“道”的人，就要摒弃这些不值得学的“学”。当年孔子向我请教问礼，我就是这样开导他的，叫他不必去学那些无用无聊的礼。他一生传授的“六艺”，在你们看来是知识，是技能，是本事。在我看来，除某些内容外，大多是一大堆无用的文化垃圾，是腐蚀人的思想和精神的糟粕。真正向往“道”、追求“道”的人，不屑于去学习这些无聊的消耗人的生命的东西。

一个人，应该让自己曾学过的无用的知识一天比一天减少，尽力让它

减到“无为”的太虚境界。无为就是虚，无为也是通。虚则通。那些政教礼乐、繁文缛节，我以为全是为权势者而制造出来的，是为强化权势者的地位去强迫（或哄骗）人们学习的。这些东西学得越多，人越蠢，权势者越是高兴。因为浸透了这些知识的人会自愿成为权势者任意驱使的奴隶，丧失了自己的独立思想、独立意识和独立人格，丧失了创造性和主动性。反之，谁能自觉地摒弃这些知识，谁就能近乎“道”的境界，近乎独立、近乎自由，有可能解放思想与创造，而不是蜕变为政教礼乐制度的奴婢，统治者的仆役。

四、政教礼乐制度，是无用的文化垃圾

8. 问：如果先生指斥的“学”是这些内容，我认为您的观点是有道理的。那些服务于统治者的“学”，确实是人的文化桎梏。你可以把这些繁文缛节、礼乐典章学得很精。“十三经”中的“三礼”就够你花上一生精力，皓首穷经而不能竟，古代许多读书人为此消耗了一生，浪费了生命。这些东西确实是学得越多，人变得越蠢，最后成为统治者的高级奴隶和统治制度的殉葬者。孔子说：“不学礼，无以言。”他说的礼，是服从于家族宗法制度的，学了礼，会说话，不等于有知识。这点，我同意先生的意见。但是，除此之外，还有大量的自然科学知识和技术性的知识技能，这些知识不同于政教礼乐制度和繁文缛节，学习这些知识还是有用的。

答：在古代社会里占主要地位的知识就是政教礼乐之学，孔子就不把种田种菜列在知识范围，他也不懂。自然科学知识如天文、历法，在古代社会向来是从属于政教礼乐的，不像近代社会把知识划分为社会科学、人文科学、自然科学。因此，你提的这个问题在古代社会里没有多少实践意义。我正是在这个意义上否定“学”与“知识”的价值和意义。也是在这个意义上我强调要闭目塞听，“塞其兑，闭其门，终身不勤。”（第五十二章）塞住知识的穴窍，关上知识的大门，才不会生病（马叙伦认为

“勤”应为“瘽”〔生病〕)。一旦“开其兑，济其事，终身不救”，如果打开了这许多垃圾知识的穴窍，完成追求这些垃圾知识的事业，就将终身不可救药。

也许你会认为我是轻视和摒弃人类创造的精神财富，但要问一句：那是些什么样的精神财富？这些对老百姓三分无用七分有害的知识称得上是知识？难道为统治者制定政治秩序的政治哲学和礼乐兵刑制度就是你们全部的知识？这样的知识我认为没有比有好，少知道比多知道好。我不认为这些知识是知识。如果一定要用你们关于知识的概念，我认为只有我的“道”才称得上是知识。“道”是天下万物的根本，“天下有始，以为天下母”。“道”也是万物的知识之母，有了“道”，就可以关上那些乌七八糟、没有用处、只为统治人民效劳、为统治者涂脂抹粉并大献殷勤的“知识”的大门。关上这扇“知识”的大门，人就可以终身不生病。

9. 问：先生对历史上存在了八百年的周王朝创造积累的文化知识如此深恶痛绝，这种态度使我惊讶。我不否认您说的这些知识的阶级属性。统治阶级组织领导而创造的文化，总是统治阶级的文化，但被统治的人民在被动的条件下也参与了文化的创造，而且是文化的直接创造者。在某种意义上，以物质文明和精神文明的具体成果为标志的文化，是统治者和人民大众共同创造的，已成为中华古文明的重要组成部分。例如您所服务过的周王朝的青铜器文化，具有很高的文化价值，在全人类的知识层面上也不愧是伟大的文化创造，直到今天，它还是国内外很多学科学者研究的重要对象，先生怎么就轻易地否定它呢？又如，先生曾是周朝国立图书馆馆长，读过的书可谓多矣，这些文化典籍成为您“道”的哲学思想形成的重要的知识基础，难道也能轻易否定这些文化典籍的资料价值和知识价值吗？如果您认为它们都是文化垃圾，难道先生的“道”的哲学是在这一大堆文化垃圾上生长出来的吗？

答：你说的都是实证性的具体的知识。人类在世界上生活了这么多年，总会留下一些东西的，即你们所谓的“物质文明”和“精神文明”之类云云。懂得这些知识的一部分（也只能是一部分）的人，你们名之为“专家”、“学者”。他们在一定领域里或许是“饱学之士”，但这些人未必能知“道”明“道”。他们的专门知识（如精通金文，是青铜器专家），只能局限于一个局部、一个问题、一个方面，未必通晓宇宙起始和变化的“道”。这种情况，我总结为“知者不博，博者不知”（第八十一章）这八个字。博学者也未必知“道”，某一学科的专家未必有渊博的知识。你们现在“博士”头衔满天飞，有几个成得了哲学家？知有涯而“道”无穷。更不要说一个人的“知”也是有限的，对他来说，是“生有涯而知无涯”。这是从“知”的领域以及“道”与“知”的关系上谈的一层意思。

第二层意思，懂得越多的人，他的忧患也越多。这难道不是你们读书人的共同体会吗？你们书读得越多，迷惑也就越多，问题也越多，对人生、对社会的忧患也越多。这就是我在第二十七章说的“虽智大迷”。读书人自以为有知识有学问，却往往在生活中、在社会上失去了方向，找不到出路，用我的话说，是找不到“道”。书读多了，知识丰富了，对你们这些读书人有什么用处？有什么意义？只有抛弃了所谓的知识，所谓的文化学问，你才能免于忧患。因此，我主张“绝学无忧”（第二十章）。真正做到绝外学之伪，循自然之真，就无所谓忧患了。

第三层意思，你们的所谓知识，其中一大部分是以伦理教化、仁义教化来向人们传授的。这种知识的传授和道德的教化，看来是一种正面开导式的教育，但实际上是给人们一种反面的暗示，诱导人们在潜意识里去做不道德不仁义的事。教人勿偷盗，却暗示着偷盗的刺激与利益；教人勿奸淫，却暗示着奸淫的诱惑与刺激。与其进行这种传授与教化，还不如什么都不讲、什么都不传授好。所以，我认为要“绝圣弃智”，才能做到“民利百倍”（第十九章）的目标。绝圣弃智，达到无为；无忧无虑，万事大吉。庸人不自扰，杞人不忧天。没有了知识，天下反而太平。要你们那么多知识干什么？那些知识，一不能吃，二不能穿，它的作用只是给自己添麻烦、找烦恼，制造混乱与不安。

你们的文明社会发展了，科学技术达到前所未有的水平，在许多方面实现了古代的神话（如电话、电视、电脑、传真），可你们的社会仍然是争斗不休、唯利是图、纵横捭阖、尔虞我诈，什么坏事、恶事、丑事都有。你们的知识容量扩展了，科学技术发展了，你们杀人武器的水平也更高、手段也更残酷了。随着人类文明和知识的发展，人类制造罪恶和灾难的本领也越来越大，手段也越来越阴险毒辣。这就是你们现代的文明社会！你们现代的知识大爆炸带来的却是这一切，这是进步还是倒退？！倒不如没有多少知识的洪荒时代，民之初生，饥则食，饱则嬉，民不知奇技淫巧，不明是非善恶，不懂文物制度，人民各自相安，无所滋扰，淳朴处世，天下太平。生活水平虽不高，却有宁静安乐。我以为，社会由相安而相争，由纯朴而奸伪，由淳厚而滋乱，都是由你们的所谓“知识”造成的。你们的知识，不过是实施恶的各种手段和途径而已。

五、饱学之士，未必知“道”；懂得越多，忧患越多；道德教化，是反面的暗示；知识是罪恶的途径和手段

10. 问：我总以为，知识是人类社会进步的标志和阶梯。您这样不分青红皂白一股脑儿地咒骂知识，把人类千辛万苦创造和积累起来的知识看成是罪恶的渊薮，说实话，我无法接受您的观点。我不否认在几千年的文明社会发展过程中，知识曾作为罪恶的工具被借用，但必须看到，那不是知识本身的罪恶，还应该看到知识造福于人类的一面。知识成为罪恶的工具，那只是人类进步过程中的产物，从某种意义上说，也说明人类知识的不足。罪恶是人类知识不足或无知的畸形产物，是人类不重视知识的结果。把人类的罪恶归咎于知识的观点是我不能接受的。我不赞成先生鄙薄知识、轻视知识、摒弃知识的观点。

答：你说在古代社会里知识也造福于人类，是造福于人类的哪一部分？是老百姓吗？几千年来，老百姓得到的知识有限得很，可怜得很；实际上知识是造福于统治者、当权者。他们能得到学习知识、掌握知识的机

会，能享受到知识的成果，能用学得的知识来强化统治机器，统治老百姓，能用知识来驯化、奴化老百姓。笼统地说知识造福于人类，是在为那种为统治者效劳而无益于老百姓和社会的知识进行徒劳的辩护。

六、“绝圣弃智”、“绝学无忧”

七、“使民无知无欲”是“愚民政策”吗？

八、大实话：“民之难治，以其智多”

11. **问：**先生主张“绝圣弃智”、“绝学无忧”，这是您的一家之言、独家之言。您坚持您的观点，但我不同意您的观点。不同道可以并存。您的这一观点传到今天，说明它有生命力。您说以往的知识都是为统治者服务的，看来您是站在人民大众一边的，是维护老百姓利益的。似乎也可以说，您主张让老百姓都有知识，提高他们的知识水准。可是，我一查您的书，不对了。您说：“圣人之治，虚其心，实其腹；弱其志，强其骨。常使民无知无欲，使夫智者不敢为也。为无为，则无不治。”（第三章）您又说：“古之善为道者，非以明民，将以愚之。民之难治，以其智多。”（第六十五章）您原来并不主张开民智，让他们读书，变成有文化有知识的人。您这种让老百姓无知无识的政策，是典型的愚民政策。这种愚民政策证明您并不是为老百姓考虑的。试问，这又作何解释？

答：在回答你的驳难前，我先谈谈训诂上的一些问题。“非以明民，将以愚之。”“明”如何解？“愚”如何解？“明”，是让人聪明吗？非也。“愚”，是使人愚蠢吗？非也。王弼的解释是这样说的：“明，谓多见巧诈，蔽其朴也。愚，谓无知守真，顺自然也。”宋范应元的解释是：“非以明之，将以愚之，使淳朴不散，智诈不生也。所谓愚之者，非欺也，但因其自然，不以穿凿私意导之也。”这些解释是合乎我原意的。

我这样说，是指不要让奸伪巧诈取代了百姓原有的纯朴敦厚，而要让老百姓保持他们原先自然朴实的品性。你们都懂得，大多数老百姓的

基本要求，就是吃饱穿暖，安居乐业，男女大欲，再加上适当的娱乐生活，这样，他们就知足了。他们要那么多知识干什么？只有在竞争激烈的社会里，为了生存，他们才会以知识为媒介，学会奸伪巧诈，巧取豪夺，损害别人，保护自己，乱了自己的本性，也乱了社会。你可以从你们社会的变化中看到，原先纯朴的山民、乡民，一旦进入城市社会，在社交场和生意经中，很快会丧失本来朴讷老实的品性，学会桀骜奸诈、虚伪剽悍。这种人性的变换异化，是你们所谓的社会进步的结果。好的本性变成坏的本性，是好事吗？你会用“恶”的历史作用进行解释，但是“恶”总是“恶”，不是“善”，要再变成“善”，还要经过痛苦而漫长的过程，付出巨大的代价。

至于我说“民之难治，以其智多”，不过是说了许多当官的心里想说而没有说出口的大实话。如果老百姓的知识和智慧超过了你们当官的，或者用你们现代的观念和语言说，老百姓都懂得法律，懂得民主的程序，你们当官的日子就不好过了。当官的还要胡作非为，贪赃枉法，瞒天过海，就困难得多。且不说别的，如果老百姓人人都有文化，都会写检举信，都像“文革”中一样可以写“大字报”，懂得法律，懂得告状的途径，当官的恐怕就要吃不了兜着走！所以，我说“民之难治，以其智多”，实际上是说出了大多数官僚的心声。我希望老百姓保持纯朴善良的本性，不要让他们被知识奸巧污染了心灵，变成刁民、悍民、贼民；而你们则希望老百姓无知无识，什么都不懂，老老实实地服从你们的统治。你们不希望你们管辖下的老百姓是刁民、悍民、贼民，而希望他们都变成温驯的绵羊、不发脾气的老黄牛，因为刁民、悍民、贼民会捣乱，要造反，至少也会使社会治安状况变得不好。也许在这点上，我的这种主张合乎了你们的需要，“殊途而同归”。但必须看到，我讲“民之难治，以其智多”，出发点是同你们完全不一样的。你们把我的说法说成是愚民政策、统治权术，我不是官僚，不掌握权力，连文权也不掌，只管几本书，怎么实行愚民政策？能实施统治、玩弄权术的，是你们大大小小的官僚。我不过是点穿了你们的实质，揭穿了你们虚伪的面目罢了！

12. 问：先生好厉害！言词好犀利！分析得也深刻！不过我得声明：我不是官僚，只是一个学者。您不要把我划在官僚圈子里。

答：你确实不是官僚。但你的说话的内容和口气，有官僚的味道。至少你受到官僚思想的影响。我只是把你作为一个对立面来反驳的。

九、“知人者智，自知者明”

13. 问：当官的听了您的反驳，将无言以对，因为您打中了他们愚民政策的要害。可是先生毕竟在实际上起了一个作用：您否认知识的进步性和学习知识的必要性，这在客观上一定会被引申为愚民政策的统治哲学。历代的统治者在实际上也吸收了、也认可了、也实行了您的统治哲学，他们在心底里是感谢您的，所以他们把您奉为道教的教主，这是您教导他们如何进行愚民统治所得到的回报。

您认为知识把老百姓教坏了，我明白您这样说的意思，也承认您这样说有一定道理。但我们应该看到，知识在人的发展过程中有一个过程：人类从开始没有什么知识，通过劳动实践和社会实践总结了一些知识，并传授、学习了这些知识，又在竞争和斗争的过程中使人变聪明、变刁、变猾、变坏，使人性经历了一个从淳朴转化为刁猾的过程，这是一个从“善”变为“恶”的必经过程。从原始初民社会的“善”变化为竞争社会的“恶”，这是一个以人性的变化为代价、不以人的善良意志为转移的过程。但这是社会进步的一种标志。等到人人都有了丰富的知识，社会财富的分配不仅丰富而且公平，人的道德水准普遍提高，人性又会从“恶”变为“善”。这是一个漫长的过程。我相信这是人类社会进步的必然过程、最后归宿。从这个意义上说，知识对社会发展的作用还是积极的。我们总不能否定知识、抹煞知识的作用，让人类停留或倒退回茹毛饮血的时代，保持人的那种原始的“善”的纯朴吧！我理解，先生的观点是出于对社会邪恶、不公、混乱和欺诈的愤慨，但哲学家不能以义愤代替思考，不能以过程代替结果。我的这个意见，先生能否接受？

答：两千几百年过去了，我没有看到你的结果，没有看到公正，你也未必能看到。你们的老祖宗马克思进行过预测，就是你们常说的为之毕生奋斗的共产主义社会。这真是鼓舞人心。你们相信它一定会实现，为此，你们做出了巨大的牺牲。这是你们的理论，你们还要用实践来证明它。我只有小国寡民、无为而治。这些以后再讨论。在你们实现共产主义社会的漫长过程中，我只相信我的哲学。你们还是可以继续批判我的知识论和认识论，批判我的倒退、保守的愚民哲学，批判我反对经验乃至感觉，指斥我反对真理以实践为标准，批评我的“道”是与知识对立的，说我的知识论是唯心论的先验论。但我仍然坚持我的观点，你们也未必能驳倒我。当然，我也说服不了你们。那就各吹各的号，谁也不强求别人。我说过：“知人者智，自知者明。”（第三十三章）认识别人的叫做智，认识自己的才是明。又说过：“知不知，尚矣；不知知，病矣。”（第七十一章）知道自己不知道，最好；不知道而自以为知道，就是有毛病。这些话，是对我自己说的，也是对你说的。你不同意我的知识论的观点，但这两句话你应该会同意。有自知之明，不以不知为有知，是知也。这对你们这些相信知识有用的学者，应该是有用的。

14. 问：领教了，先生。请原谅我同您讨论中的唐突与不恭。学术讨论如果没有不同意见的讨论，只是唯唯诺诺，“是是是”，那就没有意思了。

答：学术讨论是平等的，又应该是有争论的。在学术讨论中，我不是“大师”，你也不是“后学”，而是对垒的两方，攻、守、进、退，都有各自的自由。撞击的思想火花，可能瞬间熄灭，但会留下灿烂。从这个意义上说，我们唇枪舌剑地争论，是有益的。我喜欢你的直率、敏锐。做我的忘年的学生，你有资格。我不喜欢唯唯诺诺，讲不出自己观点的学者。今天的结论很有好处，我很喜欢。你受益，我也受益。大家休息吧，我也累了……

第五章　人性论

一、人的本性　性善性恶

二、节欲性善　纵欲性恶

1. 问：先生，今天我想和您讨论人性的问题。古今中外的思想家，都提出过关于人性的各种见解。人嘛，总有人的本性，这种本性是什么？有各种不同的说法。人来源于动物，但又比一切除人类以外的动物发展水平高，由于参加社会生产等各项活动，人性因此而有社会性。人的本性不是动物性，但又不能不承认，人还有动物性的一面，如有吃饱肚子的食欲，同异性性交的色欲。但即使这动物性的食色二性，在人类社会里也会因社会关系和社会规范而具有了社会性。人性的社会性表现为善与恶（动物是无所谓性善性恶的）。关于人性是善还是恶的争论，分别以孟子和荀子为代表，建立了他们各自的学派。不知先生关于人性的见解是什么？

答：我没有专门谈人性是善还是恶的问题，但我谈到人性更根本的问题，即人欲的问题。我认为，一切有关性善性恶的观点及其分野，是从人欲这个最基本的问题派生、引申出来的。在某种意义上可以说，欲之纵，为性恶；欲之抑，为性善。但这个观点，我没有多谈，也没有展开。这里还是从人欲的基本出发点谈起。我说的人欲，自然是指人是有最基本的欲望，但我主张人要节欲寡欲。我说："专气致柔，能如婴儿乎？"（第十章）人能够专心致志守住精神，致力于柔和，做到像无欲的婴儿那样吗？王弼为我这句话作注曰："能若婴儿之无所欲乎？则物全而性得矣。"真正做到婴儿般无欲，"人性"也就得到了，也就完美、完全了。范应元说："涤除私欲，使本心精明，如玉之无瑕疵，鉴之无尘垢，则宜观事物，皆不外乎自然之理。"能做到婴儿般无知无欲，则心地光明，灵魂也不会有尘埃的污染，这才合乎自然之性，自然之理。我在说到"德"的时候，也说过这样的话："常德不离，复归于婴儿。"（第二十八章）如果想与永恒的德不相离失，就应该也能够回复到单纯的状态，像婴儿一样。婴儿因为无欲，才因此合乎人的本性。人本来是无欲的，这是从婴儿时代开始的。后来人变得有欲了，而且，随着情况的变化，欲望变得越来越强烈。为了满足自己的各种欲望，如财产、美色、权力、土地，而争斗，不择手段地争斗，逐渐失去了原有的无欲的本性。如果套用后来性善性恶的争论，那么，原来的"无欲"是"善"，那从"无欲"向"有欲"的变化，就是从"善"向"恶"的变化。这是今天和你讨论中的引申，而不是我的原始观点。我的关于人性的基本观点是无欲，极而言之，也只是寡欲、节欲。所以，我在第四十九章中说："百姓皆注其耳目，圣人皆孩之。"老百姓都注意于他们的耳目，有他们的欲望，圣人应该使他们变成无知无欲的婴儿那样，才合乎人的本性。

2. 问：看来先生是否定人的欲望的。您以婴儿为例，说明人的本性不应当有种种欲望。我把您的这种人性论理论称之为"婴儿哲学"，不知可以不可以？这可是先生的创造。

答：哈哈！你的概括真有意思，我不知这是你的肯定，还是挖苦。不过我不在乎。称之为"婴儿哲学"或"婴儿人性论"、"婴儿无欲论"都可以。

三、婴儿无欲论　理学家的说教

3. 问：不过，婴儿是不是如您所说的无知无欲，我还有疑问。先生在第五十五章中说："含德之厚，比于赤子"，"未知牝牡之合而朘作，精之至也。终日号而不嗄，和之至也。"按先生的原意，是想通过婴儿来说明人之初本无欲。您以为婴儿是无知无欲的，您用以证明这点的根据，是婴儿还不懂得什么是男女之间的性行为，而他的小鸡鸡常常会不由自主地翘起来。您认为这是因为他"精之至也"，因为他有充沛的精气。您还认为，婴儿所以一天到晚号哭不止，而不显得声嘶力竭，是因为"和之至也"，因为他有充沛的精气，所以才平和无欲。

对先生这一解释，我不同意，而且恰恰相反。我认为，婴儿没有成年，而他的小鸡鸡常常会不由自主地翘起来，正表明人具有性欲这种本能从婴儿时代就表现出来。婴儿常常啼哭，是因为肚子饿了，或者是因为身子热了，冷了。这表明他有食欲，有饱暖的要求。这两者，恰恰证明人欲的两个基本内容——食欲和色欲——的存在。我不理解先生怎么会以此证明婴儿——人之初——无知无欲呢？我认为，人之欲的最原始的基础，是人的生物性，或谓之动物性。这是人之欲的基础。人的一切社会活动、社会组织、社会意识形态，都是从这个欲之始出发的，生产、生殖、劳动、婚姻、集团、国家、伦理、法律等等，都是从人之欲这一基本点引申、发展、变化而来的。

答：你没有正确理解我的意思。我不是说人没有欲，而是要通过心的作用使人节欲寡欲。我说婴儿的小鸡鸡会硬，是由于他内在的精气的作用，但婴儿绝不会想到男女的性交。河上公说："赤子筋骨柔弱而持物握住，以其意专而心不移，赤子未知男女之合而阴作怒者，由精气之所至也。"他认为，婴儿啼哭终日，是因为和气不散，并非存心作声，所以成玄英疏曰："言赤子终日啼号而声不嘶嗄者，为无心作声，和气不散也。"

人之有欲而不要心里整天想到欲，这两者是有区别的。我主张的是欲望不要太过，欲望太过，太强烈了，不是好事，许多坏事都是由于欲望太过，或者如俗话说的"不知足"而引起的。

四、“虚其心，实其腹、弱其志，强其骨”

4. 问：但是，人肚子饿了要吃饭，男女旷久了思交合，这是人的本能啊，总不能强行抑制吧？如果强行抑制，就会出问题。肚子饿瘪了就会去偷去抢，性欲压抑久了就会去奸去淫。“心”的作用再大，总敌不过本能的作用。您的说法，使我想起宋代理学家的“存天理，灭人欲”的说教。人欲灭得了吗？从来灭不了。而呼喊“灭人欲”的那些当权者，他们不是灭人欲，而是纵人欲。为了大纵自己的人欲，钟鼎玉食，姬妾成群，反而叫别人灭掉最起码的人欲。这是理学家大肆宣扬的伪君子哲学。从先生的婴儿哲学到理学家的伪君子哲学，我认为，它们之间存在着一种不能割断、不能忽视的内在联系。请先生原谅我的直言和坦率。

答：你这话很尖刻，用在某些名为理学家实为伪君子者的身上还可以，但用在我的头上，牛头不对马嘴。就拿人类最基本的食欲来说吧，我从来没有说过不要让人吃饭，而是主张“虚其心，实其腹；弱其志，强其骨”（第三章），人民的肚子必须填饱，人民的筋骨必须强壮。筋骨强壮的基础就是吃饱肚皮。我说“常使民无知无欲”（第三章），是指不要使人民有知识，不要有过度的欲望。这里的“无欲”不是指消灭人最基本的欲望，而是指不要有过度的欲望。过度的欲望，使人心变乱变坏，人心变坏了，就会去干坏事。我说“不见可欲，使民心不乱”（第三章），就是这个意思。

五、奢靡之风的由来

5. 问：这样说，我能接受。首先肯定人是一种“有欲”的高等动物，这是一个前提。但人这一“有欲”的最高等动物，不应纵欲，这又是一个原则。人毕竟不同于一般动物，社会的各种因素作用于他，各种诱惑引诱着他。因为他是高等动物，他就会向最高等的欲、最高级的享受追求，就会不择手段损人利己，把自己的纵欲的快乐建立在别人抑欲乃至痛苦的基础上，从而造成社会的不平和不公正。这也就是范应元在注释您的话时说的“（民）见可欲则有争有贪而为乱，故常宜使之无妄知无妄欲”。您说的“无知无欲”的意思应该是“无妄知无妄欲”，而不是断绝一切欲念，不是摒除人的最基本的欲望。

答：你这样理解就对了。“五色令人目盲，五音令人耳聋，五味令人口爽，驰骋畋猎令人心发狂，难得之货令人行妨。”（第十二章）五颜六色会使人眼瞎，动听的音乐让人听了耳聋，鲜美的味道会使人败坏了胃口，驰马打猎会使人心发狂，珍奇宝货会使人偷和抢，因此，“圣人为腹不为目”（第十二章）。我还说过：“乐与饵，过客止。”（第三十五章）也是指音乐和美食这样的诱惑，能使过路的人停下来。魏源在《老子本义》第二十九章中说：“如雅乐于郑声，五谷之与肥旨，淡者和心而养人，浓者荡神而爽口。”因为乐与饵对人都有“欲”的强烈的诱惑力，不像“道”之“淡乎其无味，视之不足见，听之不足闻”，然而却“用之不足既”（第三十五章）。说到底，我强调的不是人的肉体的欲的需求，而是支配人的精神与形体的“道”的追求。

六、寡欲，“道”的追求

七、贪官污吏：“盗竽”，强盗头子

6. **问**：先生强调寡欲，终极目的是要人们去追求无穷尽的“道”。您说过，那些“服文采，带利剑，厌饮食，财货有余”的人，“是谓盗竽”（马王堆本作“杅”，王弼本作“夸”，《韩非子·能老》认为应作“竽”，是古代合奏音乐中的主导乐器，转意为领唱。盗竽即盗魁，强盗头子）。盗竽的人生目标就是背“道”求“欲”，是一伙人欲极强的强盗头子。

答：是的。我说过：“服文采，带利剑，厌饮食，财货有余，是谓盗竽。”（第五十三章）你看见那些人欲极强的强盗头子“盗竽”，他们穿着五光十色的漂亮的衣服，佩带着锋利的宝剑，精美的饮食饱得吃不下，财货多得家里放不下。这些家伙欲壑难填，他们为了满足自己的贪欲，会不择手段达到自己的目的。这是一伙无恶不作的强盗头子！“欲”会使人逐步变成“盗竽”。我所以对“欲”如此反感，这是个原因。“众人皆有余，而我独若遗。”（第二十章）众人追求的是“享太牢”，“春登台”，“我独泊兮”，“如婴儿之未孩”（第二十章），我之所以如此，就是因为众人恣纵情欲，而我淡然无欲。我追求的是“道”，而不是“欲”，所以别人都有多余的东西，独有我，什么东西都不足。我对“欲”的观念和态度，是同我的“道”不可分的。这不是你概括的婴儿哲学，而是我的“道”的哲学。

八、“见素抱朴”、“去甚，去奢，去泰”

7. **问：**先生不仅进一步地说明您的寡欲的“婴儿哲学”，还对我由于不恭而给您套帽子进行了反击。我接受您的反驳，因为您进一步说明了寡欲与求“道”的关系。

答：这是讨论，不是反击。有讨论就会有不同意见，有批评与反批评。“婴儿哲学”是你的发明，但也在一定的程度上说明了我主张的寡欲的人性论。人是高级动物，一般的动物都有欲，又何论人？只是我认为，人的欲望应当停留在婴儿的自在阶段，而不要发展为成人无节制的纵欲阶段。所以我主张“见素抱朴，少私寡欲”（第十九章），人要做到外表单纯，内心朴素，减少私心，降低欲望。“圣人去甚，去奢，去泰”（第二十九章），圣人必须去掉那些极端的、奢侈的、过分的东西。河上公对“甚”的解释是“贪淫声色”，有一定道理。总之，是不可纵欲。如果一个人因为运道好，享有奢华的生活，却不可沉溺于这种生活，这就叫“虽有荣观，燕处超然”（第二十六章）。人对优越的条件，富足的生活，应当漫不经心，超然不顾。“知足者富”（第三十三章）。这知足，首先是指物欲。人们追求名誉、地位、权力，最终追求的也还是物欲，以充足的、丰富的物，满足无休止的人欲。我则强调知足，知足就是富裕。这是从节欲——抑制或控制人无休止的欲望这个基本点出发的。知足是节欲，不知足是贪欲、纵欲。对人欲有两种态度，也导致两种结果。

8. 问：两种态度，两种结果。一是对自己的，一是对别人的。对自己，纵欲可以伤身，可以损生；节欲可以养志，可以强生。对别人，纵欲必然导致欲壑难填，对他人巧取豪夺，敲骨吸髓，横征暴敛，并导致政治上的黑暗残暴；节欲则必然清正廉洁，两袖清风，为民谋利，政治清明。先生关于人性的观点可以引申为伦理学、道德观和政治哲学。由此可见，有关人性的论辩并不局限于人性本身。何况伦理学、道德观本身也包括人性的分析。

答：你的演绎和引申是对的，你可以去写你的文章，这些观点条分缕析，加上历史材料，可以写成一篇很不错的论文。题目就叫《贪得无厌必导致暴政》。

九、“知足不辱，知止不殆，可以长久”

9. 问：谢谢先生的教导。先生宣传的贵生重己、适可而止、知足保守的思想，是您有关人性有欲又必须节欲的观点在自身的运用。您在第四十四章中说：“名与身孰亲？身与货孰多？得与亡孰病？”“知足不辱，知止不殆，可以长久。”是先生这一观点的精辟论述。虚荣和生命哪一个更亲切？生命与财产哪一个更重要？获得与丧失哪一个更有害？先生的答案不言自明。但世上的俗人，大多轻身而徇名货，贪得而不顾危亡，结果是名货得而身致危亡，这都是嗜欲、纵欲的结果。在先生看来，毕竟是身亲于名，身重于货。身是人类存在的生物基础，如果人欲横流破坏了自身的存在，轻则伤身，重则送命，既然如此，对人欲的过分追求，还有什么意义？！我这样理解先生的思想，不知是不是正确？

答：不错。我说“甚爱必大费，多藏必厚亡。知足不辱，知止不殆，可以长久”（第四十四章），就是为了说明身与欲的辩证关系。过分喜欢的东西必导致更多的破费，过于丰富的贮藏必会有严重的损失。身不能无求，但决不可过求。身不能无欲，但决不能嗜欲。推开去说，热衷于名者，必大费精神；多藏宝货者，必重失身命。求名求位，是为嗜利，即落实为人欲的追求。知足者，能箪食瓢饮而自乐，懂得适可而止的人，也能功成名遂而身退，求得自身的安全。只有知足知止而不贪名货的人，才不会遭遇污辱危殆，因而可以长久安全。

十、“恶”的绝端表现：“乐杀人”、“强梁者不得其死”

10. **问：**先生从人性的欲，说到节欲，引申到贵生重己、适可而止、知足常乐的人生哲学，充满了辩证法思想，听了真使人茅塞顿开。多欲而不知足，导致身灭名裂，使我想起《淮南子·人间训》说的一个故事：战国初晋国的智伯骄横，攻占了范和中行，又进攻韩氏和魏氏，逼他们割地求和。他还不知足，再兴兵伐赵。结果，赵、韩、魏联合起来反对他，在晋阳城下他被打得大败，死在高梁之东，脑袋被砍下，脑壳被制成小便的器皿，其地也被一分为三，为天下耻笑。这是不知足导致身败名灭的一个例子，可为先生说的“知足不辱，知止不殆，可以长久”反面的史证。

答：这里要回到开头我们讨论的人性善恶的问题。是的，我没有专门论述过性善性恶的问题，但我提到“善人”、“不善人”的区别。“善人者不善人之师，不善人者善人之资”（第二十七章），善人是恶人的老师，恶人也是善人的老师。第六十二章中也讲到“道”是“善人之宝，不善人之所保”（“道”是善人的法宝，也是恶人所要保持的）。我没有论性善性恶，也没有说这善、不善是生而有之，或是后天造就的，但承认善人、不善人（恶人）的存在与区分。什么叫“善人”、“不善人”？范应元解释说：“善人，已明善者也；不善人，未明善者也。”造成人“善”或“不善”的一个重要原因，我以为在很大程度上是人自己对自己人性中固有的“欲”的态度和所持的行为。节欲的人坏不到哪里去，因为他所求不多，容易知足，不会贪得无厌，不至于为了满足无穷尽的欲望而去干损人利己的坏事。而嗜欲、纵欲的人，为了达到目的，会不择手段尽力满足自己财宝、美色、宫室、衣帛、权力、疆土等方面的欲望，他在思想上、人品上、行为上一定会向“恶”的方向转变，变成“不善人”、恶人。

这种“恶”的最残忍的表现，就是“乐杀人”（第三十一章），以杀人为快乐，成千成万地杀人，制造各种杀人武器，用各式各样的方法杀人。他们用杀人来达到自己满足一切物欲的目的，也用杀人彻底剥夺别人最起码的欲望，以剥夺大多数人的欲望来满足他们以当权派为圈子的极少数人无穷无尽的欲望，以致把看到别人人头落地、血流遍野也看成是一种刺激、一种快乐！绝不能让这些恶人得志于天下，“夫乐杀人者，则不可以得志于天下矣。”（第三十一章）这些恶人也不会有好下场，因为他们以“不善”到处树敌，把自己置于各种势力的对立面，最后必然是“强梁者不得其死”（第四十二章）！

什么叫“强梁者”？不信玄妙，背道叛德，尚势任力，这种人就是“强梁”。他们看来凶暴得势，最后的结果，必定是不得好死。我原来讲“强梁之人”的意思，是同“柔弱之人”对应起来讲的。柔弱者，生之徒也；刚强者，死之徒也。这个问题，以后再谈。但这里也可以把“强梁之人”同“不善之人”联系起来讲。这两种人都同嗜欲、贪欲者有内在联系。“欲”，无止境的“欲”，是形成“强梁之人”和“不善之人”的重要原因。自然，嗜欲、纵欲的人未必都会成为“强梁之人”，但“强梁之人”中有相当一批是嗜欲、贪欲、纵欲者。要不成为“强梁之人”和“不善之人”，节欲、寡欲是一个重要途径和方法。清心寡欲的人，看淡功名利禄的人，多数是君子，不会是小人，更不会成为“强梁之人”或“不善之人”。

11. 问：先生，我们的讨论很深入，您的阐释也很深入。您由人之欲谈到节欲寡欲，再引申为人的善恶，还没有人作过您这种颇有特色的解释，对我启发很大。我以为，这是您“无为而治”的政治哲学的理论基础。这个问题，以后我再向您专门请教。先生的人性论是很有特点的，应当进行专门的总结和阐发。我们的讨论算是开个头吧。对讨论中由于有不同意见而对先生有所责难，请先生原谅。这不是同先生过不去，而是为了深入地领会和理解先生的思想。

答：“信不足焉，有不信焉！”（第二十三章）不值得信任，才有不信任的事情发生啊？

12. 问：真不好意思。通过请教和辩论，我对先生关于人性的思想是“信足焉，岂有不信焉！”

答：这就是深入讨论、相互辩白的好处。它使我们有了共同的认识。君子和而不同，又从不同的论文中求得“和”。我们都欢迎这样的讨论。孺子可教，我也有所得。哈，哈，哈！

第六章　“无为”一：原则

一、人的主观能动性和“无为”的处世哲学是对立的

1. 问：先生，今天我想向您请教新的问题和新的命题了。在您五千言的哲学体系中，“无为”是您创造的一个重要哲学概念，又是一个带有指导意义的原则。您一贯反对人的“有为”，否定强行其事的人为，主张顺应事物的自然本性，强调不要用人的外部力量干涉事物的发展。在某种意义上说，您主张的是人的行为不要违背事物发展的客观规律性。这同我们唯物主义者强调的遵循事物发展客观规律性的原则，是相吻合的。但是，您的“无为”是同反对人有所作为、反对人的主观能动性相联系的，表现为消极的处世哲学，这同我们倡导的积极进取的革命和改革精神相违背，所以，不能说您的“无为”原则合乎我们信奉的辩证唯物主义原则。这个问题太大，内容也太广泛，我还不知道从哪里开始讨论。我想，一次谈不完，我们就谈几次。因为这是您思想体系中的一个大问题。

答：我生活的时代同你们相距太遥远，我那时的许多思想，还处在雏形阶段，不可能很有系统，逻辑也不严整，概念也不明确。所以，用我的思想之尺量你们，或用你们的思想之尺量我，都有问题，都不恰当。但这不妨碍我们讨论这个问题。因为这个问题本身就具有超时空性，并不会因丈量标准有差别而不可对比，因为丈量标准可以换算嘛。我为什么提出“无为”？还是本于我的哲学出发点：“道”。“道”的本质就是无为，

不需要人对它的运行进行有为的操作。人应该认识“道”的这种本质，遵循“道”的规律，遵守“道”的规范。“道”对人的行为要求就是无为。为此，我不得不对你说说“道”的规律和“无为”原则的关系。

《道德经》第三十七章中的论述，是对这一问题和两者关系提纲性的论述。这段话是：“道常无为而无不为。侯王若能守之，万物将自化。化而欲作，吾将镇之以无名之朴。无名之朴，夫亦将不欲。不欲以静，天下将自定。”这段话的大概意思不难懂。“道”是经常“无为”的，而没有一件事不是它所为。当权的侯、王如果能守着它，万物将自动向他归化，不用他多费心。要解释的这句话是：“化而欲作，吾将镇之以无名之朴。”什么叫“无名之朴”？“无名之朴”就是“道”。“道”是世界本体，它是无名的，又是万物的总根源，总根源就是“朴”。《说文》曰：“朴，木素也。”引申的意思就是原始素材，原始的根源。这句话的意思是：如果万物归化了，又发生了新的欲望，我就要用“无名之朴”来镇服它，使它不敢妄为妄动。“无名之朴”的“道”的作用，就是根绝妄动的欲念。根绝了欲望，就可以得到安静，天下将自然安定。这就是我要表述的“道”和“无为”的关系，不知你能不能理解？

二、道的本质和行为要求就是“无为”、“无为而无不为”

2. 问：先生在这里又把我们前面讨论过的人欲的问题与“道”和“无为”联系起来了。无为是为了节欲、息欲、灭欲。欲息，则天下自然定。是这个意思吗？

答：有这层意思。虚静恬淡，就是“无为”。天地与人类，如果都以虚静恬淡的原则进行运行和生育繁衍，就能无所不为。王、侯若能遵守道的原则，也是虚静恬淡，也能无不为。如果世上的万事万物都归化于虚静恬淡，那自然也能无不为。魏晋时的阮籍写过一篇《通老论》，说：“道者法自然而为化，侯王能守之，万物将自化。”说的就是我这个意思。

"道"的运行法则，就是"法自然"，按自然的不假人力的法则运行。虚静恬淡，就是自然的法则，也是"无为"的法则。我创造并表述的"道"的运行原则，在儒家经典中也有说法，《易经》中称之为"太极"，《春秋》中称之为"无"。三个概念名称不同，内容是相通的，都是指天地万物的本原，也指天地万物的运行法则。

三、虚静恬淡，即无为

四、无为，是顺应自然，不是什么都不干

五、通过无为途径，才能有"德（得）"、达"道"

3. **问**：先生说的"无为"，不是指什么事都不干，而是指顺应自然，顺乎"道"，也即适应天地万物运行法则。我这样理解对不对?

答：可以这样理解。合乎"无为"的行为，才符合"道"的原则。"无为"的"为"，是顺应自然、合乎"善"的。这才能达到"有德（得）"的目标。反之，如果违背"道"的原则，故意"有为"，希望通过有为达到"有德（得）"的目标，反而失去了"德（得）"。因为这样做违背了"道"的原则，这就会走向反自然，导致"恶"的结果。我在《道德经》第三十八章中讲的就是这个意思。"上德不德，是以有德。下德不失德，是以无德。上德无为而无以为，下德为之而有以为。"这几句的意思是：上等的"德（得）"不在于表现为形式上的"德（得）"，这才是真正意义上的"德（得）"。下等的"德（得）"死守着形式上的"德（得）"，实际上没有得到什么。上等的"德（得）"无所表现，并不故意表现它的"德（得）"；下等的"德（得）"有所表现，即故意表现它的"德（得）"。这层意思，韩非有正确的理解。他说："凡德者，以无为集，以无欲成，以不思安，以不用固。为之欲之，则德无舍，德无舍则不全。"（《韩非子·解老》）在"德（得）"的问题上，韩非强调的是"无"和"不"，认为不要有所为，则能达到"德（得）"的目标；

如果一心要有所“为”、有所“欲”，反而达不到“德（得）”的目标。韩非对我这一思想的理解是正确的，但他行动上做不到，结果他的政治目标达到，性命却丢掉了。

体现我的思想的《文子·上德》也表达了这种观点，其曰：“天覆万物，施其德而养之，与而不取，故精神归焉。与而不取，上德也，是以有德。”强调的也是“与而不取”反而能有得的无为哲学。王弼解释说：“以无为用，则莫不载焉。”强调以无为为宗旨，才能达到目的。他还说：“天地虽广，以无为心；圣王虽大，以虚为主。”“上德之人，唯道是用，不德其德，无执无用，故能有德而无不为，不求而得，不为而成。”突出的仍然是“无为”与“有得”的关系。在我的“道”、“德”与“无为”之间，确有一种内在的严密的不可分割的联系。我之所以主张以无为的态度处世，以无为的方法办事，就是本着对我这种哲学观点的认识，只有通过无为的途径，才能有“德”、达“道”，才合乎自然，合乎善。

六、有为是倒退，使社会变乱；礼者，忠信之薄而乱之首也

4. 问：先生的这一章（第三十八章）不太好懂，王弼的注疏也很长，也让人读来费心思。我仔细领会先生的意思，看来您是把“无为”和“有为”，等同于自然与伪造，并用以区别社会中善与恶的标准。您似乎认为，属于自然和“无为”的是善，属于伪造和“有为”的是恶。您认为历史的过程本来应当是一个“无为”的自然的过程。可是，人类的违背自然的行为，使现实社会从“无为”倒退为“有为”，也即从善倒退为恶。整个社会看来是“发展”的过程，实际是在退化、倒退，自然的东西被违反自然的东西所代替，善的美的东西一步步退化为恶的丑的东西。这就是您在第三十八章中接下去写的“故失道而后德，失德而后仁，失仁而后义，失义而后礼。夫礼者，忠信之薄，而乱之首。”

您这一段文字，实际上讲的是人类社会退化的过程。您认为，“道”

一旦失去，德也得不到了，于是就代之以仁和义；仁和义也失去了，于是就代之以礼。礼是“忠信之薄”，既然失去了仁和义，于是社会中人与人的关系就只能靠规章规矩制度的“薄”来维持。而“忠信之薄”实际上是“乱之首”，一切的混乱都是从它开始的。您认为“道”和德的阶段还属于“无为”的范畴，而仁以下就是“有为”范畴。仁和义还讲内心的修养，还有人情味，礼就带有强制的规范性的成分了。礼再行不通，那就用暴力，用法律，用刑罚，这就是天下乱的开端。从这个意义上说，礼就是乱的开端。所有这一切，都是从“有为”开始的，都是从“无为”发展到“有为”的必然结果。先生在这一章中对礼的批判，对社会上名为发展实为倒退的批判，都是从肯定“无为”、否定“有为”出发的。先生之所以主张“无为”，就是为了使因“有为”而倒退变乱了的社会，回归到自然的、合乎善、顺乎“道”的轨道上去。不知我这样的理解对不对?

答：没有想到你对我书中的第三十八章，竟能作出这样有深度的理解，可见你是很有悟性的。以前许多人都对我说的“夫礼者，忠信之薄，而乱之首”作了片面的解释，没有把它放到“无为无不为”的全局上去认识。我大体上同意你的理解。

我认为，“无为”、退守之道，是自然之道，是人之道，也是善之道。我在第十章中说过：“生之畜之，生而不有，为而不恃，长而不宰，是谓玄德。”这伟大的自然之道，它让万物生长繁殖，生长了万物而不据为己有，推动了万物而不自以为尽了力，作万物的首长而不对它们宰制，这是最深远的“德”。体现玄德的无为、退守的自然哲学的运行方式，是世界（也是社会）运行的指导原则。世界上的一切事物是顺应自身内在规律运行的。只要不堵塞其源头，事物就会自生自灭，谈不上外界有什么功；只要不对它的本性强行抑制，事物就能自由发展，谈不上借助了什么外界力量。聪明的办法是一切听之任之，用不着你横加干涉，多管闲事，这样，事情就会顺着它自己的路走下去。这就是“无为”：无所为。

可是，人类往往喜欢有所为，喜欢按自己的愿望对事物的发展横加干涉，指手画脚，发号施令，以人的盲目的有为对抗合乎自然法则的无为，结果，往往把事情办糟了，搞坏了。现实中这种事不是层出不穷吗？我认为，在某种意义上说，人的“有为”是很蠢的。他们认为人类的聪明才干能够左右“道”的运行，能够“掌握”社会的发展规律，甚至可以运用专制主义的行政作为，不顾一切地达到他们的有所为。结果，往往因此积累起大的灾难，导致最终爆发性的后果，在事实面前碰得头破血流，甚至害得老百姓民不聊生。我强调无为，你们不能从消极的意义上理解，而应从顺应“道”的运行法则的积极意义上来认识。否则，我们永远谈不到一处去。

5. **问**：先生的这个提醒很重要。我看几乎所有的哲学史著作和教材，都是从他们自以为是的消极的角度来解释您的“无为”思想的。我在长期的学习过程中，也自觉不自觉地受到他们的影响。我将尽可能全面地领会您的思想。自然，我还要有自己的见解，不是您说什么我就接受什么。

谈到“无为”和“有为”，我想到“有”和“无”这两个哲学概念。这两个概念，在您的哲学体系中也有重要地位。可以说，是先生最早提出了这对哲学范畴。您说：“有无相生。”（第二章）“有”“无”互相对立而产生，有和无是统一的；但又说：“天下万物生于有，有生于无。”（第四十章）认为天下万物生于看得见的具体事物“有”，而具体事物“有”由看不见的“无”（即“道”）产生。“无”比“有”更为根本。在第十一章中，您又说：“有之以为利，无之以为用。”认为“有”给人的便利，完全靠着“无”起着决定性的作用。为了说明“无”和“有”的这种关系，您用了日常生活中的例子作了解释：“三十辐共一毂，当其无，有车之用。埏埴以为器，当其无，有器之用。凿户牖以为室，当其无，有室之用。”（第十一章）车轮能够转动，是因为有三十条辐集中到车轮中间的圆木（毂）上，有了毂中间的空洞，才有了车轮转动的作用。锤击陶土作器皿，是为了形成器皿中间的空虚部分。开凿门窗建造房屋，是为了形成门窗和四壁中间的空间。这三个生动的事例，是为了说明您这一思想：对一切事物起作用的是“无”，而不是“有”。“无”起着决定作用。或许您就从“无”的范畴引申出“无为”哲学。然而，我要请教先生：如果没有车轮的辐和毂，没有陶土，没有砖瓦门窗这些具体的“有”，又怎么可能形成那些空虚部分的“无”呢？如果按先生的逻辑，岂不是先有“有”，然后才有“无”？岂不是“有”决定了“无”的存在？岂不是说“有”起着决定的作用？

答：对啊！这就是我说过的“有无相生”（第二章）啊！“天下万物生于有，有生于无。”（第四十章）我没有否定“有”，只是认为“无”比“有”更重要，是根本。如果毂的中间是实心的（没有圆孔，不能穿轴），陶皿也是实心的，房屋中间塞满了砖头，你说，这一切的“有”还有意义吗？王弼对我的意思领会得最为正确，他说：“木、埴、壁所以成三者，而皆以无为用也。言无者有之，所以为利，皆赖无以为用也。”（第十一章注）实是为了空，有是为了无，人类追求的是空和无，而不是实和有。这不是明明白白的吗？所以，空和无是出发点，也是归结点，“无”的意义和作用比“有”大得多，这不是很清楚吗？

6. **问：**先生果然是大智慧，您机智而幽默地回答了我的问题，可我还得再想想。

答：庄子后来继承了我的思想，他说：“万物出乎无有。”（《庄子·庚桑楚》）认为“无”是万物的本原。王弼在注《道德经》第四十章时也说：“天下之物皆以有为生。有之所始，以无为本。将欲全有，必反于无也。”认为“有”是始，“无”为本，“无”重于“有”。他们都本着我的思想，主张以“无”为本。你不同意我的意见不奇怪。“有”“无”的问题，一直是争论的问题。西晋时的裴頠就提出“崇有论”以反对何晏、王弼的“贵无”学说。郭象也主张“有”的根本性的作用。“有”“无”是一个事物的两面，用你们的话说，是矛盾的对立统一。有不同意见，在于强调的着重面不同。我们也不必在这个问题上纠缠了。你说我的“无”的范畴，引申为我的“无为”哲学，我看，在某种意义上可以这么说。我的哲学范畴和我的逻辑是一致的。

七、“为”而不过度；“为”而不为，为所欲为，乃“无为”真义

八、权势者以“有为”对抗“无为”，玩弄万民，结果以社会灾难、历史倒退付出惨痛代价

7. 问：先生在第四十三章中讲“无为”的好处，讲“无为”的策略，我以为是千古的至理名言。虽然在“无为”、“有为”的看法上，我不完全同意先生的观点，但您这段话的哲理是很深的。我常常品味和体察先生这段话的含义：“天下之至柔，驰骋天下之至坚。无有入无间，吾是以知无为之有益。不言之教，无为之益，天下希及之。”先生认为普天下最柔弱的东西，能在最坚硬的东西中穿来穿去。“无为”就是这种看不见的力量，它能穿透一切没有缝隙的东西。因此您能得知无为的好处。先生因此认为：“不言”的教导，“无为”的好处，天下没有什么能超过它。您在这里又把“无为”作一种战略来考虑。这个问题，以后我再向您请教。这里，我想就“无为”的好处，同您作进一步的探讨。

答：看来你对“无为”的好处有保留。我们先不谈“无为”的好处，先说说“天下之至柔”和“天下之至坚”的问题。

“至柔”可以理解为是“道”的运动方式；“至坚”则是指事物中的刚性物质。“道”之所以能运动坚刚的事物，依靠的是柔性的方式。“无有入无间”，“无有”指“道”之门；“无间”，指物体中坚实而无空隙的东西。人们从生活常识中可以知道，如果要以物入物，必须要有空隙才能钻进去。但对“道”而言，它出之无有，却能洞贯金石，能穿入无间隙的刚物之中。天地之气，本来是无形的，然而，它们能贯穿金石。日月之光，本来是无质的，也能透过营垒。这就是“无有入无间”。这自然是个比喻。要说明的问题是顺其自然，顺应规律，有条不紊地达到预定的目的。我为什么说“无为”有益有用，指的就是这种顺其自然、顺应规律，从而达到目的。人们如果都能体察其中的道理，虚心应物，就能做到不言而信，不动而化，无为而成。这岂不是好事，又何必拼命表示自己有能

力、有办法，偏要顶撞事情本身发展的自然趋势，或拔苗助长，或阻挠其运行呢？“有为”的结果往往是“有不为”，“无为”的结果却能“无不为”。人过分相信自己的才智能力，每每逞能去做一些“有为”的事，结果反而碰钉子，得不偿失。这样的事情，难道不是经常碰到吗？

九、饱学之士不应曲解我的“无为”思想

8. 问：是的，人类在历史上、现实中干过的揠苗助长的蠢事是数不胜数的。有些领袖人物凭借权力的力量，以为意志加权力就能左右社会的发展，从而显示自己的“英明”“有为”，而不顾社会发展规律（即您说的“道”）去硬干、蛮干些有为、有功的大事。看来轰轰烈烈、前无古人，结果在规律和实践面前碰得头破血流，甚至弄到民不聊生、国民经济濒于崩溃的边缘。从这个意义上来认识和理解先生的“无为”哲学，是有一定道理的。因为您的“无为”强调的是对“道”体现的规律的顺应而不是背离。顺应“道”才能获得成功，背离“道”必定导致失败。

答：饱学之士不应曲解我的“无为”思想，不要把我的“无为”解释为无所作为。这样理解，不是曲解，就是误解。“为”而不过度，“为”而不为所欲为，这才是我的“无为”的真正含义。

然而，人每每好恃强，自以为是万物之灵，高于万物，可以玩万事万物于股掌之间。人类中的权势人物或“精英”，自以为自己是了不得的人中豪杰，这些人常把玩弄万物、统驭万民作为自己最大的愿望，并借之创建自己的旷世奇功，留名青史。他们漂亮而崇高的言词，不过是为了实现自己无穷欲望的骗人的幌子，用伪装和光环把自己打扮为“圣明”，也叫人民视之为“神明”，从而造就他们睥睨世界、不可一世的傲性、任性和独断性、随意性，想怎么做就怎么做。为了建立他们的帝王业、霸业，他们时时讲有为，处处讲事功，视万民为草芥，视历史舞台是自己随心所欲胡作非为的舞

台，不惜以国家民族的财力、物力和万民的健康、生命为代价，以成就其旷世奇功。结果往往导致民族的悲剧、社会的灾难和历史的暂时倒退，为其以失败为结局的“好大喜功”和狂妄、盲目的“有为”，付出惨重的代价。“有为”的事功，导致无所为的罪孽。中外历史上有过多少这样的事！其中，有个人事功的性格因素，也有不认识“道”的客观规律的盲目行动的因素，这两者又常常交织在一起，发挥了更大更坏的作用。

我这里讲的是极端的例子，个人的例子，独夫暴君的例子。从一个民族来说，为了追求永不满足的人欲，而不断有所作为，盲目作为，最后危及这个民族的生存，导致王朝灭亡，生存环境破坏，民族大迁徙……这样的事，几千年来就没有中断过。究其因，溯其源，是不懂得“无为”的哲理。

十、疯狂有为是对大自然的掠夺和破坏

9. 问：如果先生批判的“有为”是这种意义上的“有为”，那我同意您的意见。我也不赞成这种导致破坏性的“有为”。人类出于对社会发展规律认识的无知，或者是由于少数统治者、野心家为了少数人利益的为所欲为或胡作非为的“有为”，几乎贯穿了整个人类文明史，并给人类招致巨大的灾难。这样的“有为”，人类需要总结，总结的目的是为了少走弯路，避免盲目的、自私的、极端的“有为”，尽量少给人类自身造成损失。

但是，人类社会从茹毛饮血的原始时代，发展为农业文明、工业文明、蒸汽时代、电子时代、信息时代，其间的发展与进步，也是人类不断有所为、不断探索的结果。如果不是基于提高物质文化水平的需要的这种“有为”，科学技术就不会发展，人类社会就不会进步。从这个意义上说，顺应社会发展的不过度的“有为”，是有积极意义和进步作用的。如果像先生那样永远强调“无为”，那我们有可能至今还停留在茹毛饮血的时代。我想，许多思想史和哲学著作批判您的“无为”思想是消极、保守、落后，是对新生事物和社会进步的冷嘲热讽，是对旧时代旧事物的怀

旧留恋，可能正是从这个意义上说的。

答：他们戴着什么样的有色眼镜，用什么样的观点批判我，我不在乎。我同他们最重要的分歧，在于我说的“无为”根本不是他们理解的什么都不做的“无为”。你想，人活在世界上，怎么可能什么都不做呢？什么都不做，吃什么？穿什么？人为了生存，总得解决衣食住行的问题。而且，我也不否认交换自己不能生产的生活必需品的“货”（我在第三章、第六十四章中都讲到“不贵难得之货”）的存在。这都表明，我说“无为”不是什么都不做，必要的“为”还是必须“为”、必须做的。我不理解，许多当代的饱学之士，怎么在理解我的“无为”思想时却如此缺乏起码的知识？圣人也不能什么都不干啊。圣人也是人，怎么可能无所为呢？但常人所为者是有为之事，圣人所为者是“无为”之“道”。这是最重要的区别。我反对的是违反自然和社会规律的“有为”。我的“无为”从根本上说是对自然和社会规律（“道”）的顺应和合理、有序（借用你们的新语汇）的操作。这种“无为”，说到底，是为了追求和达到人与自然发展的共谐，人和人发展的和谐。

“有为”的语言很动听，它很能号召人，也有蛊惑力。作为人，谁主观上希望碌碌无为？从个人到帝王都不甘心碌碌无为，有为才能显示他们的能量和创造力。但有多少人能自觉地认识到破坏自然的“有为”必然导致的破坏性？人类一旦以动听的“有为”的轻举妄动破坏了看似消极实质积极的“无为”，人和自然的和谐，人与人的和谐就被“有为”不断地蚕食、破坏，最后损伤的仍然是企图有所为的人类自身。

举个你们今天人人都感受到的例子来说吧。自进入文明时代特别是工业革命时代以后，人们为了享受，为了发财，对自然进行疯狂的掠夺，先进的民族对落后的民族进行残酷的掠夺。你们砍伐森林，破坏自然，强国用武力对弱小国家进行抢劫和掠夺，以满足无休止的需求。结果呢？自然环境被破坏，森林毁灭，农田沙化，雨量减少，水旱灾不断；国与国、民族与民族的矛盾连年不断，杀戮、抢劫、战争、流血，战争在人类历史上连绵不断，几乎占了三分之一的时间。这就是你们“有为”的成绩？你们的“有为”是成功，还是失败？是创造，还是破坏？你可能会说，人类的有为，对科学和自然的探索与创造，造就了现代文明，提高了人类的生活质量。可是，你们有没有看到，人类的每一个进步，都是以人类付出的巨大代价偿还的。你们的“有为”，发明了汽车、火车、飞机，你们省却了奔波之劳，可以身穿笔挺的西装，脚蹬乌黑发亮的皮鞋，白天在马尼拉，晚上去巴黎，在夜总会里抱舞女，去拉斯维加斯的赌场狂赌。汽车铺满了你们的高速公路，但是有毒的废气无孔不入地浸润了你们每一个人肺脏的每一个细胞；PM2.5使肺癌发病率飙升，二氧化硫造成的酸雨毁灭了森林、庄稼。这就是你们“有为”的结果。更不要说，“有为”加剧了贫富的分化，激化了社会的矛盾，使形形色色的犯罪行为充斥了世界的每一个角落。

你们总喜欢鼓吹“公正”、“正义”，可是，恰恰是你们的“有为”加剧了不公正、非正义。你们的世界吵吵闹闹，没有几天太平，没有几处安宁，难道这不正是你们的“有为”不断创造的业绩吗？天作孽，地作孽，说到最后，是人作孽，是你们这些只顾眼前不顾将来的无知无远见的“有为”的人作孽！

人这种动物，是怪动物。一般的动物，吃饱了就满足了，顶多再加上到时节的繁衍交配的延续生命（后代）的本能要求。可是人不一样，他好了还要好，吃饱不够，还要吃好，食不厌精，脍不厌细。穿的不仅要温暖，还要漂亮时髦，搞什么显示等级的花样形式。人要传宗接代而有婚姻人伦大义，有男女之交。但人的无休止的肉欲，发展为多妻制、娼妓制，发展为纵欲、滥交，别出心裁地追求花样百出的感官的享乐，因为他们是高级动物，在性的问题上他们也要“高级”。为了这种欲的无穷尽满足，最后他们得到了20世纪癌症——艾滋病的回报和惩罚。人类“为”，“为”，“为”，为所欲为，无所不为，有为到极致，有为到极点，最后要毁了自己。这就是“有为”到极点的归宿。我早预见到人类“有为”的可怕后果，所以我反对“有为”，主张“无为”。

十一、人口问题，环境灾难

10. 问：先生把人类无知的“有为”的害处和结果讲到了底。您的这一警告是对全人类的警告。我佩服您在两千多年前就提出了这一有远见的深刻的思想。人按他的本性来说，是急功近利的动物，是欲望不知满足的动物。“万物之灵”的圣光迷惑了他们自己。在他们自以为聪明的背后，是大愚蠢、大无知。人类不容易清醒地认识自己。然而，这种认识是一个过程。人类是在不断地自我认识过程中逐渐清醒地认识自己的，不能要求这种认识一步到位。能不能这样说，正是人的这种不满足的“有为”促进了社会的发展，而这种“有为”的过度，又影响了社会和人类自身的发展。历史的辩证法在“有为”与“无为”之间，陈述的真理是深刻的、永恒的，也是没有终结点的。人类作为社会与自然的最高灵性存在的体现，应当在顺应社会与自然发展规律的“有为”与“无为”之间，冷静而科学地确定自己的地位和作为。我觉得，先生一味讲“无为”，而不承认“有为”合乎规律、合乎实际的积极作用，这是不是太绝对了些？

答：用你们的现代术语，也许在理论上可以划定一个界线：怎样的“有为”是合乎规律、合乎实际的，怎样的“有为”又是过度的、带有破坏性的。但是在事实上，人的“有为”做不到这一点，每每是“为”过了头，做过了头。人的欲望使他做不到适度，每每是矫枉过正，导致灾难。就拿人口问题来说吧，我那个时代地广人稀，人口问题不存在。近现代人口膨胀，破坏生存环境，引起粮食危机，又危及资源，最后危及人类自己的生存。规律往往以灾难性的事件来抑制人口的膨胀，所以才产生了马尔萨斯的人口论。人类在人口问题上并没有科学地“有为”。即使少数思想家和政府决策人认识到科学的、计划的“有为”，但大多数人还是不自觉的。世界人口还在膨胀。我相信，如此下去，总有一天会导致灾难，有可能引发大范围的环境灾难……

11. 问：正因为有这种隐忧，反而能证明“有为”的必要。难道人口膨胀不是人类在生殖问题上“无为”的结果吗？在人口问题上听之任之，不加节制，不采取措施，那才成问题呢！所以，我认为，在这种涉及国家与民族前途的大问题上，我们恰恰应该“有为”，而不是实行无政府主义的“无为”方针。

答：很难达到“有为”的目标和效果。可能是你对，也可能是我对。让以后的事实来证明谁是谁非吧。我的看法是，即使在这样的大问题上，也要听其“无为”的自由发展。人口的自发增长，导致灾难，再自发地控制——灾荒，瘟疫，战争……看来是残酷的，悲惨的，但这没有办法。天作孽，地作孽，犹可活；自作孽，不可活！人类自己在作自己的孽。

12. **问：**我不赞成先生这种消极、悲观、听之任之、无所作为的态度和观点。我认为这是对人类、对社会不负责任的态度。为什么在科学技术上取得巨大进步的人类，就不能以科学的“有为”控制和引导人类社会有序的发展呢（包括人口问题）？即使由于各种因素，我们不能非常精细、准确地引导社会的有序发展，我们也能借助现代科学的成就，科学的计算公式和有力的可行的节育措施，使人口问题纳入有序发展的轨道。人类在长期的文明发展史上也做出了许多辉煌的创造，当然也作了许多孽，但相抵的结果，还是创造多于破坏。为什么有无限创造力的人类就必须成为“无为”的奴隶，而不能有所作为呢？我总觉得先生的无为哲学是在向人类灌输一种无可奈何、无所作为的虚无主义哲学，从思想上泯灭人的创造意识和创造力。犹如风浪中的一叶小舟，您不主张通过努力与拼搏驰向彼岸，而主张让它随波逐流，漂到哪里是哪里，即使船毁人亡也不要作任何努力。这种态度、这种观点、这种做法，我以为不可取。

答：到现在为止，我还没有看到人类的“科学”的“有为”，或者借用你们时髦的话来说——“有序”——在人类社会中起的作用。难道社会和自然不是按照自己的轨迹在运转，而是按照你们设计的“有序”在运转的吗？你们出过不少思想家、政治家，他们设计过几张有效的人类社会有序运转的蓝图？人要认识规律没那么容易，要想掌握规律并按照人类的意图规定社会和自然的发展，更没有那么容易。在个别的、具体的某一个问题、某一件事上，也许可以达到目的，因为它相对地比较简单，如一次战役的胜利，一个实验的成功。但对整个趋势，非人力所能为，非人智所能测。

人类一再自诩他们能掌握社会发展规律，一再说什么“有序”，但事实上你们从没有能真正掌握什么社会发展规律，也说不上什么“有序”。人类一直是被动的。人类的许多蠢举妄为，如对自然的破坏，战争和掠夺，浪费与挥霍，证明他们实际上并不懂得什么叫规律，什么叫科学，什么叫有序。人类的许多“有序”、“有为”，结果变成自我嘲弄，自我惩罚。因此，我说，你们与其大喊什么“有序”，倒不如自然而然地顺“天”应“道”，合乎自然，听其自然。不要以为自己比“天”“道”高明。让社会和自然顺着它自己的趋势运动，不要以自作聪明的画蛇添足的行为干扰自然的趋势。这样岂不更好？何必劳而无功，甚至弄巧成拙？

十二、“无为，无事，无味”

13. 问：这就是说，人类在世界上不必做什么，只要无所事事、听其自然就可以了。请问先生，这符合地球人的存在价值吗？

答：你们现在动辄就谈什么实现自我价值，实现人的价值。问题就出在你们这种不顾一切的“实现价值”上。争斗，诈骗，巧取豪夺，文明的强盗，狰狞的强盗，都因为要实现“价值”而出现了，把太平的世界变成了骗子的世界、强盗的世界。要摒除这种罪恶，要消除这种丑恶，就应当无为。我说过：“为无为，事无事，味无味。”（第六十三章）把无为当作为，把无事当作事，把无味当作味。这里讲的“无为”、“无事”、“无味”，都是指“道”而言。“无为”，是讲“道”的虚；“无事”，是指“道”的静；“无味”，是指“道”的淡。大原则是“皆自然而致（遵循）之，守之，甘之。”明代的焦竑说：“无为无事无味者，道也。是道也，不可力得，至易也；不可目窥，至细也。虽至易而至难者待此以解，虽至细而至大者待此以成。岂可以其易与细而忽之者？”（《老子考异》）这就是说，“道”的本质就是“无”，就是“无为”“无事”“无味”。对“道”的运行，不能硬来，不能横加干涉，只能顺应“道”之势而行动。所以圣人不妄为而常为于“无为”，不生事而常事于无事，不耽味而常味于无味。为“无为”，事无事，味无味，不以世俗分其心，不为事功莽其行，寂然事之，淡然处之，“道”也赖以得其全。事无事之事，味无味之味，这才是真正的事，真正的味。无事无味都是为了“道”的无为的宗旨。这才是真聪明，而不是小智慧。做人做到这一步，才是真正实现了他的价值。这是我的价值观，不同于你们事功事利追名逐位的价值观。

宋朝王安石的儿子王雱也是一个很有学问、很有思想的学者，他有一句话说得很有道理。他说：“以辅万物之自然而不敢为，将各安于性命之常。”（魏源《老子本义》第五十五章引）重点是“辅万物之自然而不敢为”。对万物的发展趋势可以“辅”但不必“为”。“辅”是顺其势，是助力；“为”是阻其势，是阻力。“安于性命之常”就是圣人对事物发展的态度。只有待之以无为，守之以无为，才能做到福自生、祸自亡。这就好像在田里种苗，只要做到深耕厚耘，到秋天自然结实丰收，用不着人去拔苗助长。可惜世上的人大多不懂得事物的自然本性，总以为多干一点好一点，结果常常与祸争胜，与福生赘。本来可以自然成功的事，每每因自作聪明的“有为”而导致失败。圣人知道“有为”的害处，所以从不以人胜天，始终遵循顺其自然的原则，所以无事不成。我和你们的认识不同，做法也大相径庭，区别在此，原因在此。

十三、人类文明史几乎都是“有为”的历史，信仰您老子哲学的人太少了

14. 问：可是，先生，使我感叹的是，人类几千年的文明史，几乎就不是“无为”的历史，而是积极“有为”的历史。除了少数的历史时

期，由于特殊的社会时代背景，统治者出于无可奈何而有意识地实行无为而治（如“大有为”的秦朝灭亡后汉初文景之治无可奈何而实行的“无为而治”）以外，几乎就不存在“无为”的时代、“无为”的人、“无为”的事。历史上极少数时代的“休养生息”每每是被动的，不是统治者不想为，而是无法为，不能为。生产与社会经济的凋敝与崩溃，逼得统治者不能为。一旦条件变了，经济条件好了，他们马上就想有为、大为。不必说居于人上人顶端的封建帝王，即使一般人，也以人的“有为”区别于其他动物，以显示他的万物之灵的特征。先生的哲学高妙而玄远，可是绝大多数人就是不按照您指示的哲理去行动，他们还是我行我素，从小百姓的为糊口而奔波，到最高统治者为名垂青史而建功立业，都为不同品级的“有为”而忙忙碌碌地走完一生。是什么原因让他们不听从您的哲学？是什么原因使他们不甘“无为”？先生的“无为”哲学如果有道理，有作用，有好处，就应该有众多的信徒和实践者才是，可是，信仰并实践您“无为”哲学的人，历史上寥寥无几，现实中屈指可数。这是什么道理呢？

答：那只能解释为我的认识和智慧是超前的。深刻的真理和哲学，显示的不仅是它的实践性和时效性，更在于它的超前性和历史性。“无为”哲学的信仰者和实践者不多，只能证明人类的绝大多数由于急功近利的原因，已经限制或泯灭了他们本该具有的智慧。人的认识有鼠目寸光的，也有远见卓识的。从鼠目寸光到远见卓识的发展，是一个极为艰难的从少数到多数的认识过程。认识的普及与提高，需要事实与历史的不断教训。这只能说明人类需要不间断地学习和认识我的“无为”哲学。有识见者终究会认识“无为”哲学的价值和意义。我的哲学虽然没有为世界上大多数人所认识和实践，但我的哲学也始终没有泯灭，越来越多的人认识到我的哲学的深远意义。自从我提出“无为”哲学，已研究、讨论了几千年了，这不就说明问题了吗？我相信，总有一天我的哲学会被人类所接受，人类会从盲目的“有为”进步到自觉的“无为”。这就是你们说的从“自在”到“自为”。

15. 问：不过我总认为，先生企图以“无为”哲学指导世界和人类，实际的作用和结果，是要人们不工作，不占有，不求知，不学习，不要有任何追求。因为按照您的思想，要想工作不失败，最好不工作；为了避免损失和挫折，最好不占有、不行动；为了不找麻烦，不给自己找烦恼，最好不求知、不学习。您甚至认为，为了不招祸，最好不要身体。因为身体都不存在了，就不会有任何忧患了。您在第十三章中说过：“吾所以有大患者，为吾有身，及吾无身，吾有何患？”这些说法，不符合作为一个人在世界和社会上应有的身份，因为人毕竟是世界上最有灵性、最有活力和最具创造性的动物，不能等同于一般动物。作为人类，总不能虚无、“无为”到连自己身体都不要的地步。先生的无为真是“无为”到极点，“无为”到极致了。

答：你又曲解了我的意思。我说“及吾无身，吾有何患”是针对很多人把大患（虚荣）看得像生命一样贵重而言的，不是指不要身体。因为在第十三章里我接下去就说：“故贵以身为天下，若可寄天下；爱以身为天下，若可托天下。”只有把天下看轻、把自己看重的人，才可以把天下的重任担当起来；只有把天下看轻、爱自己胜过爱天下的人，才可以把天下的重任交付给他。我不是指不要身体，恰是重视身体。我强调的是看重身体，才能担当天下重任。你们有些学者有一种很不好的作风，就是断章取义，曲解或歪曲别人的意思。我希望你也要注意不要犯这个毛病。

16. 问：我误解了先生的本意。谢谢先生的指正和提醒，我一定注意。

答：我说为了不失败，最好不工作；为了避免损失和挫折，最好不占有、不行动，等等，这是极而言之。我以为，“道”的本体是按其本性在运作的，不需要人付出心思为它考虑，也不需要人的行为来左右它。无为不会把事情搞坏，有为才会坏事。所以我在第六十四章中说：“是以圣人无为故无败，无执故无失。民之从事，常于几成而败之。慎终如始，则无败事。”圣人因为“无为”，所以不会把事情搞坏；圣人也不去把持什么，所以也不会遭到损失。人们做事，总是在快成功的时候失败的。如果在结束时的慎重能像开始时一样，就不会把事情搞坏。你若能把我的“慎终如始”同我的“无为”联系起来认识，这样的认识才完整，也不会认为我的“无为”是什么都不为。关键在于不要用无聊的心思、愚蠢的行为去干扰“道”的本体的自然运作。有这种念头，就是妄念；有这种行为，就是妄为。妄念加妄为，就形成为妄源。妄源泛滥的结果，就是危机四伏。所谓“人心惟危”，说明了妄念是导致妄为又造成妄源的由头。圣人之所以寂然不动，就是因为他们懂得：天下之故，常因自然，并不需要你有为有执，所以常无败无失。

凡事有为必有败，有执必有失。常人并不因此而不为不执。从小百姓到最高统治者，都为不同层次的利欲所引诱，很少人能顺其自然、淡泊处之的，总是千方百计生心作意，希望得到更大的利益、更多的好处、更高的权力。对利欲和权力、财产的追求是无止境的。在追求的过程中，开始时还能谨慎小心从事，所冀所求也不高。但随着目的逐步达到，欲望越来越大，野心也越来越大，手段也越来越高明，终于因贪肆而导致失败。这就是“常于几成而败之”。其始也未必不慎，其成也必致贪肆，贪肆导致妄为，妄为导致失败。圣人的“无为”——寂然不动，是对自然和社会的运行法则的尊重和顺应，所以能无败无失。世上的人办事所以难成而易败，多因有意为之、执之。及其终又不免懈怠，最后以失败告终。人类这类教训不少，但能吸取教训的人就不多了。“有为”的思想，成为人类的指导思想，支配了你们几千年，也害了你们几千年，苦了你们几千年。可直到今天为止，人类并没有觉悟到自己的愚蠢，仍以万物之灵自恃自居，仍以他们的妄念妄为的“有为”，对抗着世界本体“道”的“无为”的运行规律。我真为人类的愚蠢感到无可奈何，也为他们感到悲哀！

17. 问：先生对世界的认识和对许多问题的处理方式，都贯串了“无为”的大原则。这也就是您一再弘扬的“道”的实现过程和途径的自然表述方式。这正显示了您创始的道家学说的独特内涵和思想风貌。难怪您的

“道”虽然不行于世，却不断受到人们的追崇和研究。这也表明，人类并没有摒弃您的思想，而是在不断的历史与实践过程中仍在体会您的思想。他们似乎悟到了一些，而又未必能领会您的哲学真谛。就如同我和您讨论中出现的状况一样，有时同意您的观点，有时不赞成您的见解。您是圣人，我们是俗人。俗人的思想永远是尾随哲学家之后的。这就是圣人——哲学家的价值。因此世上俗人多，而圣人——哲学家，多少年也出不了一个。

答：我可以承认我是哲学家，但不是圣人。中国对“圣人”是非议不得的，对哲学家，则可以与之讨论。你不是同我在讨论吗？从另一个意义上解释“圣人”，是他能够通晓世界发展的规律，不做违背规律的事。什么事都能这样做的人，几乎没有，因此，也就无所谓“圣人”。这是一种对高智商的人的理想化的称呼。这也是一种高境界，我一生都在追求达到这种境界。这就是我对“道”的追求。

18. **问：**先生在《道德经》的最后一章第八十一章中说：“天之道，利而不害；圣人之道，为而不争。”这也是《道德经》最后一段话。先生这样安排，是有深意的。能不能请您解释一下。

答：不错，我最后说了这么两句，是有深意的。可以说，这是对“道”的总结，也是对“无为”的总结。天之“道”，本来就是利万物而不加害于万物的。圣人的“道”，也是无论做什么，也不跟人家争论的。天之“道”的特点，就是生育无穷，未尝害物。圣人之“道”的宗旨，就是为而不恃，不去争竞。既然天之“道”是利万物而不害，又何必要由人的作为插上一手、踹上一脚？圣人之“道”是做什么事（不是什么都不做）也不和人家争夺、竞争，正是出于对天之“道”的认识和实行。王弼解释说：“顺天之利，不相伤也。”此言极是。“无为”的思想和“无为”的策略，出之对天之“道”的认识。我弘扬“无为”，是因为“无为”合于天之“道”、圣人之“道”。圣人所为，出于“无为”，因为其合乎天道。圣人与天为徒，法天顺道，所以圣人的认识过于常人，合乎自然。这很了不起，但又很平常。许多人对平常的事做不到，是因为对平常的道理不认识。从这个意义上说，不平常的圣人最平常，看来玄远的“道”最平常。平常人不能认识的平常的道理有人认识了，于是这个人被尊之为“圣人”。实际上，圣人认识的是并不玄妙的平常的道理。平常人为利欲所诱，不想也不愿去认识平常的道理，还干了许多违背常理的蠢事来。

十四、天地的惩罚：“天地不仁，以万物为刍狗”

19. **问：**是的，先生一直以平常心在讲平常理。可是，世界上自有人类以来，一直在以他们的本能，在世界上从事他们追求的一切，以满足他们永远不知满足的欲望。他们从来也没有遵照您的“无为”的原则想问题、办事情。自然，他们尝到了“有为”的某些暂时的甜头，可最终他们必须付出巨大的代价，两者相抵，到底是得到的多还是失去的多？这点，人类从来是不考虑的。人的本性就是急功近利，先满足眼前的一切。因此，除了万不得已，他们从来不肯无为。“有为”支配了人类的文明史。人类每每为之感到自豪。先生对此作何感想？大道之行也，天下“无为”。可是，世上只有“有为”，而无“无为”。先生对此不感到悲哀吗？

答：我说过一段话：“天地不仁，以万物为刍狗；圣人不仁，以百姓为刍狗。”（第五章）刍狗，是古代祭祀时用草扎成的狗。人们用草扎成狗的形状，是为祭祀时作为狗的代用品。祭祀毕，就把草狗扔掉了。刍狗的作用就是利用一下。人们对它谈不上重视，也谈不上轻视；谈不上喜欢，也谈不上讨厌。对它的态度总的来说是很冷漠。天地对万物的态度与此差不多。天地按自己“道”的原则运行，听任万物自生自灭，对万物无所谓喜爱或憎恶。圣人对世事看得很淡，也把老百姓当成刍狗，听任他们在世界上自生自灭，也谈不上爱憎。

你或许要问我对万物、对人的态度为何如此冷漠？可这不是由人的感情决定的，客观事实就是如此。世界的存在，人类的存在，本来就是这样，感情决定不了它们的命运，悲天悯人不解决问题。应当理智地认识这个问题。天地生育万物，这应该是“大仁”。但天地不言仁，因为它不可能言仁。世界和人类按照它自身的法则运行、存在、发展和灭亡，并不按照孔子的“仁”的精神和道德行动。孔子可爱，一生倡仁，可他的仁何时何地真正实现过？！人类的各个时代和各个阶层，为了他们在不同时期的不同要求，违背着“道”的自然法则，从事着“有为”的事业，享受着他们的物欲，也受着各种灾难的折磨。他们的成与败，福与祸，生与死，兴与衰，都因他们以违忤“无为”而进行的“有为”公正合理地交织在一起。这也是一种平衡，有为同无为的平衡。因此，天地和圣人都不会以仁爱之心为之哀悯。万物和百姓都是刍狗。当进行祭祀时，“盛以箧衍，巾以文绣”（《庄子·天运》），十分隆重。这不是喜欢它，而是为了祭祀仪式必须这样做。一旦祭祀礼做完，就把它抛弃，被行人践踏，或用来当柴烧。这也不是不爱惜它，而是这时只能派这点用场。对社会来说，如果“道”之不行，世乱不救，我怜悯也没有用处。此非天地不仁也，只能视之为土苴而听任其自生自灭自兴自亡也。非圣人不仁也，只能视万民如草芥而无所顾惜也。你悲天悯人、呼天抢地也没有用。我生于天地之间，既不能使万物和人民遂其性顺天道，我也只能自弃其性，听任天地万物和民众百姓成为刍狗。如果我自己陷于这个命运，我也只能自认倒霉。

讲到这里，说到这地步，我也不想多说了。我没有布过道。写五千言是为了记下我的思考、我的认识。我也没有让它传下去的打算，是好事者让它一代一代传了下去，还烦了历代文人花了那么多心思，作了许多考证注释。我已明白道之不行，将以万物、百姓为刍狗。我自己只能遁身隐世，入于深山老林，全真保性。既悯世乱之不救，于是只能独善己身。你不要用你们崇高的思想、闪光的语言谴责我，说我没有社会责任感。有责任感又怎样，能改变以万物、百姓为刍狗的命运吗？有哪一个思想家做到这一点？“道”的哲学，也可以说是刍狗哲学。这是我对万事万物冷静思索的结论。说我理智，斥我冷漠，说我痴，笑我愚，都可以。万事万物的发展不会掺入人的感情因素，这就是我的“刍狗论”。刍狗有了生命，有了灵性，它就是人类，它就会有所作为。但它的结局，还是一条刍狗。可是，人类很难认识自己是一条刍狗。对刍狗是无法布道的，说了也是白说，多说有什么用？

十五、“处无为之事，行无言之教”

20. **问：**是的，先生有一句名言：“圣人处无为之事，行不言之教。”（第二章）您在第四十三章中又说：“不言之教，无为之益，天下希及之。”您一直主张以“无为”处事，用“不言”教导。您这么说了，也是这么做的。我能有幸听到您的教诲，实在是难得。您没有向我布道，而是我向您请教。因为要读懂您的书、领会您的思想不容易。不管我是赞成还是不赞成您的观点，对我都是获益匪浅。您对我的教导，确实是“天下希及之”——什么人也赶不上我从您这里得到的教益。

答：你既然提到“处无为之事，行不言之教”，就这两句话再说几句。“处无为之事”，是对“道”的体察和执行。“道”常“无为”而无不为，圣人则应虚心而应物，要真心诚意地顺应“道”的“无为”无不为的法则办事。“行不言之教”，是自然地顺应和配合天道的运行，而不必说什么话。“天”是什么？“天”就是“四时行焉，百物生焉”（《论语·阳货》）。顺时应物就是天道。圣人的伟大处，就在于循理而应物，而不在于多说些什么。这两句话，也可以说是对“无为”的注释或说明。

21. **问：**我能理解这两句话的含义。

答：我感到很疲倦了。关于“无为”，今天只谈了原则。以后我们还可以讨论它涉及社会生活各个方面的内容。今天就谈到这里罢。

第七章 “无为”二：政治哲学

一、论政治哲学 “道”是老子政治哲学的组成部分 当权者对老子政治哲学的态度

1. 问：先生，今天我想向您请教有关政治哲学的问题，但我不知从哪里谈起，因为这是个大问题。

什么叫政治？古往今来的哲学家、政治学家，对政治有过许多不同的说法。孔子说：“政者，正也。”（《论语·颜渊》）把政治看成是社会运行的正常秩序和社会管理者的良好素质。近代的孙中山说政治是众人之事，强调政治的群众参与性，这是源自西方民主主义的政治观。马克思列宁主义把政治解释为“经济的集中表现”，从而把进行阶级斗争、处理阶级关系作为政治的主要内容，并转化为以斗争夺取政权、以“无产阶级专政”巩固政权的政治学说和政治行动。西方从古希腊、古罗马的政治哲学到近代启蒙思想家关于政治的定义，五光十色，代表了西方社会有脉络可寻的政治思想，对近现代世界政治哲学的影响很大。人类社会因此形成了以国家及其活动为主要研究对象的政治学。但政治学的基础还是哲学和政治哲学。我不记得先生在哪里对“政”或“政治”下过定义，但我明白，政治哲学在先生的“道”的哲学中占有很重要的地位，是“道”的有机组成部分。政治思想在您的思想体系中有举足轻重的意义。就您的政治哲学来说，问题也相当广泛。您一方面为历代统治者总结并提供了十分丰富的

政治哲学思想，又为他们统治操作的需要，开列了有助于对被统治者进行统治的政治和思想“镇静”的药方（我没有用“精神麻醉剂”这个贬义性的名词，不仅是出于对您的尊重，主要是认为它不确切）。统治者非常欣赏和需要您政治哲学的指教。但是，您对统治者入木三分的尖锐的批评，又使他们如坐针毡，非常恼火。这种矛盾的情况决定了多数统治者对您的哲学，特别是政治哲学采取了不即不离、若即若离的态度，既需要它，又不敢把它置于像儒家那样独尊的地位。这种奇怪的态度，是同您政治哲学的深刻性和尖锐性分不开的。我不敢说对先生的政治哲学的核心有所把握，但我知道先生的“道”和“无为”，同您的政治哲学有密切的联系。就请先生先谈谈这个问题，阐述“道”与“无为”的关系吧。

答：你所提最后的一个问题，说明你是能把握我的政治哲学本质的。不错，“道”和“无为”贯串在我的政治哲学的体系中。“道”是我的宇宙自然观，当然也是我的政治思想的基础和出发点，是我追求的政治理想的归宿。从这个意义上说，“道”也是融哲学、伦理、政治于一体的概念。有人把我的政治哲学归结为权谋和治术，这只是皮相的见解，我不知道你是不是也持这种看法？

是的，我不否认我的政治哲学中包含有权谋和治术（这个问题我们以后还可以讨论），但这些内容并不是我的政治哲学的思想核心，而只是政治哲学在政治实践中运行操作的轨迹或道路、方式而已。我说过：“人法地，地法天，天法道，道法自然。”（第二十五章）这就是说，人间的“王”的政治运行操作法则，最后应该归纳到“道”与“自然”的轨道上。这种递进关系可以简化为“王法自然”——人最终应以自然模式为依据来造就自己，一切应遵循主宰世界的自然法典来运行、操作（表现在“王者”的行动上，即是“统治”）。而自然的原则规律就是“无为”，“无为”就是逻辑归纳的结果。简言之，我的政治哲学法典的主体精神就是“无为”，“无为政治”就是我的政治哲学。

二、“道”融合哲学、伦理、政治于一体，归结为权谋是皮相的见

解，主体精神即“无为”

2. **问：**先生这段表述简洁明了，切中题旨，说得好极了。或许可以作为我们把握您的政治哲学的宗旨来掌握和领会。

答：可以这样认为。总之一句话，我的政治哲学不应该简单地理解为替君王利益着想的统治术。“无为政治”是不合乎帝王利益的。

3. **问：**那就让我随同先生一起进入“无为政治”的哲学王国吧。先生一再说“圣人处无为之事，行不言之教”（第二章），又一再说“无为无不为”（第三十七、三十八、四十八章），落实到您的政治思想上，就成为“无为政治”。“无为政治”是您的“无为”思想的一个重要构成。我想请教先生的是，您是出于一种什么样的指导思想，或者说，是出于什么政治社会原因的激发，才提出“无为政治”的？

答：这个问题不好回答。“无为政治”涉及的面很广，“具体的”指导思想也太泛。因为哪一种社会原因而提出哪一种思想，这种说法也太“对号入座”了。思想家的思想是社会和时代的具有个人符号特点的反映，很难说它是由某个具体的社会原因而激发出一种具体的思想。大脑反映社会而形成思想的过程，不能等同于原料进入工厂的机器形成产品的过程。你这问题提得不够准确，但我理解你提这个问题的本意。你提的问题可能是问“无为政治”的具体指导思想是什么吧？

三、“无为”政治的指导思想、治国原则 “以正治国”、“以无事取天下”

4. **问：**先生，是的，我是这个意思。原谅我没有表达好。

答：这里，我不妨举《道德经》的第五十七章说说，我自认为这是我的“无为政治”的纲领和指导思想。这段话是这么说的：“以正治国，以奇用兵，以无事取天下。吾何以知其然哉？以此。天下多忌讳，而民弥贫；民多利器，国家滋昏；人多伎巧，奇物滋起；法令滋彰，盗贼多有。故圣人云：'我无为，而民自化；我好静，而民自正；我无事，而民自富；我无欲，而民自朴。'"以正规的方法治国，以出奇的方法用兵，以"无为"的原则来掌握天下，这三件事有联系，论述前两件事是为了说第三件事："以无事取天下"。这也是"以正治国"的基本原则。

顺便说个版本问题。有些本子"正"作"政"。《文子·上礼》、《尹文子·大道下》也作"以政治国"。这些名法家都把"政"解释为名法，即名教法律。古代"正""政"二字通用。但在这里应作"正"字解，不作"政"字解。因为下句"以奇用兵"，"正""奇"正对用。

政者正也，以法制禁令正其不正，以官吏的正质正风导其风俗。正常的政治运作是人民的事，既不能诡谲，也不能施暴，这就是"政"即"正"的含义。把搞政治理解为玩阴谋（完全是曲解），是正的对立面——邪，也是正的异变，不是正大光明的"政"的原来目标。"以奇用兵"，兵是以禁乱除暴为目的的暴力行为，只有不得已才使用，不能以为常规常事行之。其运作也不能以"常"（平常）为原则，而只能出之以奇谋异策，否则不能运筹于帷幄之中，决胜于千里以外。然而，以正治国，以奇用兵，都不如以"无事取天下"这样的头等大事重要。治国以正，用兵为奇，但这都未足以取天下。天下神器不可为，"天下"这个神奇的东西是不能硬来的，硬为者，硬执者，非败即失。只有体察"道"的精神实质，以廓然无事的态度对待它，虽不想取天下而天下必归之。这就是我的"以无事取天下"的思想。你仔细想想，这里面有很深的道理！

四、四种社会现象让我深思

5. 问：王弼在注释先生这几句话时说："取天下者，常以无事；及其有事，又不足以取天下也。"（王弼《老子注》第五十七章）无事能取天下，有事不足以取天下，这里充满了辩证法，有很深刻的道理。常理总以为有事（有作为）才能取天下，无事不能取天下。先生大智大慧却悟出“以无事取天下”的哲理。我想，先生一定有个认识、思考和总结的过程。

答：哲理不是梦人说呓，痴人说梦，而是清醒的认识和深入思考的结果。所以我说：“吾何以知其然哉？”——我怎么知道会是这样的呢？完全是充斥在社会上的四种现象让我深思的结果。

（一）天下多忌讳，而民弥贫

什么叫忌讳？什么是忌讳？人所畏为忌，人所隐为讳。忌讳往往是禁网严密的结果。政治上丛脞繁杂，经济上赋敛繁苛，老百姓不能说不敢动，说则犯禁，动则违令，民无措手足，你说忌不忌、讳不讳？赋税多如牛毛，国家榨取无限，生之者寡，食之者众，百姓怎能不贫？民贫而陷于盗贼，这是一个难以抵挡的趋势。这一现实，这一趋势，就会为下一个问题的发生埋下根子。

（二）民多利器，国家滋昏

民间的武器越多，国家社会就会陷于混乱。人类发明武器开始是为了对付野兽的侵袭，为打猎以求生存，后来变成了主要以杀人掠夺为目标，为功能。人类为争利而斗争，开始口斗，口斗演为角斗，角斗演为械斗。械斗的工具越锋利越好，于是发明了各式各样的武器，由石兵发展为铜兵，再变为铁兵，为争权夺利，为开拓疆土，谁杀人杀赢了谁就是胜利者，你的一切就会归我所有。统治者掌了权，武器作为暴力统治的一种象征，又是镇压的工具，只许统治者杀被统治者，不许被统治者用武器来反抗，以此来树立统治者的权威。但是，统治者既有杀人之器，又有杀人之事，贫而陷于盗贼的老百姓就可以仿效他，或造或买或抢，手里也有可以杀人的武器。于是，以武器对武器，以暴力对暴力，以反抗对镇压，整个社会就一定会陷入混乱。这第二个问题是第一个问题引起的，是第一个问题的延伸和发展。

（三）人多伎巧，奇物滋起

人类的技术越巧，稀奇古怪的东西也就越多，此即谓“奇技淫巧”。

奇技淫巧多，看来是好事，但从长远看，弊多于利，不是好事。这里顺便说一说，这段话原文应是“民多智慧，而邪事滋起”，傅奕、范应元本均如此，王弼注也作“民多智慧则巧伪生，巧伪生则邪事起”，连上下文是顺的。现在通行本作“人多伎巧，奇物滋起”，也就算了，反正精神实质是一致的，并不背离我的思想。

6. **问：**先生所说的第一条、第二条，都很有道理。可第三条却有点反科学的味道。封建卫道士常常以“奇技淫巧”来贬斥科学文化的新发明，反对科学文明的进步，先生也持同样的观点。难道先生不认为以各种奇技淫巧为标志的科学技术的发明创造，代表着人类文明发展的程度吗?

答：我确实是这么看的。人类几千年的发明创造，确实给人类生活的各个方面带来各种方便，可是也带来了灾难、罪恶和破坏，所以，我才把“伎巧”“奇物”列为违反“道”和“自然”的第三条。这问题上面谈过，后面还要谈，现在先搁下不谈。再讲第四条——“法令滋彰，盗贼多有”。

（四）法令滋彰，盗贼多有

法令越多越分明，社会上的盗贼也越多。法令只能治“表”不能治“本”。法令越多，说明“本”的问题越多。舍本以治末，不能止盗，只会助盗。穷人多了，如江水泛滥，统治者找不到有效的办法化解，能够想到的最狠也是最笨拙的办法，就是颁布法令，推行法令，严刑法以诛之，明号令以禁之，杀无赦，斩立决！贪官猾吏，正好弄法以为奸，诛求百姓，贪得无厌。法令成为苛虐诛求的工具，不仅不能化解矛盾，反而火上加油，扬汤止沸，激化矛盾。穷民百姓被逼得走投无路，只能相率为盗。统治者自以为法令彰明，而实际上是国愈昏，俗愈侈，民愈贫，盗贼愈多。法令滋彰没有导致社会安宁，而导致盗贼多有，社会不宁。这是以“有为”取天下造成的严重后果，必然的恶果。

五、治者无为，民自顺化；治者好静，民自端正；治者无事，民自

富足；治者无欲，民自淳朴

7. **问：** 先生分析的这四条因果关系中，我以为第四条最尖锐，因为它打中了历代统治者及其弊政的要害，也反映了历代统治者中多数人的无知无能。他们满以为靠颁布法令就能使社会安定有序，而不懂得法令只能辅本而不能治本。结果是法令制定了，盗贼出现了；出现了盗贼，再制定新的法令，从而形成法令与盗贼俱增的恶性互补的效应，真正形成了您说的“法令滋彰，盗贼多有”的严重局面。在治本这个根本问题上，由于当权者的本性（贪得无厌和急功近利），决定了他们的水平是很低的。他们只会头痛医头，脚痛医脚，妄图只依靠法令来维持他们的统治。实际情况却是反其道而行之，层出不穷的严刑峻法只能制造更多的盗贼匪徒，不断破坏他们妄图依靠法令建成的升平和谐的世界，使他们东南西北疲于奔命，救火灭火。先生说的“法令滋彰，盗贼多有”这八个字，意义是很深刻的，可惜历代统治者记住的不多，理解的更少，能懂得并相应制定有效对策的则绝无仅有。原因就在于没有抓住“本”的关键。

答： “本”是什么？“本”就是毛泽东在《矛盾论》里讲的“主要矛盾”。在我这里，“本”就是“无为”。我认为，统治者唯有“无为”，人民才能自然顺化；统治者好静，人民自然端正；统治者无事，人民自然富足；统治者没有什么欲望，人民自然淳厚朴实。可惜，古往今来，有几个统治者真正懂得这个道理，又能切切实实这样做呢？

六、统治者能正己者不多　社会灾难和罪恶是统治者“有为”的结果

8. **问：** 己正而物正。统治者能正己者不多。圣人能正己，“无为”、“好静”、“无事”、“无欲”就是正己的表现。能正己，天下自然归之。历代统治者有几个人能无为、好静、无事、无欲的呢？几乎所有

的统治者的共同心态就是建功立业，好大喜功，不甘无为无事，追求欲望享受，过度使用民力。“无为”既与他们无缘，也为他们厌恶。先生的“无为”哲学，自然也不会为他们接受。于是，他们就凭仗权力，反其道而行之，有为、好动、多事、纵欲。天下百姓就得承担他们有为、好动、多事、纵欲的全部代价和一切后果，于是，天下就不复安宁了。百姓不是被驱赶如犬和鸡，就是被榨干脂膏，还要为他们提供少女、美妇供其淫欲之需，提供无数的劳力兵力为其穷兵黩武、流血边庭，为其营造宫室、长城暴骨荒野，扰得天下不得太平，人民不得安宁。从这个意义上说，社会上的灾难和罪恶，是统治者“有为”的后果和恶果。从这层意思上理解先生的“无为”政治哲学，意义是非常深刻的。

答：可见，联系到具体的社会问题，落实到实际上，你并不都反对我的“无为”思想。一旦我的“无为”哲学落实到具体问题上，比如说落实到政治哲学上，理解的人就多了，赞成的人也多了。因为在社会实践中生存的人，他们吃够了统治者“有为”的苦头。在统治者的“有为”背后，隐藏的是极端的自私和无穷的罪恶。

七、“无为”政治原则：“少扰民”

9. **问**：先生又谈到“本”的问题，我想，“无为”和“本”是有联系的。王弼因此说：“上之所欲，民从之速也。我之所欲，唯无欲而民亦无欲，而自朴也。此四者（按：指无为、好静、无事、无欲）崇本以息末也。”（王弼《老子注》第五十七章）无为、好静、无事、无欲，体现的是崇本思想，也是策略。四事倡而本崇末息，也就无所谓法令滋彰，自然也就盗贼消弭。我以为这其中的相互关系是讲得很辩证很深刻的。“以正治国，以奇用兵”，奇者仅能用兵而不能治国；正者但知治国而不可以取天下。只有“无为”才能取天下。“无为”思想，并不期待人人服从它，而没有人不自愿服从它，是因为“无为”抓住了治天下的根本。我理解先生说的要以无事治天下，是因为"无为"即好静即无欲，都属于无事之类。"本"既无所事，也就没有什么心思要天下百姓响应号召，人民自然顺化端正，自然富足淳朴，就能达到想要达到的目的，取天下就成为不费力的事了。圣人无为而民自化，也就无所谓忌讳之弊；上好静而民自宁，也就无所谓法令盗贼之害；上无事而民自富，也就没有利器之滋昏；上无欲而民自朴，也就无所谓技巧奇邪之风尚。我这样理解先生说的以"无为"为本，不知是否准确？

答：历代有许多注释家（有些人不愧为思想家）对我的这些话作过诠义大抵相同的解释，他们用巧妙而拐弯的语言，重复了我的思想，或许也有些深化，因此，你说的也没有什么不对。但对我的"无为"政治的思想，真正说得准确而简洁，只是三个字，曰"少扰民"。无为、好静、无事、无欲的要求和目的，就是少扰民，甚至不扰民。一般人都是顺着"有为"的道路和方式为人、处世、行事，这就促成他们"有欲""有知""有事"的行为，造成社会上人与人之间的"熙熙""昭昭""察察"的事情，招致无数的麻烦和烦恼。一个人为利益而斗争，一旦爬上当权者的地位，他的权势欲、特殊地位又会推动他在"有为"的轨道上加速运行，以"有为"的手段不断实现他在"甚""奢""泰"的精神、肉体、事功上的欲望，达到他"求生之厚"（第七十五章）的人生目的。为此，他一定要对人民重税敛、重刑罚，对外穷兵黩武，实行扩张，老百姓就被搅得不安宁。"有为"必扰民，"无为"能安民。我正是出于对这个根本问题的考虑，才奉劝当权者实行"无为"，要他们实行"三去"政策，"去甚，去奢，去泰"（第二十九章），铲除因"有为"而产生的祸乱之源，把他们从"有为"的歧途上拉回到"无为"的正路上来。要求统治者什么都不干，什么也不去享受，不满足他们的权势欲、虚荣心，要求他们一点不扰民，那是不可能的。但他们应该明白少扰民的作用和意义，说到底，这对他们自己也有好处，因为这可以使他们得到长治久安的报偿。这里有一个限度。少扰民就是不过度。扰民不止必过度，过度就要走向反面。老百姓承受不了统治者过度扰民，就会起来造反，那就会使当权派吃不了兜着走，甚至身家性命都保不了。我这番话，多数在位者不太听得进。历代统治者热衷于“有为”似乎是他们的本性。他们的统治地位决定这种本性具有顽固性、劣根性。我的“无为”政治哲学他们不太能接受，因为“无为”政治哲学不合乎他们的本性。对他们讲“无为”哲学，往往是对牛弹琴。在统治阶级的牛群里找知音是很难的。有些学者批评我的哲学是“统治阶级的哲学”，是为统治阶级出谋划策的哲学。可是，统治阶级的大多数不能信仰、不能接受而且不能实行我的哲学，我的哲学又如何能成为统治阶级的哲学呢？

八、“无为”政治哲学：“以老百姓为心”

10. 问：以先生之睿智明理，我以为先生是不会发出如此感慨的。因为您太了解当权派的习性和本性，也十分清楚您哲学的真谛。哲学思想的产生虽然同时代和社会有关，但一个哲学学派出现后，它就不是为哪一个特定阶层讲话的。我以前受某些传统的局限（或者说是禁锢），总认为哲学是统治阶级的哲学。那是形而上学，现在才有所觉悟。当我读到您在第四十九章中所说的“圣人无常心，以百姓心为心”这句话时，我更相信这一点，相信您的政治哲学具有普遍意义，既是对统治阶级而言，也是对百姓而言。先生希望能出现这样的“圣人”，他没有自己的固定意志（“无常心”），以百姓的意志作为他自己的意志。“无为而治”是基于“以百姓心为心”而提出的政治哲学。圣人能“无为而治”，不去扰民害民，所以老百姓生活得幸福、快乐。圣人能贯彻“无为”的原则，人民才能保持混混沌沌的原始朴素状态。这就是您在第四十九章中所说的：“圣人在天下，歙歙焉，为天下浑其心。”圣人以“无为”治天下，为的是达到天下谐和（歙，和顺、谐和也）、人民朴顺的境界。王弼在注这一章时说：若以“有为”治天下，“多其法网，烦其刑罚，塞其径路，攻其幽宅，则万物失其自然，百姓丧其手足，鸟乱于上，鱼乱于下。”（《老子注》第四十九章）则天下不能太平，人民也不会朴顺了。

答：“圣人无常心”，没有自己的固定意志，湛然虚明，寂然不动，无为无欲，是遵循着“道”的自然法则。他只以百姓之心为心，不愿以“有为”、多欲激发百姓的妄念妄心。百姓心地善良者，本能地懂得这个道理，本着这样的“心”去处世行事。圣人用“道”的哲学引导之，他们的善心就会更巩固。老百姓中也会有人怀不善之心，他们不明本善，私欲很重，圣人会以“道”去引导他，使他的不善转化为善。圣人之心和百姓之心，其起始之初，都是出于虚静、纯洁、至善，而与恶是背道而驰的。圣人主张清静无欲，百姓也希望清静无欲。圣人之于天下，是使百姓收敛其心，清心寡欲，不让他们在“欲”和“为”上放纵恣肆，百姓自然就会归化，天下就会安宁平静，不再充满“欲”和“为”的邪恶奸宄。

九、“无为”政治目标：“爱民治国”

11. 问：先生这番议论，使我想起了您在《道德经》第十章里说的一句话：“爱民治国，能无为乎？”这句话有的本子作“爱民（或作‘人’）治国，能无知乎？”我们在前面讨论知识论时这样引用过。我觉得还是“爱民治国，能无为乎”更合您的本意。朱谦之在《老子校释》一书中引俞樾说：“按唐景龙碑，作‘爱民治国能无为？天门开阖能为雌？明白四达能无知？’其义并胜，当从之。”（见《老子校释》，中华书局1984年版，第40页。）我以为这意见是对的。因为只有实行“无为政治”，才能达到“爱民治国”的目标。

答：“无为”和“无知”是有内在联系的，无为即无知，无知能无为。“爱民治国”“能无为乎”抑是“能无知乎”的两种说法、两种解释、两种版本，都不违反我的本意。这里把“无为政治”联系到“爱民治国”，逻辑上是一致的，也是我的一贯思想。治理好国家，同爱惜民力财力不可分。而要爱惜民力财力，也只有遵循“无为”的原则才能做到。劳民伤财的结果是扰民害民，当然谈不上“爱民治国”。即使统治者主观上想以此达到治国的目的，最终的结果仍然是害国害民，何况他们多数人本来就是好大喜功，并没有想以“爱民治国”为目标。有时他们借“爱国”为号召，实际上干的还是劳民伤财、害国害民的勾当，甚至不惜以牺牲人民的生命为代价。这样的事情历史上数不胜数，中国的历史，世界的历史，都有这样的例子。所以，把“无为而治”同“爱民治国”联系起来，是我的“无为而治”的政治哲学的重要内容，是我的一个重要思想。

十、“无为”“无知”不是愚民政策

12. 问：先生的这一思想和您作的解释，使我想起了纳粹德国及其法西斯党魁阿道夫·希特勒在20世纪三四十年代的作为。这个杀人魔王正是在“德意志高于一切”的“爱国”口号下，把千千万万德国人赶到欧洲战场杀人，也被杀，给整个欧洲也给德国人民带来极大的灾难。同样，在东亚，日本军国主义毒化了日本人民，也是在“爱国”“大东亚共荣”的旗帜下把他们驱往中国，驱往东南亚，对中国人民和东南亚人民犯下了滔天罪行，几百万日本人也成为日本军国主义的炮灰。

答：以“爱国”为幌子驱使和欺骗民众实施“有为”、胡为，进而扰民、虐民、害民者，古往今来，这样的统治者、独裁者，不知有多少！又不知有多少芸芸众生为之付出了生命和财产的惨重代价！我之所以主张“无为”，实行“无为政治”，就是为了让百姓安安稳稳地生活，平平静静地生活，不要让百姓在少数统治者的“有为”和胡作非为下失去他们最基本的生活条件，更不能让老百姓为他们蛊惑人心的动人口号所欺骗，为他们的胡作非为去做牺牲品。

13. 问：从这点看来，先生不仅是大智慧之人，还是有大恻隐之心之人。

答：还是那句话：“圣人无常心，以百姓心为心。”

14. 问："无为"是"以百姓心为心"最核心的内容，因为"无为"合乎民心。老百姓不希望被驱使、被榨取、被压迫的"有为"。他们的平常心只希望平平静静地生活。但我有一个问题，"无知"是不是"以百姓心为心"的另一个内容？为什么提这个问题呢？是因为《道德经》第十章中的"爱民治国，能无为乎？"在有些本子里又作"爱民治国，能无知乎？"上面我们讨论过这个差别。如果作"无知"解，那么，"无知"也应该是先生"以百姓心为心"的一个重要内容。这就可以引申为：先生主张"无为政治"，不仅主张"无为"，要求统治者少扰民、不扰民；同时也主张无知，要求老百姓不必有多少知识。能不能这样认为："无为"是对统治者说的，"无知"是对老百姓说的。如果是这样，那"无知"是不是愚民政策？

答："无为"的侧重面在统治者，但统治者真正"无为"，被统治者也就"无为"了。"无知"的侧重面在百姓，但也不排斥统治者。老百姓"无知"好统治，统治者"无知"也就能"无为"。统治者"知"愈多，"为"也愈多。所以不能认为"无知"仅仅要求老百姓，这也是对统治者的要求。在"无为"和"无知"之间有内在联系。我的"无知"同"无为"政治哲学是统一的。你们往往用愚民哲学来批评我，有失偏颇。我不仅是"愚民（下）哲学"，还是"愚上哲学"，"上"是统治者。上下都愚，都无知、少知，这世界"为"就少了，也就安宁了。你只要仔细读读《道德经》，就可以知道我提倡的"无知"，不仅是指老百姓，也指统治者。如我在第二十章中说的"绝学无忧"，第五十二章中提出的"塞其兑，闭其门"（塞住知识的穴窍，关上知识的大门），都是泛指的。"无知"和"无为"在本质上是一回事。你们许多学者写了许多书，都批评我是"愚民政策"，说我是为统治者出谋划策，用愚民政策帮助他们维护统治。这表明他们并没有读懂我的书。历代统治者或许是这样做的，那是他们的事；他们使自己有知有为，而要求老百姓无知并忍受他们的有为。我要求的是上下都无知无为。他们从我的书中取其需，为其用，这是他们的事。我管不了身后事。也管不了他们的嘴，管不了后人对我的误解、曲解。就好像我管不了你们硬加给我一顶“愚民政策”的帽子一样。

15. 问：先生这一解释，澄清了影响我几十年的错误认识。几十年来我们的学者，他们写的论著、教科书，都是以“愚民政策”的贬词批评您的相关观点的。今天我才明白了您这一思想的本义。可见，要正确理解一个思想家的思想，准确领会思想家的思想真谛也不是容易的事。

答：比较能表述我这一思想的是《道德经》的第三章：“是以圣人之治，虚其心，实其腹；弱其志，强其骨。常使民无知无欲，使夫智者不敢为也。为无为，则无不治。”这段话，是许多人加我以“愚民政策”的根据之一。其实，我是主张不要让老百姓胡思乱想，但必须让他们吃饱肚皮；不必使老百姓有高远鸿志，但必须强壮他们的筋骨，应当使老百姓无妄知无妄欲。这样，自作聪明的人就不会妄作主张、胡作非为了。许多人把“常使人无知无欲”解释为永远使人民没有知识、没有欲望。这是望文生义的解释。心和志，腹与骨，前者是虚，后者是实。我并没有主张摒弃人的基本欲望。无知无欲，是强调不妄知、不妄欲，并非什么都不知、什么欲望也没有。腹实，骨强，心虚，志弱，就能达到无为无不治的境界。

须知，“无为而治”，这“治”，也是历史变迁的结果，是历史的产物。太古时代无所谓治不治。太古无为而民自化。按照你们的说法，后来社会发展了，才出现了“贤”与“恶”，“财”与“货”，“欲”与“求”，才有了“盗”与“争”，有了“愚”与“智”，社会才变得不公正，不太平。我是主张返璞归真，回到这种自然淡泊、不争不盗不乱的社会中去的。人民无妄知、无妄欲，心志常虚，而腹实骨健，则少数自作聪明的人也不会有所为，社会自然清静自化而无不治。不少学者批判我复古倒退，还有些学者认为我的这些主张是要把人的社会性减少到最低程度，以突出人的生物性，使人类都接近牛马。我真怀疑，他们有没有把我的书读懂？

16. **问：**先生的用意我明白，不过社会发展到今天，不可能再回到太古时代去了，因为已不再存在太古时代那样的社会条件，“无为而治”如何推行呢？

答：少扰民或不扰民的原则，我以为同时代条件关系不大，无论是古代、中世、近世、现代都适用。无为而治，即不治之治。少扰民、不扰民就是不治之治。春秋时，蘧伯玉治卫很有成绩。孔子的学生子贡使人问蘧伯玉：“何以治卫？”对曰：“以不治治之。”汉代王充解释说：“夫不治之治，无为之道也。”（《论衡·自然》）治道多了，必定扰民。时代不可能再回到太古时代，无为而治的少扰民不扰民原则却不能丢，哪个时代都适用。为“无为”，少扰民，不扰民，则无不治。

十一、“无为而治”是柔弱和退守原则在政治上的运用

17. **问：**先生的哲学思想和策略思想是柔弱和退守。先生也用这个原则从事政治活动，对待社会生活。“无为而治”的政治哲学或许就是柔弱和退守原则在政治上的运用？

答：可以这么说。我的哲学思想既适用于也应用于政治和社会生活。我在《道德经》第二十八章中这样说：“知其雄，守其雌，为天下溪”；“知其白，守其黑，为天下式”；“知其荣，守其辱，为天下谷”。“复归于朴，朴散则为器，圣人用之，则为官长。故大制不割。”知道自己是雄强者，却安于柔雌的地位，甘作天下的沟溪，这才是聪明人。李嘉谟说：“雄动而倡，雌静而处，动必归静，故为天下溪。”（魏源《老子本义》第二十三章引）这话说得对。雄是刚性躁进的，而雌是柔性谦下的。为天下豀，就是以谦卑自处，如溪之善下，谦下则长久。知道什么是光亮，却安于暗昧的地位，甘为天下的栻（按：式即栻，古代占卜用的器具；又作“法式”解）。这叫知其昭明，守其玄冥，不自炫耀，人人都效法他；他就能居于长盛不衰的优势地位。

甘为天下的川谷，安于暗昧的地位，回复到“朴”的原始状态；“朴”被破坏了，成为具体的事物。圣人在“朴”被破坏的基础上，建立了管理，开始领导。完美的管理和领导应当是“大制”，它不出自于勉强和强制。这“大制”是天下之制，它的“道”统而不离，就如同“朴”完整而不分割一样。王弼解释说：“大制者，以天下之心为心，故无割也。”（《老子注》第二十八章）不制之制，才是大制；不用之用，斯为大用。圣人的“官长”——管理和领导，行不制之制，用不用之用，以道制器，器反为朴，无为而为，自然而然，如庖丁之解牛，游刃有余。虽然是宰制天下，而不会去割裂其朴。道可君（统领）器，而器不可割道。最完美的管理和领导不是强制和勉强，这就是无为而治，不治之治。

二十八章里的话，虽然形象化，借用了比喻，但高度哲理化，又使它不太好懂，通过上面的解释，你是可以领会我的精神的。简言之，就是在从事政治活动时，也必须以柔顺、退守的原则和策略处置，不能采用刚性的强制的硬性的方式。历代统治者几乎都采取刚性的强制的方式。我历来反对那样做。我认为只有采取退守、柔弱的治国原则，当权者才能事半功倍，取得成效，老百姓也不致遭到人为之灾之祸之难。

十二、当权者不甘心充当阴柔或雌性角色

18. 问：先生言之有理。不过据我所知，当权者为建功立业，青史留名，很少有人听得进您的话。他们要做阳刚的雄性，不愿充当阴柔的雌性的角色，否则怎么称英雄呢？他们要在四面光环中逞自己的威风，显自己的形象，而不愿在黑暗中潜行，默默无闻。锦绣夜行，有何意义？！他们要立马高峰，备极荣耀，而不愿甘居人下，做小三子。宁为鸡首，不为牛后，最好是当牛头。所以他们要在权力斗争中纵横捭阖，费尽心机。一旦大权在握，便以独裁者的姿态君临天下，发号施令，对人民敲骨吸髓，巧取豪夺，或把千千万万的人驱入血海，以极其生活上功业上的欲求。表现

在政治上，便是欲求“有为”，“有制之制”，“为天下先”。承担一切负担和后果的，还是老百姓，天下因此不得安宁。

答：对统治者要作分析。统治者有各种类型，不会是一种模式。我把他们分成这样几类：“太上，下知有之；其次，亲而誉之；其次，畏之；其次，侮之。信不足焉，有不信焉。悠兮其贵言。功成事遂，百姓皆谓：‘我自然。’”（第十七章）这就是说，最好的统治者，由于他无为而治，所以人们不知道他的存在（有些版本“下知”作“不知”是对的，解释为“不知他的存在”，合乎我的思想）；其次的统治者，他不扰民，人们亲近他、称赞他；再次的统治者，他的所作所为，让人们感到恐惧；最次的统治者，不像样子，人们轻蔑他。因为他不值得信任，才有不信任的事情发生，这叫自作自受，咎由自取。最好的统治者，他治国悠闲自得，很少发号施令，但是事情反而办得顺当妥帖。为什么能这样呢？百姓说得好：我们本来就是这样过日子的，他没有来打扰我们。

事情就是这样：“太上”之君，无为无欲，道化流行，治国安民见不到痕迹，百姓各得其所，他们只是知道有这么一个国君而已，并不见他有什么作为。后来的某些国君，渐渐不对了，但他们还算有方，百姓对他还算亲近，也称赞他，但我前面提到的“朴”已经散了。大朴既散，人的虚伪性就日渐显示出来，统治者就“道（导）之以政，齐之以刑，民勉而无耻”（《论语·为政》）；如王弼所言，这些统治者“不复能以恩仁令物而赖威权也”（《老子注》第十七章）。老百姓对统治者虽然敬畏，但也看不起他。

“太上”之君无为而治，所以能功成事遂，因为他能顺乎道的自然，合乎民心。王弼解释说：“居无为之事，行不言之教，不以形立物，故功成事遂。”（《老子注》第十七章）河上公注云：“太古之君，举事犹重于言，恐离道殊自然也，功成事遂太平也。百姓不知君上之德淳厚而以为当自然也。”（《老子章句》第十七章）这些解释都是从无为而治顺乎自然的意思上说的。我的思想的归宿是自然，无为而治就是自然之道在政治上的实施。

十三、唯“太上之君”才能顺乎道之自然，合乎民心

19. 问：道即自然，这一观点在先生的学说中处处体现。它是自然哲学，也可以衍化为政治哲学。先生一贯坚持“人法地，地法天，天法道，道法自然”（第二十五章）的观点，这个观点可以简化为“人法自然”四个字。当人们坚持以自然模式为依据来认识社会和认识自己时，一切都应该遵循一部默默然却无时无处不在起作用的自然法典“道”的规律。这一主体精神表现在政治运作上，就是“无为而治”的政治哲学。先生，不知这样认识对不对？

答：你用现代语言对我的政治观点作了哲学解释，应该谢谢你。不仅可以而且应该这样解释。治国的圣人应该是“道”的化身。圣人之所以称之为“圣”，其最重要的原因及其最大的特点，就是因自然、因道，“以辅万物之自然而不敢为”（第六十四章）。政治和自然的一体化，这就是我的政治思想的中心议题。自然原则在政治中的具体表现和实际运作，就是无为而治，适可而止，不要过分。“道常无名。朴虽小，天下莫能臣也。侯王若能守之，万物将自宾。天地相合，以降甘露，民莫之令而自均。”（第三十二章）道永远是无名的，“朴”（即道）虽小，天下也没有谁能去支配它。侯王们若能遵循它的原则，万物将会自动地服从他们。天地间阴阳之气相合，就会降下甘露。人民没有叫它均匀，却能自动均匀。这就是顺其自然的结果。在社会的管理和政治的运作上，道理和原则也是一样的。

我又说：“始制有名。名亦既有，夫亦将知止。知止可以不殆。”（第三十二章）有了管理，就会有管理机构和管理官员的名称。王弼说：“始制长官，不可不立名分，以定尊卑，故始制有名也。”（《老子注》第三十二章）然而，官名既然产生，还必须懂得管理和领导的过程中应该适可而止，不可过度。知道适可而止，才能避免由于“有为”而产生的危

险。这一提示（也可以说是警告）是中肯的。但是侯王们很少能听得进去，更谈不上遵照办理。他们制定了官名，设置了官府，于是想要干什么就干什么，不该做的也去做。结果，有过之无不及，往往以招祸致败告终。

20. 问：清代的魏源在注释这几句话时说得很有道理。他说："守其无名，始可制有名。制者，裁其朴而分之。礼乐政刑，皆自居也。然苟逐末而忘本，将愈远而失宗。是故无过恃，无多求，仍贵其止。止者，镇之以无名之朴而已。"（《老子本义》第二十七章）魏源很理解先生的观点。他也认为，制官名从政是可以的，但不能忘了"无为"之道的根本，实践中不能过恃、多求，要适可而止。如果舍本逐末，反"无为"为"有为"，过度不"止"，那就要走向反面，很危险。

答：在这一章（三十二章）中我说的最后一句是："譬道之在天下，犹川谷之于江海。""道"为天下之所归，如一切小河流最后流归于大海一样。政治之于"道"，也是一个道理。"道"之在天下，犹水之入大海，末而不离其本。一切当权者不能不懂这个道理。政治不自弃于"道"，才能立于天地之间而不殆。王侯守"道"而治天下，则万物归之，万民顺之，譬如万谷之川流入大海。"道"者，即万物之所宗；江海，则川谷之所归。江海，水之钟（集中）也；川谷，水之分也；"道"者，万物之宗也；万物，"道"之末也，有如水。万谷之水归于江海，有如万民万物归之于"道"。万物宾其所宗，这宗，就是"道"。

十四、"治大国若烹小鲜"

21. 问：先生把"道"与政治的关系，形象地喻之为川谷和江海的关系，在生动之中寄寓了深刻的哲理。这不禁使我想起您有关治国之道的另一个生动形象的譬喻。您说："治大国若烹小鲜。"（第六十章）这一富于哲理性的形象表述，非常深刻地阐明了您“无为而治”的政治思想，成为千古流传的智慧名句。国家主席习近平在一次谈话中说：“这样一个大国，这样多的人民，这么复杂的国情，领导者要深入了解国情，了解人民所思所盼，要有‘如履薄冰，如临深渊’的自觉，要有‘治大国如烹小鲜’的态度，丝毫不敢懈怠，丝毫不敢马虎……”（《人民日报》2013年3月20日）我以为，只要存在国家，只要有治国的需要，这句话就是千古不易的真理。

答：“小鲜”，有的传本作“小鳞”，意思都一样，都是指小鱼。我为什么要用烹小鱼来比喻治理国家呢？因为治国必须谨慎小心。烹小鱼，是不能用大铲在锅里乱炒的，要非常小心地烹煎。如果毛手毛脚，就会把小鱼炒得稀巴烂。烹小鲜者不可扰，扰之则鱼烂，这是人人都知道的常识。你们国家的领导人引用了我的话，说明我的话还是有道理的。治理国家，特别是治理一个大国，也要非常小心，尽量不要去扰民，要采取“无为而治”的方针。不顾“道”的法则，凭意志办事，胡作非为，必然伤民。这就叫：天下神器不可为也，只能顺其势而行之。

十五、“变法”不能“数变”“数徙”“数挠”

22. 问：因为是至理名言，因此会一而再、再而三地引起学者引证，虽文字小有差别，其义则一。《韩非子·解老》、《淮南子·齐俗训》、《文子·道德》诸篇均作“治大国若烹小鲜”。《后汉书·循吏传》注引作“理大国者若烹小鲜也”。《三国志·蜀书·姜维传》陈寿评语引作“治大国者犹烹小鲜”。《后汉书·逸民传》引作“理大国若烹小鲜”。文词小有别，文义则一。《诗》毛传云：“烹鱼烦则碎，治民烦则散。知烹鱼则知治民。”意思都是从《道德经》第六十章转过来的。历代还不知有多少人引证过您这句名言，说明这句话的内容、它所反映的哲理，是非常深刻的，值得后人特别是统治者慢慢咀嚼；或许他们感到不是鱼的鲜味，有些苦涩，但却太值得人回味了。可是历代到底有几个统治者嚼出其中的真味来了？他们之中的大多数都是反先生之道而行之，把小鱼炒得稀巴烂，把国家治理得一团糟，然后再来收拾残局，于是，小民百姓就只能充当被炒烂的小鱼的角色了。

答：烹鱼，总得翻煎，不然不会熟。但要小心，不能乱翻，不然会把鱼烧成鱼酱，上不了台面。同样，我的“无为而治”，也不是什么都不为，而是要十分谨慎小心。尤其是治大国，由于地广人众，情况复杂，治理时得考虑各种情况、各种因素，不能情况没有吃透就瞎指挥，更不能凭统治者个人的好恶，想怎么干就怎么干。许多事就是这样干坏的。韩非对我这句话的解释很有道理，他说：“工人数变业则失其功，作者数摇徙则亡其功。一人之作，日亡半日，十日则亡五人之功矣；万人之作，日亡半日，十日则亡五万人之功矣。然则数变业者，其人弥众，其亏弥大矣。凡法令更则利害易，利害易则民务变，务变谓之变业。故以理观之，事大众而数摇之，则少成功；藏大器而数徙之，则多败伤；烹小鲜而数挠之，则贼其宰；治大国而数变法，则民苦之。是以有道之君贵静，不重变法。故曰：‘治大国者若烹小鲜。’”（《韩非子·解老》）

韩非是个改革家，他主张变法，但要求对变更法制等问题必须十分谨慎（“重”，慎重的意思）。他用简单的计算说明，不能“数变法”，因为那会扰乱了民众日常的生活秩序和国家的正常秩序。对关系到全社会大多数人的事情，不能“数变”、“数徙”、“数挠”。治理国家，必须像烹小鱼那样，十分谨慎小心。

23. 问：王弼注释先生这句话也说得好：“躁则多害，静则全真。故其国弥大，而其主弥静，然后乃能广得众心矣。”（《老子注》第六十章）国家越大，统治者越要虚静——冷静，然后才能得人心。

答：“以道莅天下，其鬼不神；非其鬼不神，其神不伤人。”（第六十章）世界上“鬼”事情多得很，许多“鬼”把好好的事情搅坏了。如果用“道”来君临、治理天下，就可以使坏事的“鬼”不起作用。并不是

“鬼”不起作用，而是它起的作用不能害人。治理国家贯彻“无为”的原则，就可以使本来能为害的东西，譬如“鬼”，起不了坏作用。相反，如果反其道而行之，有所作为，胡作非为，那就会给“鬼”以可乘之机，给国家造成危害。

24. 问：汉代的王充曾说：“圣人以道临天下，则公道昭明，人心纯正，善恶祸福悉听于人；而妖诞之说，阴邪之气，举不得存乎其间，故其鬼不神。”（《论衡·王道》）这也是一种解释吧！

答：但他没有强调我的“无为而治”，没有突出“治大国若烹小鲜”的思想。他谈的主要是人心和王道。我的“道”是道家的“道”，自然之“道”，“无为”之“道”；他说的“道”是儒家的“道”，“王道”。两种“道”，两种意思，两码事。王充对我思想的理解，不如韩非准确，韩非在不少方面接受了我的观点。他说：“圣人在上则民少欲，民少欲则血气治（内心平静）而举动理（行动有节），举动理则少祸害……故曰：‘以道莅天下，其鬼不神。’”（《韩非子·解老》）鬼就是祸害，祸害就是鬼。无为少欲，不会有鬼；有为多欲，鬼就会出现、闹事。王弼讲得也有道理，他说：“神不害自然也。物守自然，则神无所加；神无所加，则不知神之为神也。”王弼时玄学盛行，对我的思想理解得也比较准确。东汉时的王充，虽然批判儒学，却不能摆脱儒学的影响，对我的思想观点的解释，就会出现偏差。我的政治思想同儒家不同途也不同归，扯不到一块去。

十六、礼，乱之首

25. 问：先生谈到您的思想同儒家思想既不同途也不同归，我想提一个问题：您是出于什么考虑而对儒家的政治观进行批评的？您曾对儒家的仁、义、礼、忠、信进行过猛烈的批判，认为这些东西是对“道”的破坏，是对无为而治的反动，是社会上的“乱之本”，主张把它们统统抛弃掉。您对儒家思想和儒家政治观的批判在先秦诸家中是非常突出的。这种批判同您“无为而治”的政治观有非常密切的关系，请先生就此进一步谈谈您的观点。

答：提到我对儒家政治观的批判，大家就会举出我在《道德经》第三十八章中的这句话：“夫礼者，忠信之薄而乱之首。”——“礼”这个东西，它是忠信的不足（“薄”，作为“厚”的对立面解释，可释为“不足”），是大乱的祸首。一般人就以这句话作为我批判儒家思想的“代表作”。其实，这句话是顺着我前面讲的“失道而后德，失德而后仁，失仁而后义，失义而后礼”演绎过来的，讲了由于“道”的丧失而演变的一个过程：“道”丧失后才有“德”（即“得”），德丧失后才有仁，仁丧失后才有义，义丧失后才有礼。“道”的丧失是启端，“礼”的出现是后果。这里强调的是“道”的丧失。因为“道”的丧失，才导致我对礼的批判。

礼是什么？“礼，经国家，定社稷，序民人，利后嗣者也。”（《左传·隐公十一年》）“礼，国之纪也。”（《国语·晋语四》）“礼，王之大经也。”（《左传·昭公十五年》）按照你们现代学者的定义来说，礼是以等级制为中心的社会秩序和人们的行为规范，带有一定强制性的基本规范。孔子也同我一样感受到社会的动荡和周王朝的没落，但他与我不同，还力图用“礼”来挽回周王朝的颓势，他主张“为国以礼”（《论语·先进》），认为只有“导之以德，齐之以礼”，才能使民“有耻且格”（《论语·为政》）。他还说：“上好礼，则民莫敢不敬。”（《论语·子路》）“上好礼，则民易使也。”（《论语·宪问》）他想有所为，以礼来重新整合这个因动荡而乱了规则的社会，恢复原来的贵贱尊卑有“礼”的社会秩序，以礼明是非，以礼定规范，这就是“非礼勿视，非礼勿听，非礼勿言，非礼勿动。”（《论语·颜渊》）

在我看来，恰恰相反，礼非但拯救不了衰世，而且是衰世一切祸乱的祸首。为什么这么说？自从“道”丧失后，社会秩序就每况愈下，于是不得不求医治社会病的药方：相继以德、仁、义来挽救社会的颓势。等到诸药方相继失效，再找到礼的方剂来治病时，已到了死马当活马医的阶段了。“礼”这个药方使用后，出现的祸乱就更多，它不能治病，反而加剧了病症。宋代范应元说：“尽己之谓忠，以实之谓信。自失道之后，愈降愈下，人鲜能尽己以实，是忠信之薄也。忠信薄而后约之以礼，使之循规蹈矩，弗畔于道。及其末也，以文灭质，反为乱阶之首也。”（《老子集注》第三十八章）他说得有理，繁文缛节的礼的制定和实行，实际上是人际忠信不足的标志，是社会动荡的表征，不是好事情，是为乱之首。

韩非也说得对：“礼繁者，实心衰也。”“今为礼者事通人之朴心，而资之以相责之分，能毋争乎？有争则乱。故曰：‘夫礼者，忠信之薄也，而乱之首乎！’”（《韩非子·解老》）心衰导致礼繁，这话说得很深刻。本想以礼来规范社会的无秩序，结果反引起争斗，引起争斗社会就更混乱，礼不是乱之首吗？事实上，孔子倡礼，为礼奔波了一辈子，世事并没有因为他倡礼而有任何转机。道衰失了，礼越倡，世越乱，最后礼崩乐坏，周王朝也不成其为周王朝了。我说“礼者，忠信之薄而乱之首”，不是刻薄，而是坦率，只是道出真实、讲明实质而已。

26. 问：先生倡导的是无为而治的“道”，孔子倡导的是有为而治的“礼”。在先生看来，道为本，礼为末。道已衰，礼越倡，世越乱。所以，先生认为举礼即举末，世乱找不到出路。王弼对《道德经》第三十八章作了注释，这也许是他注解《道德经》最长的一段文字，大约有一千一百字，我没有全部看懂，只能大概了解。但他最后讲的一段话却涉及本与末的问题。他说：“舍其母而用其子，弃其本而适其末，名则有所分，形则有所止，虽极其大，必有不周，虽盛其美，必有患忧。”（《老子注》第三十八章）这几句话，用在对礼的评论上，我以为是正确的。

答：解我《道德经》的注家历代可谓多也，但我一直比较欣赏王弼的注解。也许是时代的原因，也许王弼的天分高，他对我思想的领悟比较深。我对礼的批评，王弼还这样解释：“夫礼也，所始首于忠信不笃，通简不阳，责备于表，机微争制。夫仁义，发于内为之犹伪，况务外饰而可久乎？故夫礼者，忠信之薄而乱之首也。”（《老子注》第三十八章）他以为礼本来就是“忠信不笃”的产物，仁义本身也是虚伪的，即使乔装打扮，也不能长久起作用。

十七、“大道废，有仁义”

27. 问：所以先生进而指出：“大道废，有仁义；智慧出，有大伪；六亲不和，有孝慈；国家昏乱，有忠臣。”（第十八章）先生认为仁义、慧智、孝慈、忠臣都是“道”破坏后社会的畸形产物。确也如此。试问：六亲和则谁非孝慈？国家治则谁非忠臣？大道不废则安取仁义？在有“道”的社会里，不会产生上述这些道德和人物，它们是作为社会变动的对立面而出现的。它们是社会缺陷的一种补充，是社会滑坡的一种制动。礼的出现和制定，不是社会良性的产物，而是畸形的结果。它的出现，又成为“乱之首”，加速了社会动荡和恶性循环。

答：所以，我主张只有回到“道”的道路上，人民“见素抱朴，少私寡欲”（第十九章），才能从根本上管好社会，治好国家。“绝圣弃知，民利百倍；绝仁弃义，民复孝慈；绝巧弃利，盗贼无有。”（第十九章）抛弃了聪明和智慧，人民才有百倍之利；抛弃了“仁”和“义”，人民才能回复到孝顺和慈祥；抛弃了技巧和实利，盗贼才能消灭。须知，巧利之习胜，而淳朴之风失。上攻巧利，则下多奸贪，以致人多为盗。仅仅懂这个道理还不够，还应当使每个人都外表单纯，内心朴素，减少私心，降低欲望。只有绝其恶的本源，才能挽救因舍本逐末带来的世弊，才能使天下之人，不再假仁义而弃孝慈之实，怀利心而窃圣智之行，做盗贼而逞巧利之便。

治理国家的最好办法，是“绝圣弃知”。抛弃“圣”与“知”，才有治和安。“绝圣弃知”就是无为而治。河上公曰：“绝圣弃知，反无为也。”（《老子章句》第十九章）信然。如果以聪敏、智慧引导世上的人，引导的结果不是求本而是逐末，反而使世人学会奸巧伪诈，趋于末流，整个社会将不胜其害。老百姓见素抱朴，自然少私寡欲，不行奸巧伪作之事。所以河上公说："见素者，当见素守真，不尚文饰也。抱朴者，当抱其质朴以示下，故可法则。"（《老子章句》第十九章）此言甚得吾意。

这里顺便说一说"少私寡欲"四个字的版本异同问题。刘师培认为"私"当作"思"。他举了《韩非子·解老》"以不思安"和《文选》中谢灵运《邻里相送至方山诗》李注引《老子》作"少思寡欲"为证，说明"此古本［私当］作'思'之证"（刘师培《老子斠补》）。他本也有作"思"者（见朱谦之《老子校释》第十九章引文，此略）。刘说虽可通，但不能作为定论。我写的原文也是"少私寡欲"。河上公注"少私"曰："正无私也。"（《老子章句》第十九章）

28. 问：再请教先生一个问题：先生说"见素抱朴，少私寡欲"，对象是谁？是统治者，还是老百姓？侧重面是谁？

答：是指一切人，包括老百姓，更指统治者。讲圣、智，怀仁、义，求巧、利的人，首先是统治者，他们因不同的需要而追求不同的东西。通常是统治者先追求什么，才影响和导致整个社会追求什么。而在事实上，嗜私欲、求巧利者，首先也是统治者、当权派。掌握权力，是他们嗜私欲、求巧利的保证。老百姓自然也嗜私欲、求巧利，他们缺乏这种权力的保障机制，因此许多人只能成为统治者嗜私欲、求巧利的对象。老百姓中只有少数桀骜奸巧者，能够通过损害他人的手段达到嗜私欲、求巧利的目的。认为"见素抱朴，少私寡欲"只是对老百姓提出的，这是一个误解。

十八、再论"盗竽"　民之饥，以其上食税之多

29. 问：我想起了先生在《道德经》第五十三章中对统治者尖锐的

讽刺和谴责，您说：“朝甚除，田甚芜，仓甚虚；服文采，带利剑，厌饮食，财货有余；是谓盗竽。非道也哉！”统治者的宫室那样整洁（“朝甚除”另一种解释是：官府的狱讼那么繁多），遍野的农田却是一片荒芜，仓库里空空如也，达官贵人们穿着绣有文采的衣服，佩带着锋利的宝剑，精美的饮食让他们倒了胃口，统治者的财富多得不得了。这些家伙，是不折不扣的强盗头子！您把这些当权派骂得太痛快了！“盗竽”这个词，也用得巧妙。韩非解释说：“竽也者，五声之长者也；故竽先则钟瑟皆随，竽唱则诸乐皆和。今大奸作则俗之民唱，俗之民唱则小盗必和；故服文采，带利剑，厌饮食，而货资有余者，是之谓盗竽矣。”（《韩非子·解老》）这正是先生前面对我说过的，社会风俗之所以变坏，所以嗜私、欲，求巧、利，讲圣、智，怀仁、义者，正是各级统治者这些“大奸”带头的结果。上有所好，下必甚之。他们是盗竽，是强盗头子。是他们不顾老百姓死活，巧取豪夺，以满足自己骄奢淫侈的生活要求。他们的所作所为，同先生的“道”的原则是背道而驰的。

答：一唱而百和，“盗竽”的作用可谓大矣。前面我们已经讲过“盗竽”的问题。顺便再说一个版本问题，即“盗竽”抑是“盗夸”的问题。王弼本和别的一些本子作“盗夸”，不对。“夸”字无义，“盗夸”二字不可解诂。这是“竽”“夸”二字字形相近传抄致误的结果。有些训诂家说“夸”（或“誇”）是对的，解释都是牵强附会的。统治者都是“盗竽”。“大道其夷，而民好径”（第五十三章），大路是平坦的，而人民贪图走捷径，什么原因？是因为有“盗竽”在倡导。上有所好，下必有所甚。范应元注云：官吏“服文采之衣，带鉴利之剑，文非文而不恤下，武非武而不卫民，假法为非，瘠民肥己，餍饫美异之饮食，积聚有余之余财，此皆劫剥于人以恣纵于己，是谓为盗。”（《老子集注》第五十三章）这些话容易懂，不必解释了。

30. **问**：先生警告这些“盗竽”们不要走得太远，不要因为他们的恣纵和剥削过重，把老百姓逼得活不下去，否则他们就会自食其果。先生的名言："民之饥，以其上食税之多，是以饥。民之难治，以其上之有为，是以难治。民之轻死，以其上求生之厚，是以轻死。"（第七十五章）这些话，我以为，只要社会上存在统治者和被统治者，就永远是真理。人民之所以陷于饥荒，是由于统治者吞食的租税太多的缘故。人民所以难治，是因为统治者喜欢有为。人民不怕死，用生命去同统治者对抗冒险，是因为统治者竭力保养自己的生命而不顾人民的生命，这才逼得人民用生命去冒险。

先生这些话，把统治者和被统治者对立统一的关系，统治者的恣肆有为和人民受苦受难的关系，饥荒和租税的关系，压迫、剥削和反抗、斗争的关系，说得太深刻了。人民苦难的原因，一切动乱的起因，都与统治者的有为即恣肆放纵有联系。您讲清了政治上导致社会不稳定的根本原因。历代统治者读到您这几句话没有不胆战心惊的，但他们不得不承认这是事实，也只有哑口无言。清醒一点儿的统治者，实行一些轻徭薄赋的措施，就算不错的了。暴君和明主的分野，就在于统治者对您说的这些真理认识与否以及实行程度的区别。

答："食"与"税"，是统治者与被统治者之间一种物质经济关系的具体体现。食者，是供统治者庖厨之用；税者，是被统治者输送给统治者的赋（按户口征用的银两等）。有统治者和被统治者，就有食和税的征求。关键在于统治者的食用当俭，赋税当轻，使被统治者承受得起。统治者对百姓征收的食税过多，就是夺百姓口中之食、囊中之钱，使他们陷于饥饿贫困的绝境。统治者的库藏，积聚的是老百姓的膏血，也是人民的怨愤。统治者不会让自己的库藏空荡荡的，但是，千万不要让它积得太满，不要把老百姓的膏血抽尽吸竭。如果贪官污吏们非法诛求，视天下百姓猪狗不如，而官吏们的珍馔美味多得吃不完，老百姓却饿得吃不饱糟糠，怨气郁积，那就势必有一天如火山爆发，似雷霆震地，大乱大祸就会降临，天下就难以收拾了。

统治者必须明白，老百姓其实不难统治，这就是让他们吃饱穿暖，有最基本的生活条件。至于说老百姓难治，十之有九是因为统治者欲求太过。所以王弼说：“言民之所以僻，治之所以乱，皆由上不由下也。民从上也。”（《老子注》第七十五章）民之从上，上从什么呢？上从“无为”。无为而民自化，好静而民自立，无事而民自富，无欲而民自朴。无为，首先是指统治者的无为。统治者无为，就无所谓食税之多。无食税之多，就无所谓民之治和民之难治。只因为“上之有为”，才导致“民之难治”。这难道不是历史事实吗？

十九、“民之难治”，是因“上之有为”；“民不畏威，则大威至”

31. 问：先生在这里把“民之难治”与“上之有为”的关系讲得太透彻了。人的本性是求生而不是轻死。老百姓本来不轻死，从不轻死到轻死，是因为统治者食税过多，嗜欲太厚，他们只想自己生，而且要生得“厚”，逼得老百姓无以为生。老百姓生不如死，因而不怕死，去同统治者拼命，是以轻死。你不让我活，我也不让你活。统治者应当懂得这个浅显的道理，懂得“无为”，节制自己不要嗜欲太厚、食税过多，给老百姓留一条生路，不要把他们逼上绝路。

答：如果老百姓不怕死，那么，用“威”、用“死”来吓唬老百姓，就起不了作用。我说过：“民不畏威，则大威至。无狎其所居，无厌其所生。”（第七十二章）人民到了不害怕统治者威力的时候，那么，可怕的事情就要发生了。第一个“威”，是统治者的威；第二个“威”——“大威”，是老百姓的威，这是被统治者的威压迫出来的威，它对统治者是十分可怕的，因此，我要求统治者：不要逼迫得老百姓无法安居，不要阻塞了人民谋生的道路。不要只懂得用“威”的一手，还必须懂得不用“威”的另一手，这才是高明的也是聪明的统治者。

32. 问：统治者是当权者，当权者是有权的，权往往又是同威连在一起的，这叫权威。统治者每每会使威，用威来吓唬老百姓。一般情况下，威能镇住老百姓，但到了人民不怕统治者的威力的时候，那可怕的事情就要发生了。

答：如果把威权用到极点，也就是用死来吓唬老百姓，那就更糟糕，更无用。“民不畏死，奈何以死惧之？”（第七十四章）如果人民怕死，那么，对那些捣乱的人，把他们抓起来杀掉，谁还敢再来捣乱？可是，老百姓并不怕死，杀戮吓退不了不怕死的人，用杀人的方法可暂时维持统治，却达不到真正统治人民的目的，因此不能用死的威胁来对付人民。就一般人情而言，人都是恋生恶死的，俗话说：“好死不如恶活。”这是因为人的求生的本能很强。但是，如果统治者逼得老百姓求生不得，求死不能，生不如死，那就会把老百姓逼到不怕死的境地，人民就会拼命，以死抗争。你不让我活，我也不让你活；你以酷刑监狱置我于死地，我揭竿而起，起义反抗，先置你于死地。

统治者为什么要以威逼民，以死胁民？因为他们多欲。为达到多欲的目的，不惜以各种手段向人民榨取勒索压迫。由于要达到多欲的目标，必须实行有为的方针。有为的结果，一方面是达到多欲的目标，但因受到人民的抵制和反抗，于是统治者恼羞成怒，以刑措威吓之，以死刑胁迫之，短期内也能起作用。但是，老百姓的忍受是有限度的，一旦超过了限度，越过了老百姓的忍受度，老百姓就不怕死了。《尹文子·大道》篇云：“凡民之不畏死，由刑罚过；刑罚过则民不赖其生；生无所赖，视君之威末如也。刑罚中，则民畏死；畏死，由生之乐也，知生之可乐也。知生之可乐，故可以死惧之。此人君之所宜执，臣下之所宜慎。”这段话提示的最重要的内容，在于要统治者必须让人民知道“生之可乐”，而不能使之感到“生不如死”。人民犹感“生之可乐”，可以死惧之；人民感到“生不如死”，以死惧之无效，奈何以死惧之？

统治者应该懂得，法网愈密，挂网愈众，而人之不畏死者也愈多。世上的事总是两极的，靠杀人是维持不了统治者多欲有为的统治的。范应元说：“谓之争利犯法而常不畏死者，由上之人有为多欲而然也。在上者只当清静无欲，而使之自化，如之何更以死罪惧之？”（《老子集注》第七十四章）此言甚是。当权者多欲多为，政烦刑重，百姓无所措手足，发展到最后就一定是不怕死。统治者虽以死惧之，也没有用处。何况，以死惧人民的结果，反过来，是将死的威胁降临到自己头上。“夫代大匠斫者，希有不伤其手矣。”（第七十四章）代替木匠砍木头，很少不砍伤自己手指的。同样，代替杀人的人去杀人，最后要被人杀到自己头上来的。《吕氏春秋·贵公》说：“故曰：大匠不斫，大庖不豆，大勇不斗，大兵不寇。”这既是经验总结，也说明有大远见才有大策略。

二十、“民不畏死，奈何以死惧之”，朱元璋的思考，贪官畏死，正可以死惧之

33. 问：据说，明太祖朱元璋在读到先生“民不畏死，奈何以死惧之”这句话时，沉思良久，恻然有感，下令罢极刑而以囚役的刑罚代替之。先生之言，仁者之言也。连朱元璋这样独裁的君主也被您的格言打动了。

答：恐怕历代君主真正懂得这句话的人不是很多，因为他们以为老百姓都是怕死的，不能真正懂得老百姓为什么不怕死。朱元璋能理解这句话，因为他来自民间，也曾经是老百姓，懂得老百姓由于不怕死才造反起义的道理，所以他能在一定程度上领会我的话并去实践，不以死惧民。但他却懂得以死惧官，懂得以死来吓唬统治层中某些不法者。例如，他用剥皮揎草的酷刑来对付贪官污吏就很有作用，把贪官杀了后剥了皮填上草，挂在衙门口，让继任的官吏每天感受到“死”的威胁，不敢受贿贪污。“民不畏死，奈何以死惧之？”“贪官畏死，正可以死惧之！”从一正一反两个方面来认识我讲的这个道理，可以更深刻地理解我“无为而治”的思想。“不以死惧民”与“以死惧贪官污吏”结合起来，相辅相成，一弛一张，或许更能保住统治者的江山长治久安。

34. **问：**统治者才智的差别是很大的，有很高明的统治者，也有很低劣的统治者。先生对不同的统治者也作了分析，您说："欲上民，必以言下之；欲先民，必以身后之。是以圣人处上而民不重，处前而民不害。是以天下乐推而不厌。以其不争，故天下莫能与之争。"（第六十六章）先生这段话，也是对统治哲学的精辟概括和总结。是啊，统治者要顺利地统治人民，不仅要不重刑措，不以威胁民，不以死挟民，还需要用诚恳的言辞，对人民表示谦虚。要领导人民，应该先把自己放在人民之后。因此，圣人在人民之上进行统治，却要使人民不感到有负担；虽然是站在人民之前进行领导，却不要使人民认为对他们有妨碍。这样的统治者才是高明的统治者，高素质的统治者，天下的老百姓才会对他爱戴而不厌弃。这样的统治者能取得人民的信赖和社会的承认，是因为他从不跟人家争，所以天下没有人能够赢得过他。能成为这样的统治者就是圣人了，可是能成为圣人的统治者到今天还是理想中的人物。统治者若能成其为"以言下之"、"以身后之"的圣人，那就是到达"至治"之世了。先生或许是提出符合这种政治理想的政治家，先生如果当权，也许能成为这样的政治家，您的政治理想或许会变成政治实践。

答：我只是一个学者，永远也不会去从政。学者可以提出他的政治思想，设计治国蓝图，阐明他的政治哲学，却不会成为实证的统治者。当统治者就成不了哲学家，因为功利主义一定会限制他的哲学思辨。也许你们今天有"君师统一"的政治模式，我那个时代，或者说是在古代、中世纪社会，都没有出现"君师统一"的模式。我提出我的政治设想和政治家的"圣人"模式，不是不可能，而是时代未到。我相信会有一天，世界和社会会按照我的设计模式来策划、组织和运行的。"处上而民不重，处前而民不害"的"圣人"模式的统治者会出现的，但不是我，也不是现在。将来会出现这样的统治者、领导者。至于我，只是一个学者，或者说得高些，是一个哲学家。

二十一、“心服于德，不服于力”

35. 问：先生在这里阐明了一个重要思想：统治成败在于人心得失，也说明了任何一种政治架构与统治者的素质有很密切的关系。《文子·符言》篇对这点解释得很有道理：“人之情，心服于德，不服于力。德在与，不在求。是以圣人之欲贵于人者先贵于人，欲尊于人者先尊于人，欲胜人者先自胜，欲卑人者先自卑。故贵贱尊卑，道以制之。夫古之圣人，以其言下人，以其身后人，即天下乐推而不厌，戴而不重。此德有余而气顺也。故知与之为取，后之为先，即几乎道矣。”这段话对先生思想的领悟是正确的。一点不错，政治，必须“几”（近乎）“道”，才能上轨道。

答：《文子·道德》篇还有一段话讲得也不错，其云：“夫欲上人者，必以其言下之；欲先人者，必以其身后之。天下必效其欢爱，进其仁义，而无苛气。居上而民不重，居前而众不害，天下乐推而不厌。虽绝国殊俗，蜎飞蠕动，莫不亲爱。无之而不通，无往而不遂，故为天下贵。”统治者不以自己为统治者，他同人民的关系才能融洽。但我不讲什么仁义，这是儒家的语言，不知怎样掺进来的。圣人卑辞退己，不是想在民之上、处民之先，百姓自然会尊让之，天下归之，奸邪畏之。故所以为人君者必先要上民先民，把老百姓放在自己上面，放在自己前面。能这样做，就能“处之上而民弗重”，犹如四体之戴元首；就能“处之前而民弗害”，犹如影之随形，形成自然和谐的关系。这就是圣人“不以其争，故天下莫能与之争”的道理。我在第六十六章一开头就说：“江海所以能为百谷王，以其善下之，故能为百谷王。”就是这个道理。

36. 问：是啊，江海所以能为众水所归，就是因为它能善下而居不争之地的缘故。天下之归于王者，也因为他能谦下而不争。“惟下乃大”，这是先生哲学思想的一个宗旨。《金人铭》曰：“君子知天下之不可上也，故下之；知众人之不可先也，故后之。”也反映了先生的思想。这些思想之所以深刻，是因为它有辩证法。

答：自（甘）下者人高之，自（甘）后者人先之。德下之则位上矣，德后之则身先矣。有道者未尝欲上人先人也。然而，既下之后之，则其道不得不上且先矣。我大概讲得太文绉绉了。不过意思还是好懂的，还是第六十六章中那两句话的同义反复：“是以欲上民，必以其言下之；欲先民，必以其身后之。”要尊重人民，用言辞对他们表示谦虚；要尊重人民，不要把自己看得比他们高明，要把自己放在人民之后。这样的统治者，才是得其道的高明的统治者。

二十二、真谛：“天下神器，不可为也”

37. 问：先生的政治哲学也充满了辩证法。人们从您的谈论中悟到的，不仅是对您的政治哲学的诠释，也领悟了辩证法的引人入胜的表述。它真启迪人的思维！

答：关于这个问题，我要说的最后一段内容是：“将欲取天下而为之，吾见其不得已。天下神器，不可为也，不可执也。为者败之，执者失之。”（第二十九章）这段话的意思是：谁想要治理天下并且有所作为，我敢断定他不能达到目的。“天下”这个神奇的东西，是不能够勉强搞的，不能够强行把持的。谁想胡搞，就会把天下搞坏；谁想强行把持天下，谁就会丧失天下。君临天下者，当辅万物之自然，而不可妄为。圣人之有天下，不是硬取的。他应天顺道合乎自然，因此万物归之，圣人不得已而受之。圣人之治天下，非“为”之也。他以“无为”治天下，是应万物之自然而行之。如果他为了取天下而“为”之，则决然达不到目的。《鹖冠子·备知》篇云：“故为者败之，治者乱之。”此言甚是。

这个世界的运行，这个社会的秩序，隐然之中似有主宰在其间，此即为“神器”。人之所为，固不可乱其常。倘若背道反自然，必定碰钉子。天下之大，神器主之。以有为治之，则败其质朴；强执教之，必失其情实。无为者，守静也；守静才能为天下正，达天下治。纵然是百人之聚的小村落，领导者如果不循自然而治，大胆妄为，违背众心，也会招来众人龃龉而不服，又何况广大的天下呢？我强调“无为而治”，在于懂得“天下神器，不可为也”的道理。人类顺应“不可为”的办法，就是“去甚，去奢，去泰”（第二十九章）。圣人必须去掉那些极端的、奢侈的、过分的东西。干任何事情，不要过分，不要奢侈，不要走极端。能去甚，去奢，去泰，就是以人佐道，以道佐人，道乃行焉。

二十三、“无为”政治哲学的策略方针：“去甚，去奢，去泰”

38. 问：“天下神器，不可为也”，是先生“无为而治”政治哲学的真谛。“圣人去甚，去奢，去泰”，阐明了先生无为政治哲学的具体内容和策略方针。对您的政治哲学，我们讨论得相当透彻了。但真正要领会先生政治哲学的博大精深的内涵，对我仍是一个漫长的认识和思辨过程，我将慢慢去咀嚼和品味先生思想的真谛，用它来审视和分析历代、历国的政治思想和人们的政治实践。在用您的思想尺度的衡量和对比中，我将会获得新的认识。谢谢先生。

答：今天就谈到这里吧。我想早点睡了。

第八章 “无为”三：社会经济思想

一、我不是经济思想家 观点太陈旧，只有被批判的资格

1．问：先生，今天我想向您请教有关社会经济思想方面的问题。有些问题，我们在“政治哲学”部分有所涉及，本来政治和经济就是有联系的，但是经济问题还可以深入讨论。一个社会的经济生活是这个社会的基本内容，经济生活是人类社会存在与发展的基础。任何一个重要的思想家没有不把经济思想作为自己学说的组成部分，有些人还专门发展成为经济思想学家、经济学家。先秦诸子各家中没有一位不涉及经济思想的，但却不能说哪一位就是经济思想家。当时的社会条件和学科分类还不能造就单一的经济思想家。对各个学术领域的广泛涉足又使思想大家往往也是经济思想家，差别只在于有些人讲得多些，有些人讲得少些，不谈经济思想的几乎没有。在先生的思想体系中，社会经济思想是一个重要的组成部分，因此，想同先生专门讨论这个问题。

答：我不知道我是不是你说的那种“经济思想家”？你们现在的社会里封个“家”太容易了，写了一本书，发表了几篇文章，就被捧成什么“家”。我也不知道你对我这个“经济思想家”提出的什么观点感兴趣。你们现在的许多“家”提出的新观点、新见解很多，我怕我的观点太陈旧了，要受到新“大家”们的批判和奚落。

二、“小国寡民”是我社会经济思想的主要内容

2. 问：五千言中的每一章都可以做大文章。涉及社会经济问题而又引起众说纷纭的，还是您在第八十章那段有关“小国寡民”的论断，这也是您社会经济的主要思想。我们就从这个问题谈起吧。

答：我承认“小国寡民”是我社会经济思想的重要内容，但我却不想从这个问题谈起。我为什么提出“小国寡民”，是从我脑子里突然冒出来的吗？不是。“小国寡民”是我凭空设计的蓝图吗？也不是。万事总有由头、源头，思想也不是空穴来风的产物。小国寡民社会涉及我对人的物质经济生活的看法，用你们的话来说，是唯物主义观点吧……

3. 问：提到人的物质经济生活，我的印象是先生坚持低水准、低消费的观点，这同我们今天社会上流行的超前享受、高消费的观点是截然相反的。先生的“小国寡民”社会的物质基础是不是就是低消费？低下的社会生产力，能生产的消费品是有限的，数量有限的物质条件决定了低消费的生活水平。再加上基本上是自给自足的经济生活和不发达的商品交换形成的封闭性，从而形成了“小国寡民”的社会模式。我这样理解，不知对不对？

答：你可以这么理解我的“小国寡民”社会。但我的最初的出发点，还是我的“无为”思想，包括表现在人欲上的无为、无欲。人要生存，自然要求最基本的生存条件，满足人基本的生活欲望。但我不主张丰裕的物质生存条件，能维持生命的存在和延续即可。所以我认为“少则得”（第二十二章），“不贵难得之货”（第三章），“保此道者，不欲盈。夫唯不盈，故能蔽不新成”（第十五章），“知足不辱”（第四十四章），“去甚，去奢，去泰”（第二十九章）。我生活的那个时代，生产力水平是很低的，生产品不会有多少剩余。生产器具水平也不高，这决定了不会有很多“难得之货”，因此，若要社会公平，社会成员只能参与均等的分配和消费，每个人能分到的生活必需品不多，这就叫“少则得”，也叫

"知足不辱"。我说"我无事而民自富"（第五十七章），是指在大体平等的消费条件下社会分配的均富，这不是你们现在有些人的暴富、豪富，而是全社会低水准的合理的均富、小康。社会成员物质产品个人分配的总量虽然不丰，但全体社会成员都能甘美安乐，没有流离失所、食不果腹、衣不蔽体的，也没有一些人富而一些人穷，没有富和穷的不平和对立。这样的社会，自然相安无事了。

三、古代社会也有社会"大怨"

4. **问**：先生的社会理想很高，但是又很低，因为先生主张的社会消费水平是很低的。这使我产生相联系的两个判断：一、先生主张的低标准的消费水准，或许不是先生追求的目标，而是由于当时低下的生产力水平所决定的。也就是说，这是一种被动的、被迫的社会目标。二、低消费的物质经济条件，支撑着先生提倡的均富的、公正的社会理想。这社会理想看来是崇高的，实际上社会发展水平是很低的。因此，您的社会理想的实际水准也高不到哪里去。在发展了的现代社会里，您的这种"贫困中的富足"的社会理想及其理论，很难被人接受。人的本性是追求越来越富足的物质生活和文化生活，而不愿停留在仅以饱食为目的的动物本能的标准上。这或许是您的社会经济理论没有被社会上大多数人认可的原因。

答：我生活的那个时代同你们相距两千几百年，那时的生活水准同你们现代社会是不能比拟的。这里不能进行跨时空的纵向的消费比较，只能进行同时代的横向的比较，否则就没有任何意义。在我那个时代，同样有奢俭贫富之分，否则就不会出现这些概念，也不会出现"民弥贫"（第五十七章）的实际，产生社会上的"大怨"（第七十九章），并造成社会上的"争"的局面（我在第三章中提出"使民不争"，在第八十一章中提到"为而不争"，就是因为存在"争"的实际而提出的）。溯其源，追其本，就是因为在"欲"的驱使下采用了不同的方式和手段，才造成奢和俭、贫和富、怨和争的区别、对立和斗争。为了从根本上消除这些情况和后果，必须从源头上找原因，想办法。

5. 问：原因在哪里呢？

答：原因在于人欲，无穷无尽的人欲。人欲横流激发出来的各种手段，是导致一切问题（穷富、争斗、罪恶）的原因。

我在第十二章中说：“五色令人目盲，五音令人耳聋，五味令人口爽（按：爽、丧，古代音义并通），驰骋畋猎令人心发狂，难得之货令人行妨（按：行妨，一解，妨农事也）。是以圣人为腹不为目，故去彼取此。”彩色缤纷的花花世界，使人目盲；美妙动听的乐曲，使人耳聋；丰盛可口的食物，使人口伤；驰马打猎，使人激动得要发狂；珍奇稀有的宝货，妨碍人正常的劳动，使人偷和抢。所以，圣人只求吃饱肚子，不为看了好看，所以不要后者（眼睛）而要前者（肚皮）。这就是我对人欲的基本看法。前面我们讨论“道”和“无为”时，已多少涉及这些问题。

四、五色、五音、五味皆“生之害也”

6. 问：《老子》第十二章是论述人的感觉的。口、耳、鼻、舌、身是人的直接的感觉器官。人欲又是通过这些感官来感知、来享受的。您非常形象化地说明了人的感官、感知和人欲的关系，很容易懂。这一章又是《道德经》中论述禁欲主义思想最完整的一章。五色、五音、五味分别属于感官的视觉、听觉和味觉，驰骋田猎则具有全身心的兴奋作用。人类正是通过感官的感觉来直接体察享受人生的甘苦的。充分享受即为“甘”，不能享受即为“苦”。有些人有充分的条件能够充分享受，有些人就不具备条件无法享受。物质生活的差异、贫富贵贱的区别，就是通过这些感官享受的有与否、多与少而得以区分并显示出来的。所以，先生从五色、五音、五味等人的感官功能上来讲人欲，抨击纵欲主义，是对的。

答：五色，指青、赤、黄、白、黑，这里泛指一切令人眼花缭乱的事物，包括女色。五音，指宫、商、角、徵、羽。五味，指酸、苦、甘、辛、咸。人之常情，都以看见鲜艳的颜色为愉悦，然而，五色使人眼睛看花，会导致目盲。五音听多了，会使人耳聋。五味嗜尽，会使人口味丧失。说目盲、耳聋、口丧，是极而言之，不是真的如此。反之，一般人都喜欢五色、五音、五味，但很少人懂得无色之色的价值，认识无声之声的意义，难以领会无味之味的内涵。庄子由我的话引申开去说："且夫失性有五：一曰五色乱目，使目不明；二曰五声乱耳，使耳不聪；三曰五臭熏鼻，困惾中颡；四曰五味浊口，使口厉爽；五曰趣舍滑心，使性飞扬。此五者，皆生之害也。"（《庄子·天地》）《淮南子》也写道："五色乱目，使目不明；五声哗耳，使耳不聪；五味乱口，使口爽伤；趣舍滑心，使行飞扬。此四者，天下之所养性也，然皆人累也。"（《淮南子·精神训》）他们都承继了我的思想，内容大同小异。值得提一提的，是庄子称这些感官享受是"生之害也"，刘安及其宾客说这些感官刺激"皆人累也"。他们都指出过度的人生享受、感官刺激，对人徒有害而无益。

我历来主张为腹不为目，吃饱穿暖，不追求享受，抑制感官刺激，是为了"守道"。纵欲和守道是对立的，背离的。求道、守道，需要本心虚静。不加抑制地视五色、听五音、尝五味，就会"失性"。好难得之货，必然妨碍"道"的遵行。圣人为"内"不为"外"，"内"即"道"，"外"为"欲"。为求道，必抑欲。只求满足基本的生活需要，而摒弃色、声、味、田猎、好货之事。虽然五色毕陈，五音毕奏，五味毕献，难得之货毕呈，再加之田猎之事毕至，也不足以扰乱圣人之心。原因就在于他的心思、他的追求，全在"道"的探求和实践上了。

7. **问：**但是，这种清心寡欲的生活准则，只是圣人的追求。他"去外取内"，是为了求道而不乱心，要不乱心就必须淡泊宁静、清心寡欲。然而，对常人，对一般老百姓，可不能这样要求吧？

答：我们前面已经讨论过，"民多利器，国家滋昏；人多伎巧，奇物滋起”（第五十七章），也议论过“财货有余，是谓盗竽”（第五十三章）。我以为过分的物欲追求，对百姓、对国家，都不是好事，都会导致社会风气的败坏，造成社会的不均和不公，积成社会的“大怨”（第七十九章），成为矛盾的源头，罪恶、暴力的渊薮。人的无穷尽的欲望如果不加抑制，就不能清除造成社会“大怨”的罪恶源头，就不可能达到社会的至善境地。所以，从全社会的意义上说，抑制人的各种欲望，就是全社会每一个人的事，而不仅仅是圣人的事。整个社会纵欲、贪欲，圣人再清心寡欲，也没有用。圣人守道，清心寡欲，淡泊宁静，只能起到示范作用、表率作用。自然，他守道，也传道、布道，为的是说明不纵欲、不嗜欲的道理。

五、合乎“道”的“三宝”：慈，俭，不敢为天下先

8. **问：**请先生具体地说说，通过什么途径才能达到社会公正的“合乎道”的境界。

答：我在《道德经》的第六十七章中，专门谈了这一个问题，提出了达到“道”的社会境界的途径：“我有三宝，持而保之：一曰慈，二曰俭，三曰不敢为天下先。慈，故能勇；俭，故能广；不敢为天下先，故能成器长。”这三种法宝，第一是宽容、慈爱；第二是节俭、朴素；第三是凡事不做在天下人的前面。这三件法宝，涉及伦理道德、经济原则，也涉及策略方针。今天是同你讨论社会经济问题，因此我也主要就这个问题谈“三宝”。

我之所以称之为“宝”，是表明我对这三条原则十分珍视，也十分坚持。什么叫“宝”？韩非解释说：“事必万全而举无不当，则谓之为宝矣。”（《韩非子·解老》）这解释很对。慈，指人的慈爱心怀，博大胸襟，爱亲、爱人、爱物。怀慈爱之心的人，才是勇于行道的人。有慈爱之心，才能使天下人无弃人，物无弃物，使人尽其才，物尽其用，也不会造成人力物力财力的浪费。慈不仅是道德原则，也是经济原则。

消除人类社会不公不均、浪费、破坏环境等不合“道”、不合理的种

种现象，是我追求的大目标。如何达到这个目标？经济上的“俭”，是达到这一目标不可违背的原则。俭约，朴素，甘于恬淡而不奢华，节省一切物力财力而不暴殄天物。天下不尚奢侈，才能家给人足；人人以节俭为德行，则人皆有生存发展的条件，而不会污染破坏人类的生存环境并贻害子孙后代。不敢为天下先，或许会被你们革命者、激进主义者看作是守旧、落后、保守。但这一策略思想含有稳妥、周到、保持尽可能大的成功率的指导思想。创新诚然可贵，但也包含很大的失败的风险。不敢为天下先，则可以利用他人失败的教训以保证自己尽可能的成功。敢为天下先者，多易成为挨枪子的出头鸟。出头的椽子先烂，敢为天下先者先败。不为天下先，是以敢为天下先的失败换取不为天下先者的成功。从个人为人的角度上说，不敢为天下先，又是虚静谦退无争的指导原则。做人常居谦下，不妄生事而妄举妄为，人们就会尊敬他，他就能成为才器之人，成为人中之长。王弼说：“唯后其身，为物所归，然后乃能立，成器为天下利，为物之长也。”（《老子注》第六十七章）解释的就是这一观点。不为天下先，达到的目的反而是“成器为天下利，为物之长”，也就是说，不为天下先，客观结果反而是为天下先。这就是辩证法的胜利。

我说的这“三宝”是不可分割的，慈则必俭，俭必不为天下先。慈是追求无对立之相（“相”字在这里很不好解释，你自己去体会）。人类社会上的对立之相及其争斗、暴力、诡诈，都是从经济上的分配不均开始的。无对立之相，也就无所谓为争斗而必备的“勇”和“力”，没有勇和力，人际关系当然就是“慈”了。俭为节俭，不浪费，不奢侈，强调对劳动成果的合理使用与消费，重视社会劳动成果的积累和贮藏，以保证人类生存及延续的长远需要。俭是强调人类的以丰补歉，是人类社会维持并发展的起码的经济原则。不敢为天下先，说到底，是警诫人类不要由于冒失、莽撞、主观的思想和作为，而损害社会的正常健康的运行，导致社会运行机制的破坏，造成人与人的对立，人和自然的对立。从这个意义上说，不敢为天下先，就是不要积“大怨”于天下（人和自然），这才能真正做到成器为天下利而为物之长、为天下之先。

六、“三宝”是公平、正义的表达，目的是解决自然和社会的均衡问题

9. 问：先生这番宏论，真使我如沐春风，如饮清泉，使我大增见识。关于“三宝”的理论，我早就注意到，但没有能从先生今天对我谈的角度来认识，所以我感到启发极大。我想，如果按照“三宝”的原则，指导人类社会的运行，或许能实现公正、公平、合理的经济生活，我们的社会也不至于出现那么多不公平、不公正、不合理，自然环境也不致受到如此严重的污染、破坏。

人类本性中自私、短见、胡作非为的一面，已给自己带来层出不穷的灾难和麻烦。先生的观点、见解大大早于、高于人类的认识水平，确实有道理。但这还是先生的愿望和理想，或许人类社会有一天会发展到先生展示的境界，然而现实的社会仍然是不公正、不公平、不合理，穷的穷，富的富；穷的一文不名，富的一掷千金。穷的富的都出于自己利益诉求对大自然进行竭泽而渔的破坏，造成全人类和自然关系的严重失调和对立。大自然一而再、再而三向人类提出警告和惩戒，可是除少数人外，大多数人并没有觉醒。人类自进入有文字的文明社会以来，社会是发展了，可是带来的问题，人和人的矛盾，人与自然的对立，越来越多，到底是希望还是失望，是成功还是失败，我看哪一个哲学家也没有说清楚。

先生的哲学可谓高矣，但我以为，在先生的理想和社会的现实之间，距离是很大的。理想崇高固然可贵，但最迫切的还是要解决现实问题，特别是解决社会的不公问题，即人类社会的均衡问题。今天，人与自然的均衡也日益被看重，因为连空气和水都被污染了。整个世界，说到底是均衡问题。人与人，人与自然，都是均衡问题。不均衡，就倾斜，就矛盾，就斗争，就破坏。社会、自然就会失序大乱，灾难就来了。但等到靠灾难对社会、对自然进行调节，那就太被动、太悲惨了。作为万物之灵的人类怎

么就不能从一次次灾难中吸取教训变得聪明一些呢?

答:你说的是事实。我提出“三宝”是为了使社会趋于公平、公正、合理。我也看到人类面临的现实世界(从我生活的那个时代开始就是这样),由于各种原因而出现的不公平、不公正、不合理,包括贫富的分化、环境的破坏,等等。我也许是个理想主义者,但我更是个现实主义者。我提出了一个解决社会不平问题的方案,这就是我在《道德经》第七十七章中说的“损有余而补不足”的方案。

这一章是这么说的:“天之道,其犹张弓欤?高者抑之,下者举之;有余者损之,不足者补之。天之道,损有余而补不足。人之道则不然,损不足以奉有余。孰能有余以奉天下?唯有道者。”天之道,不是很像拉开弦准备射箭的一张弓吗?如果举高了,就把它压低一些;如果嫌低了,就把它抬高一些。弓弦拉得过紧了,就放松一些;嫌松了,就拉紧一些。天道的原则,同拉弓射箭有点相像,这就是减损有余,用以补给不足。“人之道”就不是这样了,偏要减少原来就不足的,用来增加本来就多余的。这种不公正的事在世上成千上万,举不胜举。有些人已经很富了,却还要千方百计搜刮聚敛本来就不富裕者的钱财,以满足自己贪得无厌的需要。为达到目的,对人民施以棰楚残酷之手段,尽取锱铢之利;对他们自己,则多多益善,或挥之如泥沙流水,或藏之而不尽用。这就是“损不足以奉有余”的“人之道”的作为,它同公平的天道迥然有别。谁能实行天之道的“损有余而补不足”的原则呢?只有圣人能这样做。

你说的“均衡”原则,我同意你的说法。在人与人之间的均衡上,“损有余而补不足”,就是一种均衡。实行这个均衡原则,就不会有社会的不公,不会有贫富的悬殊,不会有人类的不平等。

七、“损不足以奉有余”和“损有余而补不足”的对立

10. 问:“损不足以奉有余”和“损有余而补不足”,这是人类社会

自分化以来就存在的两种尖锐对立的事实和完全背向的原则。人类几千年的文明史、社会史，也是在这种对立的事实中发展过来的，它形成了社会上公与不公的对立，平等与不平等的对峙，贫穷与富裕的分化，正义与邪恶的斗争。人类社会经济生活上的这种裂解、对立和背悖，层层曲折地最终反映为哲学家归纳、总结的思想理论。先生把社会上大量存在的事实概括提炼为这两句话，准确而深刻，凝练而简洁，是个了不起的创造。两千多年来，多少政治家、思想家为了反对“损不足以奉有余”，实现“损有余而补不足”的理想，在政治舞台上，在社会方案的设计与实施上，在学术领域的探索中，竭尽他们的才智，耗尽他们的心血。均贫富、等贵贱的思想内核，贯穿了从朴实的农民到最学者化的哲学家的思维的主线，成为思想史上不能忽视的一股思潮。今天看来，“损不足以奉有余”和“损有余而补不足”，仍是社会上最基本的对立的事实。它将延续多长时间，那就很难说了。为什么会出现这种分化、对立和斗争呢？我认为根本问题是出在“不足”上。如果物质产品丰富了，足够了，人人都能有丰裕的物质产品保证自己的需要，不再存在因“不足”而出现的种种问题，也就不会有“损不足以奉有余”和“损有余而补不足”的分化、对立和斗争了。

答：“足”与“不足”是相对的。不同的时代、不同的社会，论定“足”与“不足”的标准和尺度是不一样的。富人占有的财富和物质产品可以多得花不完，却不能抑制他对物欲无止境的追求。对财富和权力的贪婪和追逐，不可能有知足的时候，财富多了还要多，权力大了还要大。即使贵为天子，富有四海，他也不满足，他还要追求长生。求长生就是对生命期限的不满足，也是对财富、对权力、对享受的不知足。再以人之大欲为例，帝王的嫔妃多到成千上万，他一个人对付得了吗？可他恨不得把天下的美女尽可能储藏到遍布各地的离宫别馆，以供他一人之淫欲，而且不允许任何别的男性沾他嫔妃的光，要把宫中的男子统统阉割为太监。这是人欲不知足的恶劣本性的很普通的例子。

历史事实一再表明，对成千上万已属“不足”的劳动者，即使他们处在饥寒交迫的情况下，统治者的大多数也不会发善心减免他们的租赋劳役，还会用各种手段榨取民脂民膏充斥他们的库藏，驱使百姓做牛做马服劳役。多少人的起义、造反、暴动，就是这样给逼出来的。这就是我提出“损有余而补不足”的原因。我以为，只有“损有余而补不足”，才能实现社会分配的均匀，均衡社会的差距和不平等，才能从根本上维持社会的稳定。从反叛的起义者到改革的政治家，他们本质上是主张消除社会不公、分配不均的人格化的政治代表。他们分别采取武装暴动和政治改革的不同方式，企图实现“损有余而补不足”的方案。他们提出，实施，失败，再提出，再实施，再失败，说明这一思想、这一方案代表和反映了大多数人的意志和愿望。北宋王安石变法即本着这种指导思想。只要社会上存在“不足”和“有余”，存在由于经济上的不均衡而产生的人的财产地位上的倾斜，我的这一思想就有存在的价值。我不在乎我的这一思想什么时候变成现实，只在乎这一社会思想在人类历史上的意义。

11. 问：不知是历史的循环还是历史的嘲弄，我们曾看到很多这样的事实：一些人怀着“损有余而补不足”的社会理想，通过借用追求这一理想的人民的力量上了台，而在他们上台以后不要太久，又会用“损不足以奉有余”的“人之道”来“奉”他们自己，榨取民脂民膏来养肥自己。他们原来或许属于“不足”的阶层或是同情者，待到他们通过从“不足”到“足”的衍变后，很快便会改变初衷，对希望破灭、仍然“不足”的人民进行压迫剥削。历史就是这么演变过来的，在“损有余而补不足”和“损不足以奉有余”之间，始终存在着反向运动，存在着拉锯战的辩证法。先生对此不知有何感想?

答：天道无私，故均；人道有私，故不均。在人之道的社会里要实现体现天之道的法则，就不是那么容易的事，就会有反复，有冲撞，有逆向运动。所以我说：“天之道，损有余而补不足，人之道则不然，损不足以奉有余。”

在人世间，只有圣人才能遵循“以有余奉天下”的天之道。然而，人间如果永远用“损不足以奉有余”的“人之道”行事，那么，历代的行事者将世代陷入矛盾、对立、纷争、动乱之中，这个世界将世代不得安宁。世人应当领悟天之道，应当懂得赡足万物而自辞的道理。自己占有的越多，越是要给予人。既然给予了人，自己获得的实际上会更多。这就是“均”带来的好处。

在天之道“损有余而补不足”的均衡原则中，包含着“无为”的含义。无为则无私，无私则平均。这也是任物之自然。有余的人应当懂得不抑而损的道理。人之道不能无为，其认识和行动都是主张有为。有为必有求。不能无为则不能无求，不能无求则必然损人以益已，“损不足以奉有余”。

社会财富总额是在日积月累的，可是由于“不足”和“有余”的分化，由于“损不足以奉有余”的倾斜和强化，社会必陷于富者越富、穷者越穷的两极分化状态，社会的整体将形成断裂的裂痕。持“损不足以奉有余”而暴富的人，由于利欲熏心，志得意满，绝大多数不认识社会分化发展为两极的危害性、危险性。他们“持而盈之，不如其已。揣而锐（王弼本作‘棁’，据河上公本改，参马叙伦《老子校诂》）之，不可长保。金玉满堂，莫之能守。富贵而骄，自遗其咎”（第九章）。到头来是咎由自取。他们靠“损不足以奉有余”而获得金玉满堂，富贵而骄，另一极是穷人的“田甚芜，仓甚虚”（第五十三章），而富人自身也不能自保，他们将为自己埋下祸根，付出代价。即使他们自己没有受到现世的惩罚，他们的子孙后代也会用毁灭性的灾难偿还其祖辈的罪债。所以，我提出警告：“祸莫大于不知足，咎莫大于欲得。”（第四十六章）“损不足以奉有余”就是招祸取咎的原因之一。

八、“啬”：珍惜物力、财力的经济学法则

12. 问：我因此能比较正确地领会先生“损有余而补不足”这一思想的社会经济意义，也因此能理解这一命题在历代政治家、理财家中被奉为圭臬的原因。在人类社会已发展到21世纪的今天，世界上贫富差别扩大的

现状，“基尼系数”比例的危险摆动，仍能使人充分感受到先生这句话的千钧之力。中国哲学，先生开创的道家思想的魅力正在于此：因为它跨越了时空，可以直指当代。

答：“损有余而补不足”，可以说是我均衡社会财富、稳定社会秩序的原则和方针。它也是一种社会方案、社会理想。能实行到什么程度是一回事，提出这一理想和方案又是一回事。方案的实现程度，由不得我做主，也不以统治者的意志为转移。不过我相信，人类社会将是一个不断接近这一目标的过程，人类社会总有一天会实现社会财富均衡、社会平等和社会公正的境界。

在现实的社会经济生活中，也有可以通行而且可以收到实效的经济原则。这就是我在《道德经》第五十九章中提出的一个经济原则——“啬”。“啬”，一般作“吝啬”解，贬义；它的广义是指：应当用的财物舍不得用，尽可能省着用。但“啬”又包含着爱惜物力财力、积蓄力量的意思，也包含着“无为”的含义：能不做的事尽量不做。这同我在第六十七章说到的“三宝”之一的“俭”，有某些相似处。我认为，要维持社会的长久发展，维持国家的长治久安，“啬”是一个不可忽视的经济原则：节约。它也是我的“无为”思想在经济等方面的一个具体表述。

九、“啬”也是一种“德”（得）　上可明道，下可治身，推之可治人

13. **问**：我注意到先生在这一章里阐述的经济思想的意义。先生说：“治人事天，莫若啬。夫唯啬，是谓早服，早服谓之重积德。”前两句好懂，是说统治人、事奉天，没有比吝啬的原则更重要的。不太好理解的是“早服”二字。有些版本“早服”作“早复”，还是不太好理解。韩非说：“夫能啬者，是从于道而服于理者也。”（《韩非子·解老》）他把您说的经济上吝啬的指导方针，解释为服从“道”的“理”。这种解释有

些道理，但有点绕圈子。我看河上公的说法有道理，他说：“早，先也；服，得也。夫独爱民财，爱精气，则能先得天道也。”（《老子章句》第五十九章）清代姚鼐说：“服者，事也。啬者时暇而力有余，故能于事物未至而早从事，以多积其德，逮事之至而无不克矣。”（魏源《老子本义》第五十一章引）据此，“早服”可作“早作准备、早点达到目标”解释。执行吝啬的经济方针，才能遇事从容，早作准备。早服，即早作准备，也即“吝啬”这一“德”的不断积累。到一定时机、一定程度，就能先得天道。我这样理解先生这一章的思想，不知对不对？

答：不违背我的本意。“吝啬”许多年来是被人否定的一种品行。一句“吝啬鬼”是很重的污辱性的称呼。但从经济上看，没有吝啬的经济原则，就不可能有经济的可持续发展（套用你们现代流行的新提法、新名词）。从这个意义上说，我比你们许多经济学家、经济思想家有远见。“啬”不仅是从事经济工作的保障，也是治国的根本。所以我在这一章终结时说：“有国之母，可以长久。是谓深根、固柢、长生、久视之道。”有了“啬”这个治国根本，统治就能长久维持。这就叫做根扎得深，柢（也是树根）生得牢，生命能延长，目光看得远。我是从经济的角度讲“啬”对社会发展的意义的，但也可以把“啬”扩大到更广泛的范围。不仅在经济的意义上强调对物力人力财力的节约，也可以扩大到对人的精力脑力的节约。两者相加，就可以扩大到“无为”的大原则上。韩非发挥了我的这一层意思，他说：“所谓治人者，适动静之节，省思虑之费也。所谓事天者，不极聪明之力，不尽智识之任。苟极尽则费神多，费神多则盲聋悖狂之祸至。是以啬之。啬之者，爱其精神、啬其智识也。”（《韩非子·解老》）他还指出：“多费之谓侈”，“少费之谓啬”。（同上书）对我思想的领会是正确的。

“啬”，既可说成是一种“德”（得），也可说成是一种“术”。这种“术”是从我“无为”的“道”中派生出来的。以“啬”治人，则可以有国；以“啬”事天，则可以深根固蒂。我同你讨论了许多问题，你或许可以理解我思想的一个特点，就是我提出的许多观点，上可以明道，下可以治身，推之可以治人。啬也者，也可以兼通此三者。“无不克则知其极。莫知其极，可以有国。”（第五十九章）“啬”的不断积累，可无往而不胜，力量无法估计；因为它有无法估计的力量，就可以管理国家，而且能使国家长治久安。

14. 问：先生，您谈了关于社会经济的观点，也阐述了您的经济思想的原则、方针和策略。您的许多见解，是同当时的社会经济生活和社会上流行的经济思想背道而驰的。从先生的背时悖众的论述中，可以鲜明地显示先生的社会经济思想之不同一般。这是理论的创造，需要有创造的勇气。要是用后世的“异端”的标准衡量您，您就是先秦时代伟大的独具特色的异端分子。可这也恰恰显露了您思想的特异光彩。先生从来是独立思考，不人云亦云，发他人所未发，言前人所未言。有许多人反对您的观点，却批判不倒您的观点。批判者的驳论早已身与文俱灭，您的五千字雄文依然彪炳于千秋。这就是思想的力量。思想的深刻与浅薄，是那样天渊之别地存在于人世间，成为思想对立的两极，人类就在这两极之间浮动和艰难地生存。

在同先生的讨论中，我佩服先生的独立思想、独立精神，您不人云亦云，坚持自己经过深思熟虑的独特见解。或许是您既离开了衰落的周王朝，又不与新的统治者（诸侯）发生关系，摆脱了人身依附关系，是一个独立的人，才造就了您独特的思想。您不像孔子那样为周王朝唱挽歌，风尘仆仆力图恢复周王朝的统治，也不像法家那样千方百计为新统治者出谋划策。正是这种独立性使先生摆脱了依附身份，提出了您自己总结、阐述的独立思想，成为先秦诸子中独领风骚的一家。独立思考，独立创造，这正是一个思想家最可宝贵的品格，也是一个思想家的价值所在。对那种奉钦定传统思想为天经地义，不敢怀疑，反而竭力为之作“经疏”注解的无聊文人，我最讨厌。在中国思想文化史上历朝历代都产生过这样一批文人，但他们永远代表不了中国思想史的主流。

再回到您提到的“啬”、“俭”、“损有余而补不足”的观点上。

急速发展又无限浪费，造成人与人关系、人与自然关系严重失调的现代社会的人们，也许会把您提出的这些观点看成是迂腐之见、保守之论。但谁又能料到世界和人类社会的无数事实，一次又一次地证明了您揭示的是切中时弊的具有超时代性的真理？超越时空、跨越时代的真理未必是绝对真理，却更具有真理的含金量。我想，这也许是先生创立的道家哲学历两千多年而不衰的原因吧。

答：我不追求终极真理，世上没有终极真理，世人也发现不了终极真理。我的认识，我总结的哲学思想也是有时代性的。某些认识可能具有超时代性。

十、“小国寡民”：“至德之世”（庄子）、“至治之极”（司马迁）

15. 问：先生谈到真理和认识的时代性，这里又要谈起先生一开头谈到的“小国寡民”社会。这种社会是先生理想的社会，不可否认，它又是一种时代性的社会，是古代社会的一种经济形态。先生在《道德经》第八十章中，把这种社会描绘得理想、美丽而生动，像是一首优美的田园诗，又像是一幅淡雅宁静的山水画，令人无比向往：“小国寡民。使有什伯之器而不用，使民重死而不远徙；虽有舟舆，无所乘之；虽有甲兵，无所陈之。使民复结绳而用之。甘其食，美其服，安其居，乐其俗。邻国相望，鸡犬之声相闻，民至老死不相往来。”这段文字，流传了两千多年，社会影响很大。

据我看来，这种社会形式显然是先生那个时代以宗法制社会结构和自然经济为基础的农村村社的社会形态，同我们现代已经发展了的、联系广泛、交往密切的社会形态，差距是很大的。这幅小国寡民的社会图画，处在社会发展的初级阶段。虽有“什伯之器”（一种解释指劳动手段，另一解为兵器）而不用，指社会分工还没有达到成熟的阶段，也不存在商品生产的条件和环境；“重死而不远徙”，可以理解为没有人口的流动，不存在交换关系的某些特征；“虽有舟舆，无所乘之”，是指这个社会没有什么与商品交换有联系的交通关系；“虽有甲兵，无所陈之”，是指存有的甲兵，是作为渔猎生产的劳动手段而使用，而不是作为以战争手段征服他人、掠夺土地财产的杀人武器来使用的；“使民复结绳而用之”，表明这种社会形态还处于没有文字的阶段，还没有进入“文明”社会（以产生文字为标志）。这样的社会，人们共同生产，共同分配，共同消费，没有剥削，没有压迫，人民的生活自然安乐甘美。他们同附近相邻而居的其他村社的农民，也无联系，可以听得见彼此的鸡犬鸣叫之声，却老死不相往来。这种看来是宁静安适的社会形态，发展水平是很低的，很原始的。

这种社会形态，不仅在中国古代社会存在过，外国古代社会也存在过。全世界各民族的发展史上都有过这样共同的、也同样漫长的社会形态。在他们各自的发展过程中会产生差异，发生变化，但却不可能凝固为社会化石。历史是要发展的，社会是要演变的。先生描绘和赞美的这种社会形态和社会图画，在当前世界上可能存留得不多，在与世隔绝的少数地区或许还会有若干遗留，但决不会是现代社会的普遍模式。先生是生活在两千几百年前的思想家，您当然不可能亲见历史的千年沧桑的变化；不过以先生的智慧，一定会预见到社会的发展变化。既然如此，先生为什么还把这种古老的社会形态作为您的社会理想提出来呢？

答：我何尝没有看到社会的发展变化？不要说在你们今天科学技术大为发展的现代社会，即使在我那个时代，虽然存在无数的“小国寡民”的农村村社组织，但也有了“万乘之国”，出现了有几万十几万人口的大城市，有相当发达的文化、科学、艺术。然而，一切发展都是伴随着灾难同来的。我是看不惯这个充满着欺诈、暴力、灾难的社会，希望在“无为”中回复到以往那种虽然发展水平不高却是宁静和平的社会中去。社会的发展，总是以人间的灾难，特别是以人民的苦难为代价而换取的，这种发展、进步，我是反对的。

16. 问：然而，整个人类都是这么过来的，数不清的流血、争斗、灾难、死亡，不知以多少生命的代价，才换取了进步，社会才发展到今天的水平。这也不以人的意志为转移。用我们常说的一句话，就是“恶”的历史作用。恶，情欲，以及与之相关的诡诈、争斗、杀戮，成了历史发展的杠杆。

答：灾难换取了发展，牺牲带来了进步，到后来还是收支平衡。这就是历史的账目。既然是收支平衡，所有的劳动，一切的创造，不都是白费？

17. 问：先生，恐怕不能这么说吧！今天社会的发展水平，是古代小国寡民时代所不能比的。

答：我们的价值观不一样，对历史过程评估的标准和意义的论定尺度不一样。我们都还要经受历史的检验。你应该明白，我生活在衰周之世，周朝的没落，社会的急剧变化，让我看到太多的混乱、灾难和不幸，也因此启发我思考了许多问题。

无道之世，本末俱衰，人人皆贪利欲以厚生，社稷无常奉，君臣无常位。高岸为谷、深谷为陵的变迁，既是自然界的变化，也是人世间的写照。借你的话，如果人类都为恶劣的欲所支配，整个社会利害相摩，巧伪日生，这个世界岂能不衰微？还成其为什么世界？“道”又何在？“德”又何在？出于对这些问题的思考，我才在《道德经》行将结尾时，记下了我的“小国寡民”的社会理想，绘制了我企盼的社会蓝图。我明白，我设想的这一社会方案和社会意境，在变动的社会现实中可能越来越不现实，以自然经济为基础的这种宗法社会的团粒结构，会在社会的变迁和经济的冲击下被逐步打碎。然而有此社会理想仍是我最大的精神寄托，以其所处为乐，而不复有所求；“国”不在大，民不在多，重要的是有“道”。在这种宁静、和平、淳朴的理想社会境界中，有舟车而非少数人占有独用，虽有甲兵而不事战争，虽有书契也可省简，虽有什伯之器而利用率不高，人人都满足于所产的衣食为甘且美，以所居之俗为安且乐，人民相距很近而不必往来，更不必远徙他乡。这种社会远古时代存在，我生活的年代在农村里到处都是，古代、中世纪的穷乡僻壤、深山老林里，这类社会形态到处存在。晋代的陶渊明写过《桃花源记》，不完全是文学描写，也是动乱时代农村社会的事实。

你们有些学者往往以“小国寡民”为据批判我是复古主义的历史观，这些学者连起码的历史也没有研究过，却来侈谈什么“小国寡民”是复古主义。我不否认我的思想有复古主义的成分，但是发展变化了的社会毕竟离太古时代太远了，当然不可能回复到那个时代。既然不可能，我又何必说？说了不是白说吗？实际上，我是因为看到衰周之世人类淳朴的本性已丧失殆尽，非“大道”不足以使人返璞归真。言其“道”而不及其世，不足以知“大道”之已逝。“大道”在人世间是存在过的，只是已被人自己破坏了。古代的小国寡民社会，在你们看来是复古，是倒退，我却以为它包含着“大道”，是“道”的体现。它在社会组织上，在生产手段上，在人际关系上，在文化形式上，在生活方式上，是合乎“道”的总则和分则的。这社会最主要的特征，就是“无为而治”。社会的组织者、领导者不会过多地干涉老百姓，真正做到了“我无为而民自化，我好静而民自正，我无事而民自富，我无欲而民自朴”（第五十七章）。人与人的关系是天道与万物关系的体现，“生而不有，为而不恃，长而不宰”（第十章）。领导者很少发号施令，因此，老百姓“悠兮其贵言。功成事遂，百姓皆谓：‘我自然。’”（第十七章）

司马迁生活在汉帝国最盛时的汉武帝时代，他也说我描述的“邻国相望，鸡狗之声相闻，民各甘其食，美其服，安其俗以乐其业，至老死不相往来”的社会，是“至治之极”的理想社会（《史记·货殖列传》）。他生活在大城市长安，却对农村的“小国寡民”欣赏备至。这位高明的史学家，对历史可谓看得透了，可是他并没有批判我是复古主义。倒是你们当代许多学者，一次次用“复古主义”为我加冕。敝人不胜荣幸！

18. 问：司马迁真有历史眼光，原因就在他不仅是一位史家，也是一位思想家。作为思想家，他和他的父亲司马谈，受您的思想影响很深，难怪他对您的小国寡民社会评价如此之高。受先生这种观点影响的不仅是一个司马迁，许多思想家都接受了您的观点。庄子也称道您的社会方案是“至德之世”（《庄子·胠箧》），几乎全引了第八十章中“甘其食……民至老死而不相往来”的几句话（唯“安其居，乐其俗”两句倒置）。《淮南子·齐俗训》引文稍异，作“是故邻国相望，鸡狗之音相闻，而足迹不接诸侯之境，车轨不结千里之外者，皆得其所”。王充《论衡·说日》引为“古者质朴，邻国接境，鸡犬之声相闻，终身不相往来”。皆本先生此章之意。

正如先生所说，您是因周王朝的衰落而从贵族阶层中“出走”的思想家。社会急剧的变化，强烈的对比，不仅使您愤世嫉俗，而且使您对统治者的本质和罪恶剖析得入木三分，也使您在相当程度上表达了对被统治者的某些关怀，反映了他们的希望。因此，对先生的社会观、历史观不能轻易地用“复古”“倒退”予以认定和否定。在您的理想的社会方案中，不仅包含了对现实社会进行批判的积极意义，还寄托了无压迫、无剥削的人人均富和社会平等的思想。这是一切研究先生思想的专家学者所不应忽视的。

在近几十年的诸子研究中，由于现实的社会政治因素，加上研究者个人的偏爱偏恶，一种简单化的否定一切的学术倾向影响至深至广。在这种政治思想凌驾于学术研究的情况下，一切历史上的思想家和思想资料，充其量只能作为“批判地继承”的对象（这还算好的，不把你打入永世不得翻身的地狱已经算是开恩了）。在这种思想和政治的氛围下，怎能谈得上实事求是的科学研究和学术探讨？好在一个大思想家的思想体系，无论后人如何涂抹，或是贴金，或是抹黑，它还是它自己，并不因政治气候的变化导致的价值标准的变更升降而有损于它自身的价值。先生创立的道家思想体系，就具有这种永恒的价值。

答：感谢你对我的思想的理解。我并不在乎后代人如何评价我的思想（包括我的社会经济思想）。我只是把我的认识写出来，供后世人去重新认识罢了。他们怎么理解都可以。我同你的讨论，也应持这种态度。你可以赞成，也可以反对。赞成不会使我升值，反对不会使我贬值。老子还是老子，《道德经》还是《道德经》。如此而已，岂有他哉！

第九章 “无为”四：立身处世哲学

一、论各家的立身处世哲学

1. 问：先生：我们以“无为”为宗旨，讨论了先生的政治哲学和社会经济思想，几次交谈，深感获益匪浅。这都是涉及国家命运和国计民生的大问题。今天，我想同您讨论有关人的立身处世的问题，从社会、国家回到个人自身。每个人都是一个国家、社会的成员，即使先生说的小国寡民，每个人也是这小国寡民中的一分子。人与人是要发生关系的，这就是我们今天所说的“社会关系”。因此，每个人都有一个立身处世的问题，要处理同各种人的关系。如何处理，就有个原则和标准的问题，可以是“天下为公”，也可以是“兼爱”，也可以是“拔一毛而利天下，不为也”。先秦诸子都提出过不同的立身处世的原则和标准。历代统治者也按他们的政治需要提出过各种行为道德规范，要他们的子民依此律己行事。先秦诸子中最有代表性的三家——儒、法、道，在这个问题上是很有代表性的。儒家讲“忠恕”，法家讲“进取”，道家讲“退守”，这未必都能代表这三家的处世哲学，但我体会他们的精神大抵如此。自然，同为一家，也会有区别，如同为道家，您和庄子就不大一样。研究先秦诸子的处世哲学是很有意思的。他们各个不同的立身处世哲学的基本原则、基本特征是什么？为什么会形成这些差异性很大的处世哲学？是出于什么指导思想提出他们立身处世的原则？它在实际社会生活中所起的作用和后果又怎样？这里我不想过多地涉及其他各家，也不拟作对比研究，只想同先生讨论您的立身处世的人生哲学。请先生多多赐教。

答：你提了这么多问题，说明你读书时肯动脑筋。许多论述我思想的论文、著作、教科书，很少涉及这个问题。这个问题，应该是我“无为”哲学的一个重要内容，也就是“我”这个人在复杂的社会环境中，如何摆正自己的位置，处理好以“我”为中心的个人同其他不同类型的社会成员相互关系的问题。人在这个世界上许多关系不好处理。人与自然的关系不好处，人与人的关系更不好处。前者有相对的稳定性和较长的时间延续性，后者则不然，变化莫测，诡谲多变。因此，应付人际关系要比处理人与自然的关系更具针对性、应变性。人生的处世哲学的应用性是很强的。有些人一辈子也应付不了复杂的人际关系，有些人一辈子就是搞人际关系，从政、经商成为他们搞人际关系的舞台。人际关系玩得高明，他可以成为政治家，也可以成为阴谋家、野心家。然而，其中也有不少人玩人际关系，最后也毁于人际关系。

二、道家立身处世原则：淡泊，退让

2. **问：**那么，请问先生的立身处世的原则是什么？我想，这也一定同先生“无为”的主旨分不开的。

答：不错，以“无为”为指导思想的淡泊、退让，这就是我立身处世、待人做事的原则。《道德经》第二十章的一段自述，是我立身处世观的总的说明：“众人熙熙，如享太牢，如春登台。我独泊兮，其未兆，如婴儿之未孩，儽儽兮，若无所归。众人皆有余，而我独若遗。我愚人之心也哉，沌沌兮！俗人昭昭，我独昏昏。俗人察察，我独闷闷。澹兮其若海，飕兮若无止。众人皆有以，而我独顽且鄙。”众人欢欢喜喜地聚在一起，好像在参加盛大的皇家宴会，又像在明媚的春光下欢畅地登上高台，可以不加抑制地放纵情欲。独有我这个人，淡然无欲，对这一切都无动于衷。我像是不会笑出声音的婴儿，悠然疲倦，好像无家可归。众人都有多余的东西，我却好像什么东西都不充足。我的心思终日好像很愚蠢，沌沌然浑然不分。俗人的头脑是那么精明，我却终日昏昏沉沉。一般人都是那么严格苛察，我却对一切都宽宏大量，像是辽阔无边的大海，无边无尽像疾吹的长风。众人都有一套得手应心的处世方法，只有我显得如此笨拙无能。在这复杂的人世间，我没有别的办法处世立身，只能以这种淡漠、淡泊、退守、无为的态度对待人生。在一切激流勇进的勇士看来，我是个没有奋进勇气、没有作为、成不了大事的庸人。我的淡泊、退让的处世哲学，在一切有所为的人看来，在什么时代什么地方都是吃不开的。但我坚定这样的信仰，也是一以贯之这样做的。这也是人各有志，我不强求人，人也不必强求我，各吹各的号，各走各的道。

三、争、斗是世界通行原则，老子独异于人

3. **问：** 世上的人大多都追求财富、权力、名誉、地位等等，为此，大家都拥到一条道上，因此要争要斗。这同先生的淡泊、退守正是相背离的两端。我敢说，世界上绝大多数人是前者，而不是后者。如果都像先生，都是先生这种处世态度，世界上就不会有矛盾、斗争、欺诈、暴力、流血和战争。然而，这几乎是不可能的，人类社会的大半时光都是在这种情况下过来的。即使在和平的环境中也有争斗，只不过没有采取战争、流血等极端形式罢了。对物欲的追求和争斗，几乎支配着文明时代的每一个人、每一个民族。对个人说来，对物欲的淡漠，是退让、淡泊的处世观的缘由。无所求也就无所争，无所争也就无所用心计、用暴力。先生确实与众不同，但能这样做的人极少。我想起先生在《道德经》第二十章中最后两句话："我独异于人，而贵食母。"——独有我（指先生）同别人不一样，原因就在我得到了"道"之"母"。

答： 你说的缘由是正确的，这就是对物欲的淡泊。淡泊，淡漠，无

求，退让，这是一致的。我说我不同于人，在于“贵食母”。食者，指养人之物，这是人所不可缺少的；母者，指“道”而言也。贵食母，就是以“道”为生命之根本（饭还是要吃的，吃饭生存是为了悟道）。“食母”就是这个意思。不少注家别出心裁，自作聪明地作画蛇添足的解释，反而把意思搞糊涂了。我之所以与别人不同，在于我所贵并求养的，从根本上说，就是“道”。这是维持生命之外的最高的精神追求。当我明白了“道”的深广的内涵以后，就不会热衷追求物欲，生活中就会显示淡泊和退让，就会形成我的处世观。

四、“不知常，妄作，必凶”

4. 问： 任何一个人的处世哲学，是同他对世界的认识分不开的。对世界不同的认识和理解，决定了一个人不同的处世态度。先生对“道”的认识与追求，决定了您的处世态度。

答： 不错，待人处事是同知人识世联系在一起的。人生活在世界上，要虚心、理智地静观万事万物的发展变化。世上万事万物是变化的，不是静止的，但在我看来，变来变去，总是回到它的出发点，这是我对世界的基本看法，你们某些学者命之曰“循环论”。我在《道德经》第十六章中这样描述世界的变化法则：“夫物芸芸，各复归其根。归根曰静，静曰复命。复命曰常，知常曰明。”万事万物，不管它怎么变化，变来变去，总回到它原先的出发点。庄子也引证我的话说：“万物云云，各复其根。”（《庄子·在宥》）这个出发点和归结点，我称之为“归根”，它的特点就是静。回复到出发点，就叫“复命”。“复命”就是事物变化的规律，这个规律就是“常”。认识这个“常”就是“明”，明白事理，明白人生，明白自然。对一个人来说，“归根”应该是他的本心，归根就是返回本心之虚静。不能归根就无法虚静。不能虚静就会牵念于人间的物欲。虚静的人，其心如明镜止水，不会在物欲熏风下扬波助澜。

所谓“道”性，就是不为外界干扰的本心。本心常虚常静，就能顺应万物而不失其正。所以，我在第十六章开头就说：“致虚极，守静笃。万物并作，吾以观复。”要尽量使自己的心灵空虚静寂，要切实坚守清静和平的心境。万事万物无时不在变化发展，我要冷静而理智地观察它们的往复循环。为了遵循这一原则，我不主张轻举妄动，而主张顺其自然，退让保守，消极无为。这样断然不会遭受危险。“不知常，妄作，凶。”（第十六章）不认识规律的普遍性，一味逞勇而轻举妄动，结果必凶，不是失败，就是送命。这就是我的结论。为何必凶？河上公解释说：“不知道之常，妄作奸凶巧诈，则失神明，故凶。”（《老子章句》第十六章）他发挥了我的思想，讲的是一个意思。

5. 问：王弼在注“致虚极，守静笃”一句时说：“致虚物之极笃，守静物之真正。”（《老子注》第十六章）我理解先生教人致虚守静，守静之笃，就是要求不要离开事物的本来的原始状态。动自静来，动极复静，这是事物发展的规律。不能处于虚极而静笃状态的人，是难以观察到事物的本来面目和变化规律的。人要“知常”，也就是认识客观规律、采取正确策略（即“明”），必要前提是要使自己处于虚极而静笃的状态。只有处于这种状态，才能使自己清醒地认识周围的事物，并采取相应的对策。

先生接下去又说：“知常容，容乃公，公乃王，王乃天，天乃道，道乃久，没身不殆。”（第十六章）深刻地说明了认识“常”（规律）同人的胸襟、得天下心和合乎自然（“天”）、符合“道”的总原则，以及这总原则与认识的主体（人，我）终身平安的关系。这几十个字包含的内容太深刻了。您已把人的处世哲学同“道”的大旨熔于一炉。表现在先生处世哲学的起始点，则是心灵深处的虚寂和宁静。用这种超然天地的“致虚极，守静笃”的心境和眼光来观察天地大观、芸芸众生，就能得其奥妙。王弼在注先生这几句话时，说：“与天合德，体道大通，则乃至于极虚无也。”又说：“穷极虚无，得道之常，则乃至于不穷极也。”（《老子注》第十六章）他强调的也是心灵之淡泊同穷奥天道是可以相通的。通过我们这样深入的讨论，我对先生淡泊、宁静的处世哲学，有了更进一层的认识和理解。

答：我可以说，在这些问题上，像我们这样的讨论还没有过，也许可以阐明前人诠注我的书中某些没有说明白的问题。《道德经》第十六章讲的是以我为主体、用虚极静笃态度观察世界、观察人生的问题，换句话说，是外观性的，“外向型”的。然而，作为观察者主体的自我，又该怎样呢？问得具体一点，主体自身应有怎样的要求？个人在处理与外部世界的关系时，他本人应该有怎样的品格上的要求？仅仅有虚极静笃是必要的，但又是不够的。一个狂妄自大的人，一个自以为是的人，是不能认识“道”的博大内涵，也无从正确认识人生、观察世界的。我在《道德经》第二十四章中专门论述了这个与处世哲学有重大关系的问题。

“自见者不明；自是者不彰；自伐者无功；自矜者不长。其在道也，曰余食赘行（他本有作‘形’者，古书‘行’‘形’可通用），物或恶之，故有道者不处。”专靠自己的眼睛看外界事物，不可能都看清楚；自以为是的人，不可能分清是非；自吹自擂的人，谈不上有什么功劳；自高自大的人，不能处于领导地位。从“道”的原则上衡量这些人，这些人是饭桌上吃剩的饭，人体上长出的瘤，谁都讨厌。后人对这几句话作过许多解释，如唐代李约说：“如食之残，如形之剩肉也。”（《道德真经新注》）宋林希逸说：“食之余弃，形之赘疣，人必恶之。”（《道德真经口义》）宋陈景元说：“犹弃余之食，适使人恶；附赘之形，适使人丑。”（《道德真经藏室纂微篇》）这些解释的中心的内容，是把自高自大、自以为是的人看成一钱不值。有道之人从不以这些赘思赘行者为重或自居。世俗之人，没有大才大德，却喜欢自我膨胀，自显自是，自吹自擂，结果是既不明也不彰。有些人有点本事，也有点功劳，却喜欢把一分成绩吹成十分成绩，叫人讨厌。这些人不懂得这样平常的道理：有功者自称丧其功，有所长而自恃者失其长。自见、自是、自伐、自矜者之所以被人看作余食赘行，是因为他们过高地估计了自己在世界上的地位和作用。

五、“自矜者不长”

6. 问：“企者不立，跨者不行。”这是第二十四章开头的两句话，意思是：想以抬高脚跟的办法，企图高于别人，怎么可能站得久呢？想两步并作一步，企图超越别人，怎么快得了呢？先生在解释自高自大、自以为是者的危害时，为什么不解释这两句话？我以为“企者不立，跨者不行”同下面批评自见、自是、自伐、自矜的内在思想是一致的，都是强调人必须有自知之明。一个人如果好争高下，事事抢先，个人立足和行为出处不正，也是不可能在这世界上立得久的。不知我的理解对不对？

答：可以这样理解。但还有一层意思，就是叫人不要好高骛远，要懂得凡事欲速则不达的道理。自见、自明、自伐、自矜四句，主要说明自以为是是不符合“道”的原则的。前者和后者有联系，也有区别。

六、“自知之明”者强

7. 问：人好自以为是，而自以为是乃待人处世的大忌。世界那么宏大，知识那么深广，人的所知有限。自以为是、自矜其功者，实在是坐井观天的井底之蛙，不自量力的侏儒小丑。这种人摆不正作为认识主体的个人和客观世界的关系，看不清个人在世界中的地位，也就不能在复杂多变的人际社会中处理好各种关系。人好自以为是，却难有自知之明。自知之明就是正确地认识个人和客观世界的关系，摆正两者的位置，从而对自己的所长所短有正确的估量，并能发挥相应的作用。而这一命题的创造者，正是先生。先生在《道德经》第三十三章中写道：“知人者智，自知者明。胜人者有力，自强者胜。”能认识别人的叫做“智”，能认识自己的叫做“明”。战胜别人的称为“有力”，而能战胜自己、克服自己弱点的，才是“强者”。我以为，先生这几句名言，只要有人类存在，就是真理。这不仅是个人的精神修养，也是对世界、对自己的正确认识。这种修养是建立在对客观世界正确认识的基础上的。

答：立身处世，无非就是在正确认识自己和认识外部事物的前提下，摆正自己和外界的关系。认识外部世界主要就是知人；认识自己，就是自知。知人与自知的统一，就是外部世界与内部世界的统一，也是人的立身处世的前提。人能虚静，就可以在虚静的氛围中冷静地观察事物，可以知人，也可以自知。知人要靠智慧，因为识人不易，靠善良不能识人，反而会上当；自知更难，能识人者未必能自知。能够恰如其分地认识自己，估量自己，才能达到“明”的境界。故河上公云：“自知贤与不肖，谓反听无声，内视无形，故为明也。”（《老子章句》第三十三章）

圣人之心是安静而平淡的，能作为天地之鉴，万物之镜，一个重要原因，是有自知之明之“明”。人的精神，表现在外，即为智力；表现在内，即为明强。大多数人不能进入“道”的境界，很重要的一个原因就是不“明”。缺少自见之明，就易为外物所胜。如果有自知之明，就会有所警惕，有警惕就不会轻忽，就能渐渐战胜外物。积日既久，自然就能进入“道”的境界。人有自知之明，实际上是认识自己的暗昧和弱点，防备自己的暗昧和弱点起相反的作用，不让自己的缺点冒充优点，劣势充当优势。知人识人也就是认识别人的强点和弱点，避开他的强点，攻击他的弱点。明白自己的强弱和别人的强弱，就可以己之强对付别人之弱，而不是以己之弱对抗别人之强。这样，他就能处于优势。我们这里讨论的是立身处世问题，实际上也涉及策略思想和兵法上的问题，这里就不多涉及了，以后谈到相关的问题再讨论吧。

七、示人以弱的策略原则

8. 问：先生说，您的处世哲学是淡泊、退让，但您这里讲“知人者智，自知者明”，又包含着战胜别人的思想。这不是同您的淡泊、退让相矛盾的吗？

答：前者是原则，后者是为了保护这个原则。在复杂的人世间，只有前者，没有后者，前者的目的是达不到的。知人者智，自知者明，也包含着策略原则。

9. **问：**先生讲“知人者智，自知者明”，而先生自身，内非不明，也非不强，而只是示人以昧，示人以弱。示人以昧以弱，是对付外部世界的一种策略，实际上内在是明不是昧，是强不是弱。这既是先生的处世哲学，也是先生的策略原则。处世哲学和策略原则是很难区分的。先生这一思想，使我想起韩非借历史故事对您这一观点的一段发挥。春秋时，楚庄王想要讨伐越国，庄子知道了，去劝说楚庄王不要这么干。庄子问：王为什么要伐越？楚庄王说：越国现在政乱兵弱，正是好机会。庄子说：“臣愚患之。智如目也，能见百步之外，而不能自见其睫。王之兵自败于秦、晋，丧地数百里，此兵之弱也。庄跻为盗于境内，而吏不能禁，此政之乱也。王之弱乱非越之下也，而欲伐越，此智之如目也。”楚庄王觉得庄子说得有理，就停止了伐越，韩非子为此评论说：“故知之难，不在见人，在自见。故曰：‘自见之谓明。’”（《韩非子·喻老》）韩非子的引文作“自见之谓明”，所见本当有不同，但同先生说的“自知者明”是一个意思。庄子的比喻生动而深刻，人之智如自己的眼睛，百步之外可以看得分明，却独独不能看见自己的眼睫毛。楚国的政乱兵弱比越国严重得多，却认为自己强大得不得了，要采取伐越的冒险行为，可见懂得自知之明要比认识别人困难得多。

答：知人难，自知更难。原因就在人往往容易以自己为中心，外界事物或许能得到正确的认识，却难以正确认识自身。主客体换个位置，就变成“旁观者清”，因此聪明人也需要旁人的指点和批评。能有自知之明的人，在认识的能力和水平上应当超出常人。而这往往是立于不败之地的保证。所以，《吕氏春秋》说：“故欲胜人者，必先自胜；欲知人者，必先自知。”（《先己》）又说：“存亡安危，勿求于外，务在自知……败莫大于不自知。”（《自知》）这些话都出自于我的思想而有所发挥创造。

八、全真保性的生命哲学：摄生、护生、长生

10. 问：论人知世，识人自知，目的是为了人在这个世界上有一个较好的生存环境。人在世界上生存不容易。人的生存环境，无论是自然环境还是社会环境，总的说来，是很艰险的。人与自然的斗争，人与人的斗争，虽说有和谐与和缓的时候，斗争与对抗却几乎贯串了整个文明史。世界上到处埋伏着人所不能预料的困难和危险，人的生命和安全随时会受到威胁。就人与人之间的关系来说，认识别人，又有自知之明，从根本上说，就是要保护自己，不要陷入由别人或自己设置的陷阱。当然，也不能为了保护自己而危害别人。“你死我活”的极端方式和后果几乎支配了人类历史的全过程，人类的历史演变为动物相残、弱肉强食的历史，从而造成了人类社会的一幕幕惨剧。我体会先生的思想，是既要保护自己，又不损伤别人。如果人类社会真的按照先生的思想运行操作，人类的历史就会改写，人类的前途就会光明。

答：可是人类社会的历史并没有顺应天道和我的思想运行。人类生存不容易，会有自然的、社会的种种风险，所以需要保护自己。我在《道德经》第五十章中专门谈了这个问题。

“出生入死。生之徒（同涂、途，即生的道路），十有三；死之徒，十有三；人之生，动之于死地，亦十有三。”这里的“出生入死”，不是你们现在理解的冒着生命危险，不计个人安危的意思，我的原意就是人来到这个世界上活着，就是从生存走向死亡的必然过程。这无论是对富贵的人还是对贫贱的人，都是无可选择、无可逃避的一概平等的过程。韩非说：“人始于生而卒于死。始之谓出，卒之谓入，故曰：‘出生入死。’”（《韩非子·解老》）王弼说：“出生地，入死地。”（《老子注》第五十章）都是一种意思。一个人一生的过程中，活着的途径只占十

分之三，死亡的途径也占十分之三，为了求生随时可能陷入死亡的机会也占十分之三。“夫何故？以其生生之厚。”（第五十章）这是什么道理？是因为人人都有追求生存的强烈要求，人人都不想死，但人必有死，这就达不到目的，形成生与死不可化解的矛盾。“生生之厚”的第一个“生”字是动词，第二个“生”是名词。“生生”，简言之，即为追求生命，热爱生命。《文子·十守》称：“夫人所以不能终其天年者，以其生生之厚。”生命是人之所热爱的、追求的。对人生说来，摄生、护生、长生，就成为生命哲学的大问题。人的一生都是在如何认识生与死和处理人生哲学的过程中过来的。哲学思考的一个大问题，就是生命哲学。“立身处世”只是这个哲学层面的通俗的表述而已。

11. 问：请问先生，您是如何认识和处理这个问题的呢？

答：只有不进入危殆生命的危险区域，才能保证安全，保全自己的生命。“盖闻善摄生者，陆行不遇兕虎，入军不被甲兵。”（第五十章）曾听见人说，善于保护生命的人，陆地行路的时候不要遇到犀牛和猛虎，在战争中不要受到伤害。我生活在古代南方的楚地，常有犀牛和猛虎出入。想不要受到它们的伤害，最好的办法是不要进入它们出入的地区，以“无”（不入、不及、不遇危险）来求生，就能避开危险以得生。“兕无所投其角，虎无所措其爪，兵无所容其刃。夫何故？以其无死地。”（第五十章）犀牛用不上它的角，猛虎用不上它的爪，武器用不上它的刃。什么缘故？就因为他没有进入死亡的危险范围。人生存在世界上，天下唯生、死二者，出乎生则入乎死，出乎死则入乎生。处于生死之间，不是此端，便是彼端。善于摄生者，唯有不陷入死地才是可靠的办法。器物之危险者莫甚于戈兵，野兽之凶猛者莫过于兕虎。如果以避开危险为原则和方法，使刃兵不能施其锋刃，野兽无所用其角爪，也就谈不上对你身体和性命的伤害。这是很简单的道理。这就叫：出（于险境）则生，入（于险境）则死。出自无而见于有，入自有而归于无。

推而论之，如果一个人，不因忧思或嗜欲而损于内，也不因风寒湿暑而侵其外，又能在社会上远避刑诛、兵争、压溺之祸，大体上能做到这三者，他就可以踏上“生之徒（途）”。与此相反，如果一个人因贪图安逸富贵嗜欲而遭致体内损伤，劳苦贱卑之人因辛苦疲累而遭到体外的损伤，剽悍猛烈的人因不计后果而遭到非命，这些人就会走上“死之徒（途）”。人生于天地之间，由于种种被迫或主观的原因，往往舍其取生之道，走上了死亡的道路，就是因为不懂得或不能以“无”的原则来察安危、谨祸福。王弼指出，人应当“不以求离其本，不以欲渝其真，虽入军而不害，陆行而不可犯也。”（《老子注》第五十章）这“本”，这“真”，即出于“无”——不要因主观或客观的原因进入危险或死亡的范围，这也就保证了自己的安全，保全了自己的生命。

12. **问：**请先生原谅我的不敬。您宣传的这套生命哲学，或谓之为“活命哲学”，同毛泽东一贯提倡的“一不怕死，二不怕苦”的自我牺牲精神，可以说是格格不入、背道而驰的。中国历史上舍生取义、杀身成仁的义士、壮士也不少。如果中国人都顺应先生道家的生死观与处世哲学，也许中国历史就不是现在这个样子了。

答：春秋战国以后的历史，除秦、西汉初年那一段外，都是在儒家思想影响下走过来的。我的思想从来也没有占据过思想统治地位。我的哲学同儒家思想不同。我们的哲学观不同，生死观和处世哲学也不一样。

13. **问：**按先生的生死观和处世哲学，岂不是可以为投降变节者、苟且偷生者提供辩护吗？

答：你莫忘了，在中国历史每个改朝换代的关键时期，除少数人外，投降变节、苟且偷生的人，大多数是读圣贤书的儒家知识分子及官僚，没听说有几个道家之徒，他们早已避世隐居在深山老林之中了。这个事实很能说明问题。我是重视生命的，主张“全真保性”，这是道家思想的一个重要内容。但我的全真保性不以损害他人利益为前提，不用毁灭他人生命来保全自己生命，不以别人的血来染红自己的顶子（我本来也不要做官），所以“活命哲学”以及由此引申的“叛徒哲学”的帽子加不到我头上。圣人之游世也，无害人之心；无害人之心，则必无人害；无人害，则也不必防备别人，则能全其生命。这是合天地之道理也。体天地之道，故曰“无死地”，就不会进入死亡危险的范围。这就叫“善摄生”。我这套生死观、处世哲学、生命哲学，同投降变节、苟且偷生有什么内在的必然的联系呢？

九、“强梁者不得其死”

14. **问：**先生言之有理。我辩不过先生。我想，作为道家的生死观和处世哲学，之所以在中国历史、中国社会中有如此深远的影响，必有它存在、流传和被一些人信仰的理由。不能随便以“革命”的名义给它加上什么帽子的。对此，我表示歉意！

答：不同道，看法也不同。我是以无欲、无为、柔弱、退守作为全真保性的处世哲学和生命哲学的内容和基础的。我从不主张用强暴性、侵略性的进攻，换取生命安全的保障。《道德经》第四十二章是论述道是万物的总根源（即“道生一，一生二，二生三，三生万物”），但这一章的最后两句是：“‘强梁者不得其死’，吾将以为教父。”什么叫“强梁”？河上公有一个解释，颇合我意，他说：“强梁者，谓不信玄妙，背道叛德，尚势任力也。不得其死，谓兵刃所伐，王法所杀，不得以命死也。”（《老子章句》第四十二章）教父，即学父，就是你们今天常说的师傅。《方言》六云：“凡尊老，南楚谓之父。”强暴的人是不得好死的，我相信这是真理。我要把这个道理作为教人做人的原则。

为什么我要把“道”的总原则和“强梁者不得其死”这两个似乎不相关的命题联系在一起呢？就是因为我主张“道”与退守、柔弱的处世哲学、生命哲学，在本质和内涵上，是一致的。王弼注云：“强梁则必不得其死。人相教为强梁，则必如我之教人，不当为强梁也。”“若云顺吾之教，必吉也。”（《老子注》第四十二章）都能做到不为强梁之人，这世界就和平了，就太平了。强梁之人之所以不得好死，是因为这些人把自己放在众矢之的的位置上，这种事，历史上不胜枚举。柔弱者常能保其真，全其生，是因为他不构成对别人的威胁，因此别人也不会把他当敌人来对待。

顺便说一句，“强梁者不得其死”，是古代民谚，不是我的创造，只是为我所借用。《黄帝金人铭》曰：“盖古有是语，而老子取之。”正是如此。这是历史经验的总结。历史经验的另一面是，以柔弱、退让处天下，也因此能得人，得人心，得天下。这是我待人处事、立身处世的大原则，是合乎“道”的总原则的。

十、与人为善　不结怨于人　不争而顺天道

15. 问：人生在世，同各种各样的人发生关系，有和谐，也会有对抗。有矛盾是必然的。矛盾发展为对抗，就会留下隔阂的后遗症，成为积怨。一旦有了积怨，再想彻底消除，那就很难了。个人如此，民族如此，国家也是如此。因此，重要的是不要与人积怨，尽量与人为善，不要到处树敌，不要与人民为敌，不要制造民族仇恨。所谓“强梁者不得其死”，也可以理解为这些以暴力与人、与人民结怨，制造民族仇恨的人，最后都不会有好下场。谈到这个问题，我想起先生有论“大怨”的一章内容，专门劝世人千万不要结怨于人。我以为先生这一思想也很重要，研究者似乎重视不够，没看到几篇这方面的文章。

答：这是《老子》一书的第七十九章，开头是这样说的：“和大怨，必有余怨，安可以为善？”

16. 问：“和大怨”，是因为有“积大怨”，重点在“积”了“大怨”，现在虽然企图和解重大的仇怨，但已结下的“大怨”的伤痕、隔阂早已留下了，这怎么能算是“善”呢？以不善之心待人，以狂暴之手段对付老百姓，用仇恨来煽动、挑拨民族仇恨，势必造成不可能彻底消除的深

仇大怨。与其造成如此严重的后果，还不如开头就不要结怨。我的重点在“和”，化解。先生的“和大怨，必有余怨”的思想是非常深刻的，“和”的方针是非常正确的，对每一个人、每一个民族、每一个国家都适用。自古以来，世上有多少民族、多少国家的统治者反其道而行之，造成了多么严重的后果，又深深影响了一个民族、一个国家的存在与发展！

答：与人为善，则人自无怨；为政以德，则民自无怨。如果因为利害关系，以不良、丑恶、嫉妒之心待人，人家吃了你的亏，认识了你，自然永远不会忘记你。如果统治者以刚强多欲之心，对百姓取之无度，逼得他们无法正常生产和生活，老百姓也会记恨统治者。积怨到一定程度，就会引起反弹，就会反抗，施怨者（压迫者，统治者）就会遭到报复。等到祸乱大作，施怨者再以抚绥手段企图和释已激化的矛盾，那就迟了，即使矛盾和缓了，积聚的余怨也是很难消解的，这怎么能谈得上是“善”呢？与其如此，还不如开始就不要结怨结仇，那才是真正的善。

17. 问：秦昭襄王时有个宰相叫范雎，说过一句名言：“一饭之德必偿，睚眦之怨必报。”（《史记·范雎蔡泽列传》）一个人，受睚眦之怨尚不能忘，又何况受到横逆大怨的煎迫呢？结下大怨，即使和解了，藏怒宿怨从根子上是很难消除的，芥蒂未去，心中耿耿，终生也不会忘。与其如此结果，还不如一开始就不要结怨于人、结怨于民。

答：我又说：“是以圣人执左契而不责于人。有德司契，无德司彻。”（第七十九章）这是什么意思呢？“契”是古代借债的一种凭据。在一块木板或竹片上刻下字据，从中劈开，借贷双方各执一半。讨债时债权人拿出左边一半，向持另一半的债务人讨债。“彻”是古代贵族对农民收租的一种制度，“司彻”的人为了多收租，收租时总要对交租人斤斤计较。圣人虽然握有别人借据的存根，也不强迫人家归还。就是说，即使自己有理由，也不结怨他人。而无德的人，就像收租时“司彻”的人那样，对交租人穷凶极恶，斤斤计较。这些人是典型的聚敛之徒，他们是专干结怨于人的蠢事的。“执左契而不责于人”的圣人是“有德”的不结怨别人

的人，“无德司彻”的人是专门同别人结怨的人。

“天道无亲，常与善人。”（第七十九章）天道对人是无所偏爱的，是永远帮助善人的。这两句话也不是我的发明，是古人的话，见刘向《说苑·敬慎》引《黄帝金人铭》当中的话。《后汉书·袁绍传》注引作《太公金匮》语，又《后汉书·郎袴传》袴引《易》曰：“天道无亲，常与善人。”赏善罚恶，在冥冥之中无时不在、无处不在。生活在这个社会中的人，应该有这种清醒认识：为自己，也是为别人，为什么不做善人，偏要充当损人不利己、到处结怨的恶人呢？要有这样清醒的认识，也要有这样明智的选择。

18. 问：现实的社会生活，使人有利益之争、名位之争、权力之争。在利益的驱动下，种种阴谋、无耻、暴力、奸诈的行为世代不绝，层出不穷，也因此，积大怨，结仇人，你斗我，我斗你。你对我玩心计，我对你使绊子，一拳来，一脚去，冤冤相报，何时能了？人类社会因此纷争不已，乱哄哄，闹纷纷，不得安宁。究其终极原因，是“有欲”和“有为”的结果。先生以“无为”的思想审视人世，处理问题，我看是讲到根本上的。但是，我想，现实社会对您的指示可能永远也做不到。“无为”的指示，道德的呼唤，抵挡不了物欲对芸芸众生和权势者的有力诱惑。人类社会就是在这种乱七八糟、不合情理但又合乎逻辑的曲曲折折的道路上走过来的。所以，我说，先生的美好理想，只能写在《道德经》中，而不能变为社会的现实。

答：别人不能“为”，我却能“为”。因为看到别人不能“为”，所以我早早就出关去了。但我必须留下我的告诫，听不听是你们的事。终将有一天，在人类痛定思痛以后，他们将会反思：我两千多年前讲的话是讲对了还是讲错了！

19. 问：先生主张淡泊、退守、无为、不争的处世哲学，您自己的一生，也的确在实践您的处世哲学。所以，我们在您长寿的一生中，几乎没有看到您参加过什么政治活动。您是在不断地读书、思考中度过漫长而冷寂的岁月的，这种寂寥的环境、动荡的社会，对您思想的形成有很大的凝聚与升华作用。周王朝衰落后，您出了关，来到幽静的秦岭深处（是不是楼观台？）隐居起来，也是为了总结自己的处世哲学。如果不是别人要求，也许您不会留下五千言，我们也会因此失去一份宝贵的思想资料。此外，宁静淡泊、与世无争的生活态度，在乱世中也保护了您，成就了您，使您长寿，不必为那些无聊的人事纷争殚思竭虑，而沉溺于哲学的思考，而且有了丰硕的成果。这对世人、对后人，都是富于启迪意义的。

答：我在《道德经》第七十三章中说："勇于敢，则杀；勇于不敢，则活。"不顾一切后果的勇敢，就会有死亡在等待他；勇于"不敢"的退让，就会在有生命危险的环境中活下来。两种不同的勇敢，后果也不同，有的得利，有的受害。匹夫之勇、强梁之勇，由于好斗、狂暴，每每因此而杀身。这种勇敢，实为大害。世人往往以怯懦、退让为有害，然而实际结果每每能保全自己。因此，这种"不敢"之勇又是有利的。"不敢"之"勇"，是一种明智的勇，是"勇于敢"者不具备的勇。世俗之人，但知趋利避害，很少人懂得隐藏在利益后面的无穷祸害。因此，为趋利而争斗，而"勇于敢"，而获其害，而得其杀，而亡其命，是一个有因果关系的完整的必然的过程。相反，常能虚静、退让、谦柔，安于不争之地，循理应物，顺乎自然，才是合乎天道的明智之举。人有这种不敢之敢，才能谋其事，获其利，得其生，存其活。勇于敢则死，勇于不敢则生，这乃是人事物理之常则。因此，我一向主张不要去争什么，一切听其自然摆布。有所为和有所不为，结果是完全不一样的。

十一、正确理解"天网恢恢"

20. **问：**总而言之，先生的处世哲学一切是以保证自己的安全、保护自己的生命为出发点的。如果是这样，那我要提个问题。人有时也需要为别人、为国家、为民族的利益而做出牺牲，甚至是自己的生命。如果我们都按照先生的处世哲学行事，一切以保证自己的安全为前提，不愿牺牲个人的利益，那怎么谈得上是一种崇高的忘我精神呢？如果一切按先生的指教来办，那么，人岂不都成了苟且偷生的利己之徒？在人类社会利益息息相关的大千世界里，如果人人都考虑自己的利益，不顾别人的利益，这个世界还成其为世界吗？提倡这种处世哲学正确吗？

答：你别忘记了，我的理想社会是“小国寡民”的小世界，在这种小小世界的社会里，不存在你说的那种“大千世界”的你争我夺、尔虞我诈。在我“小国寡民”这个有共同利益的社会里，一个人关心自己不会损害别人，因此也就谈不上你说的那种以损害别人利益，乃至出卖别人的极端自私自利的人。另外，你还要记住，我的处世哲学的大前提是无为，是不争，我说要保证自己的安全，保全自己的生命，是以不损害别人（即“争”与“为”）为条件的。因此，你所说的背悖我的思想原则推理出来的“罪名”，是加不到我头上的。

你应当懂得这个道理：“天之道，不争而善胜，不言而善应，不召而自来，绰然而善谋。”（第七十三章）我的处世哲学是天道的旁支产物，它不去争斗而善于获胜，不说话而善于应答，不召唤而自动到来，虽然慢悠悠却善于谋划。一切都是自然安排好的，人的努力起不到多大作用，要去争什么呢？王弼注云：“天唯不争，故天下莫能与之争。”（《老子注》第七十三章）天道的伟大，就在于它不争，却谁也争不过它。顺天道则吉，逆天道则凶。这就是“不言而善应，不召而自来，绰然而善谋”。

人为什么应以“不争”而顺应天道，以“不争”处理人与人、人与自然的关系呢？以“争”待人，以谋己之利而与人争权争位，则势必争下去，也斗下去，你斗我，我斗你，世代不绝，生生不息；以“争”待自然，以谋人之利，则必然破坏自然，恶化环境，大自然必报复之。所以，我在这一章（第七十三章）最后总结说：“天网恢恢，疏而不失。”这里的“天网”，不是指人类社会法治的法网（自人类社会有了法律条文后，人们每借用我这句话以形容他们法律之严明公正，此乃大谬也！人类社会从来就没有过“疏而不失”的法网。这是骗人的，也是吓唬人的），我指的是指天道之网。它极为广大，网孔也编织得稀疏有致，却从来不会漏失。世上的人因为看到有人为善而得祸，有人作恶而得福（这都是暂时的），因此怀疑天网的稀疏多失。然而看到事物变化的终始，观察事物的全过程，还是应该信服“天网恢恢，疏而不失”是颠扑不破的真理。

21. 问：我理解先生处世哲学的出发点，还是顺应自然，合乎天道。因此，如果离开了对“道”的认识，还是无法理解先生的处世哲学的真谛。

答：是的，“道”是根本，“道”是原则。如果一个人坚持这个根本，相信这个原则，即使他取得很大成功，也应该坚守淡泊退让的处世方针。我在《道德经》第九章提出的“功成身退，天之道”，是对所有取得成功，或者是发了大财，或者是掌了大权，或者是出了大名的人，提出的忠告，也是处世哲学的具体体现。世上的成功者是少数，才能、机会给他们造就了成功；多数人平平淡淡过了一生；还有一些人是成功者的反面，他们遭到了失败，是失败者。在这三种人当中，成功者最容易居“功”自傲，飘飘然忘乎所以，这些人最要警惕。他们应该记住我的话：“持而盈之，不如其已。揣而锐（王弼本作‘棁’，此据河上公本）之，不可长保。金玉满堂，莫之能守。富贵而骄，自遗其咎。”（第九章）水满必溢，想使水不溢出来，必须在满溢之前制止它；太锋利的东西，容易折断，保不长久。贪财聚敛，金玉满堂，结果往往物在而身亡，一样东西也带不走；富贵而骄奢的人，不仅自己丧身，还会殃及后代，别人还会骂一句：咎由自取，活该！

十二、“功成身退，天之道”

22. 问：“功成身退，天之道。”先生所言，乃万世龟鉴。功成身退，合乎阴阳运行的天之道。太阳过了中午则偏西，月亮满了就开始亏损。天地四时变化尚且如此，何况人为乎？人应该懂得这个真理，自古及今，功成名遂而身不退者，祸每及之。越国的文种，汉朝的韩信，都是功成名遂而不知身退，终而丧失性命的悲剧性典型例子。大智大勇者范蠡、张良，才是真正懂得功成身退的道理的，他们不仅保证了自己身家性命的安全，而且千古美名传，启发了后人。“飞鸟尽，良弓藏；狡兔死，走狗烹”，在中国这个以人治为核心的东方专制主义国家的政治舞台上，这是铁定的法则。《文子·上德》发挥先生的思想说：“狡兔得而猎犬烹，高鸟尽而良弓藏。功成名遂身退，天道然也。”功成身退，是一个人顺乎天道的一种表现。一个人真正能这样做，说明他是懂得“道”的玄妙了。

答：能不能真正领会“道”的真谛，不是由一个人的财富、地位决定的。在顺乎“道”的原则下，以“无为”的态度审世处世，淡泊、退让、全真保性，守住自己内心世界的平和、宁静，这就是我一个道者为人处世的态度。这种态度，也只有我这样与世无争的人，才能保持、守住。对那些追名逐利、贪权争位的人，我的这些信条，我的这些话，他们只会当作耳边风，吹过算数。只有当他们在名利场上滚过，在政治舞台上摔过，最后或许会对我的话有某些领悟。在他们春风得意时，我是不会对他们说教的，他们也不会听进半句话的。也许历史会一次又一次证明我说过的话有道理，也许一代代曾经沧海的人最后会从我的话里领悟点什么，所以，我自信我的有关处世的话可以成为流传的箴言。也正因为这些理由，我们才有机会在一起进行比较充分的讨论。

十三、老子处世哲学的非功利性和超功利性

23. 问：我实在是获益匪浅，真诚地感谢先生的教导。我虽然只是走了生命历程的过半，但人生历程的体验，已使我对先生的处世哲学从心底里感到钦佩。先生的处世哲学有入木三分的入世与出世的深刻性和

现实的应用性。世界上曾有过许多思想家，提出过许多理论，无论是政治的、经济的、社会的、伦理的，其中不少都有功利性。先生的哲学，尤其是您的处世哲学，有一个鲜明的特征：非功利性，超功利性，即不以追求功利为目的。因为是非功利的，所以它是深刻的；因为是超功利的，所以它是合乎天道的。或许有人说，全真保性的哲学是以个人为中心的。然而它并不以损害别人利益为目的，因此也无可非议。

说实在话，人处在几乎无所不在的名利场中，能达到先生如此思想境界，能这样待人处世，是非常难的。我一直努力想缩短这一距离，恐怕还需要毕生的努力。但我意识到，一旦缩短了这个距离，人的思想境界就会提高，名利网的羁绊就会大为减少，压抑的心灵负担就会减轻。人各有志，让热衷于争、斗、瞒、骗、吹、拍、抢的人在欲海沉浮中去施展他们的才智吧，识大道之内蕴，甘于宁静、淡泊的有识之士，自会找到他们身隐或心隐的世界。从这个平静的世界去观察另一个喧嚣的世界，可以看到许多发人深省的现象和问题。我想，先生的思想产生在当时那个生产和科学水平都不发达的春秋时代，却达到如此超越时空的哲学高度和深度，是同您的人生哲学和“隔岸观火”的认识方法不无联系的。正如历史学家范文澜所说，您是一个有大智慧的哲人，才能观察人世如此深刻！

答：我一直在观察人生，思索人生，不断地思考、总结。对许多问题，还需要不断总结，还需要包括你在内的后世学者的不断研究。不过，你也不要把我的思想包括人生哲学、处世哲学说得至善至美。用你们的习惯用语，是兼有精华与糟粕，要取其精华，剔其糟粕。如果把我思想中的消极成分当成宝贝，那会害了你们，甚至会使你们某些学者再遭到严肃的思想批判。哈哈哈……

第十章 辩证法思想

一、黑格尔承认您的辩证法思想是古代东方的精神代表

1. 问：先生，今天想向您请教有关您的辩证法思想的几个问题。众所周知，先生创立的“道”的哲学范畴，哲学史学者对它有不同的认识和理解（唯心还是唯物）。但是，对您的辩证法思想，几乎都众口一词地予以肯定和赞扬。他们都承认您的辩证法思想，在中国古代思想史上是独树一帜的，丰富深刻的，充满了智慧的光芒。就连黑格尔这位目空一切的德国近代哲学家，也认为您的辩证法思想是古代东方世界的精神代表，同时认为孔子的思想是贫乏的。

应当承认，与同时代的思想家相比，先生在《道德经》中表述的辩证法思想是丰富的、深刻的。读您的许多名言，常感受到一种入木三分的深刻，不由使人击节赞叹。今天许多哲学史著作或教科书，为了区别古代辩证法思想和现代辩证法思想的时代差别，往往对您的辩证法思想冠之以“素朴”（或“朴素”）的限制词，以说明先生的辩证法思想是原始的、古拙的，不能与今天的辩证法同日而语。我以为这是一种非历史主义的比较法，无非是提高他们自己的地位，声称他们是当代最高水准的理论体系，这里就不去讨论这个问题了。我以为，不管是朴素的也好，古代的也好，这都不能降低先生的辩证法思想丰富而深刻的内涵及历史价值。

我看今天被人吹捧的许多“深刻”的思想或理论，却深刻不到哪里

去，很多理论家的大作显示的是肤浅和平庸。而先生在五千言中显示的辩证法思想的力量和魅力，常常使我感到惊讶和疑惑：在您那个时代，生产发展水平和科学技术水平，都不很高，却何以能产生这样深刻的思想？

答：你过分地评价了我的思想。你应该承认，作为古代社会思想流派之一的老子思想，充其量也只是“百家”中的一家，其他诸家都有他们的思想创造和所长，此其一；其二，古代思想与近现代思想毕竟有时代上的差别。古代的思想高峰不能代替近现代由于生产和科技发展而形成的思想高峰。这应当从人类整个文化思想史的发展中来评价，不能站在一个山头上评论整个人类的文化思想的山脉。研究者往往容易犯一个毛病：对某个学派、某个思想家的学问研究多了，受其影响深了，就会成为这一流派的“粉丝”，就以为这个学派、这个思想家代表了思想的最高成就。我希望你对我也不要犯这样的毛病。

我的思想，也是我所处的春秋后期那个时代的产物。我生活的那个年头、那个社会，社会的变化和动荡是很大的。国家的兴亡，个人的富贵和贫贱，都因社会的变幻无常而变化莫测。我作为史官，在周王朝的朝廷里和档案上，看到不少“社稷无常奉，君臣无常位”（《左传·昭公三十二年》）的现象。社会的变化和动荡，对人的思想的升华具有激发性的作用，这自然会使我在对社会、政治现象的观察与思考以及读书的苦想冥思中，探求世界运动的规律。最后，我终于悟出了无所不在的“道”，原本就是“独立而不改，周行而不殆”（第二十五章）的性质，认识到天地间万事万物无时无地不在运动变化。

天地在变，社会在变，人也在变，“天地尚不能久，而况于人乎？”（第二十三章）承认发展、变化，承认新生与死亡，承认一切在运动，这就是你们所说的辩证法。或许就因为我拉拉杂杂谈到这些问题，因此你们就说我有了“朴素的辩证法思想”。所以，我的某些被后人认为是高明的思想，应该是当时重大的社会变革和客观世界的运动通过我的头脑的反映。

二、老子的辩证法思想来自春秋时代社会大动荡

2. 问：经历春秋时期社会变革的人很多，不在他人思想上反映，而在先生思想上反映，这就是因为先生有一个哲学家的高智慧大脑，而且能以高度概括和精练的语言表达出来。这就是先生的高明之处。《道德经》文字简短而内容丰富，它表述的辩证法思想达到了当时最高的水平，这是您的哲学思想在春秋末期发展到一定高度的历史的产物，是变化的、动荡的时代造就了您大彻大悟的思想。

答：或许可以这样说。你的理解是正确的。

三、“反者道之动”：一是变，二是向反方向变

3. 问：我想向先生请教的有关您辩证法思想的第一个问题，是《道德经》第四十章的一个命题：“反者道之动。”我以为，这是先生的辩证法思想的一条重要原理，您认为“道”是向着它相反的方向变化、运动的。这一句连同下一句：“弱者道之用”——柔弱是“道”的作用，构成了“道”的两个特点。关于“柔弱”的问题，我同先生在前面的讨论中已有所涉及；现在要向先生请教的是“反者道之动”这一特点和原则。这里相联系的是“反”和“动”这两个运动特点，“道”的运动与变化，是向相反的方向进行的。先生指出这一事物发展变化的特点很重要，就是说，您指出，事物的运动有两个意思：一是变，二是向相反的方向变。这是先生辩证法思想的根本原则。您从来也没有说过变是向同一方向变。

答：这一点，你领会的是正确的。“动”，而且是向相反的方向动，这是“道”也是世界上一切事物运动、变化的特点。“反”，是指方向相背（跟“正”相对）。反就是复，复的意思是转过来或转回去。向相反的方向运动，这是一切事物的本性。静极而复，向相反的方向运动，这是“道”之“常”，也即“道”之“动”的规律。《文子》说：“反者，道之常也。”反，就是

动；不动，也就无所谓反。不向反面的方向运动变化，也就称不上“动”。对于事物有变化、事物时时在运动在发展的看法，不是我一个人的识见，因为万事万物在变化在运动在发展的事实，启示着人们认识这个道理。《周易》就一再讲这个道理。《易·复卦·象传》说：“反复其道，七日来复，天行也。”《杂卦传》曰：“复，反也。”《易·乾卦》“九三”《小象传》曰：“终日乾乾，反复道也。”《易·泰卦》“九三”爻辞曰：“无平不陂，无往不复。”反复讲的就是一个道理：事物是变化的、反复的。你们可能把这些说成是循环论，你们也许会说我的“反者道之动”也是循环论，但是所有这些表述都强调了变化和运动。我的创造，只是用了“反者道之动”这一哲学命题。

4. **问：**但这五个字的分量很重，它简明扼要地阐明了具体事物都在运动变化的法则，说明了“道”的辩证法。重要的是，它强调这个运动的方向是向其反面变化，即向其对立面转化。它还包含着运动的根源是由于其内部的原因。虽然由于时代和历史条件的限制，先生还没有明确指出：一切运动本身即矛盾，一切运动的根源都基于运动着的事物的内部矛盾。但是，我们可以从“反者道之动”这个命题中领会它的这个思想，体会动因还是在“内”，而不在“外”。

答：世界上一切事物都在运动变化之中，成千上万的事实证明这是一个真理。所以我说：“夫物或行或随，或歔或吹，或强或羸，或挫（一本作‘接’）或隳。”（第二十九章）一切事物本来就是有的前进，有的后随，有的轻嘘，有的急吹，有的强壮，有的瘦弱，有的受小挫，有的遭全毁。没有一成不变的东西。王弼说，凡此种种，表明“物事逆顺反复”（《老子注》第二十九章），无一不在变化。宋代的范应元解释得更详细，他说：“阴阳运行，寒暑来往，一消一息，神用无穷。故天下之物，或有行于前，而或有随于后者；或有噤闭，而或有吹嘘者；或有强梁，而或有挫折者；或有培益，而或有堕落者。”（《老子集注》第二十九章）我之所以主张辅助万物之自然而不敢为，就是因为看到万事万物本身因内因在变化，在运动，有它的规律性的运动轨迹，所以就不敢强为之，而应顺其自然。

四、“天地尚不能久，而况于人乎？”

5. 问：先生这番话，使我想起您讲的另一段话：“故飘风不终朝，骤雨不终日。孰为此者？天地。天地尚不能久，而况于人乎？”（第二十三章）没有永久的东西，人再长寿也要死。一切都在变化，没有不变的事物。你看，自然界常有这种情况，狂风刮不到一个早晨，暴雨也下不到一整天。风暴是不能长久的，总有停止的时候。是什么使变化无常的天气变化莫测呢？是天地。既然疾风骤雨是不能持久的，是要变化的，因此，当它们正处在势头上的时候，你就避开它，不要去碰它，不要“敢为”——硬同它顶撞；等它势头过去了，再去应付它。这就是辅万物之自然而不敢为，也即“以无事取天下”。风暴来了，等它过去就是了。所以，我现在更加明白了，先生的无为思想，实际上是承认并且顺应事物不断发展变化的辩证法思想在战略和策略上的表现。

答：你这样理解，是符合我的思想的。我以风雨的变化为例，除了说明万事万物的运动变化这个道理以外，还有一层意思，那就是强调人事的变化更大，不可测因素更多。你想，在表现方式上相对是重复的大自然的变化，天地的变化，一直处在运动之中，那么，由于人的各种因素而导致的社会的变化，其可变因素就更多、更大。人世间的运动变化比大自然更复杂，更不可捉摸。有生活经验的人，懂得历史的人，都可以或深或浅地体会到人世间的诡变莫测，世态炎凉。今天的朋友可以成为明天的敌人，歃血为盟者转瞬可以兵戎相见，爱可以变成恨，和平可以化为战争。自然史是研究大自然不断变化运动的历史。政治史、社会史是研究人类社会及其不同组成部分的人们交往、活动和斗争、变化的历史。在辩证法“变”的这个特征上，社会和人事可以为之作出极为丰富多彩的诠释。在这个意义上，历史，自然史，社会史，就是变，就是动。史就是变。

五、“正复为奇，善复为妖”

6. 问：先生这段解释和发挥，我认为是讲得十分深刻的，因为您说明了人世间的变和大自然的变的同和异。人世间的变化更具有反复无常的特点。但这并不能说明其中没有规律性可寻。先生在《道德经》第五十八章中说：“正复为奇，善复为妖。”指出正常的随时会变成反常，善良随时可变为妖孽。先生这句话，形象而精练地概括了天地人世万事万物的变化莫测。正的另一端是奇，善的另一极是妖。从正变成奇，自善化为妖，是情理事理中见怪不怪不足为奇的平常事。一般人常常迷惑，不解其中之理，无所适从。所以，先生说：“人之迷，其日固久！”（第五十八章）人们的迷惑由来已久。原因就在于没有能参透万事万物无时无地不在变化运动的辩证法法则。

答：真正懂得事物这种变化、运动的道理，就不至于迷惘疑惑了。然而，常人却常常陷于这种迷惘之中，不能领悟万事万物无时无地不在变化运动之中的道理。真正能领悟这个道理的，只能是“有道者”。有道者知道，一切事都在向它相反的方向转变，没有一成不变的事情。要警惕这种“变”，要掌握好这种“变”，要在这种“变”中掌握主动，不使自己陷入被动。正因为这个道理，所以我在第三十章中是这样写的：“果而勿矜，果而勿伐（伐，自夸功绩），果而勿骄，果而不得已，果而勿强。”一个人做事成功了不要自高自大，也不要自我夸耀，不要骄傲。要认识到这成功不只是自己的主观努力，还有不为自己所左右的客观因素（“不得已”），所以千万不能逞强。为什么我要这样说呢？因为任何成功都潜伏着走向反面——失败的危险。这就是“反者道之动”，这也叫“物壮则老”（第三十章），事物壮大了，就要转向反面，变成衰老。一个人红得发紫，就是溃烂和走向毁灭的开始。现实社会中我们看到很多这样的例子。所以，“物壮则老”，这是法则，也是天道。不懂得这个变化，不认识这是事物的运动轨迹，“是谓不道”，“不道早已”（第三十章）——

此即谓不合乎“道”的法则。而不合乎“道”，就必然很快灭亡。因为“道”的基本内容之一，就是事物的运动、变化，而且，这变化，总是向反面变，壮向老变，生向死变。不认识这个规律，就会碰壁、失败、失望，就会得抑郁症，甚至会自取灭亡。

六、“物壮则老”　“重为轻根，静为躁君”

7. 问：我对先生的话有切身体会。先生强调万事万物的动和变，而且，是向相反的方向动和变，这是先生辩证法思想中很重要的内容。这是我完全认同的观点。但是，我在读《道德经》第二十六章时，却有了一个问题。您说：“重为轻根，静为躁君”（第二十六章），是认为重是轻的基础，静是动（躁者，动也）的主宰。那就是说，在轻与重、静与动这对矛盾中，重和静是主要的，是矛盾的主要方面。如果这样认为，这岂不是同先生说的动和变是道的基本法则这一命题相矛盾吗?

答：不错，我在第二十六章中确实是强调了“静”的主导作用。我说“静为躁君”——静是动的主宰，是说明动是以静为前提的。没有静，哪有动？动是因静而存在而出现的。韩非说：“制在己曰重，不离位曰静。重则能使轻，静则能制躁。”（《韩非子·喻老》）这就是以重为根，以静为君。世上的一切事物，总是物体比较轻的东西先受到振动，而重的东西总是在稍后相感应；静的东西制御（驾驭）其他物件，而躁（动）的东西则御于（被控）物。所以，静能“君”（统率）躁（动）。我这是从另一角度来谈论动与静的辩证关系，同我前面讲的不矛盾。

我这种看法，也是同我的无为思想有联系的。无为则静，有为则动。无为、有为是运动方式的另一种表述方式。所以，不应把我有关动静运动的思想同我的无为思想割裂开来。可能是因为这个道理，你们认为我在动与静的问题上把静看成是矛盾的主要方面，把问题搞颠倒了。你们这样看，也可以，我不否认。但你们必须注意到，我一直是强调事物是变化的，处在不断的变动之中。

此外，你们还应注意到我在第二十六章中的最后两句话：“轻则失根（诸本作‘本’，《韩非子·喻老》作‘根’，《永乐大典》本也作‘根’），躁则失君。”轻举必丧失根基，妄动必丧失主宰。这也是“治大国若烹小鲜”的另一种表述。作为一国之主的国君，他的地位、作用和影响，要求他绝不能轻举妄动。这里谈的动和静的关系，是讲作为一个国家主宰的统治者的地位、作用和影响时说的，是在这种特定的情况、特定的对象的前提下讲动静的关系，而不是抽象地谈论动和静的问题。

8. 问：是的，先生在这两句话前面还有一句：“奈何万乘之主而以身轻天下？”这就点明了您讲动静问题特定的范围、特定的对象。河上公在注“轻则失根，躁则失君”这两句话时，也说明这是统治者应持的原则。他说：“人君不重则不尊，治身不重则失神。草木之花叶零落，根重，故长存也。人君不静则不威，治身不静则身危。龙静，则能变化；虎躁，故乃夭亏。静则无为，躁则有欲。有欲者死，无欲者长生。”（《老子章句》第二十六章）意思讲得很明确了。显然，这里的动与静的问题是有所指的，不能将它扩大到一切运动方式上。这样理解先生的思想就不会偏颇了。

答：但是，“轻则失根，躁则失君”也可以引申为“轻以重为根，躁（动）以静为君”。重是轻的基础，静是动的主宰。也可以引申为“躁胜寒，静胜热”（第四十五章），急走能战胜寒冷，安静能克服暑热。人们的生活经验都能体察其中平凡的真理。甚至你也可以从两性关系及其交配方式的“牝（雌性）常以静胜牡（雄性），以静为下”（第六十一章），理解安静而居于下位的雌性，何以能以“静”而战胜雄性。在动与静的关系上，我是主张静是处在优势地位的。这也符合我的清静无为的指导思想。“清静为天下正”（第四十五章）。无为清静才能做天下的首领。运动方式上的动与静，同政治上的清静无为，有着内在的联系。但这并不能说明我认为万事万物是静止的、不动的。万事万物是在不断运动变化的。我不过是主张以静和无为，顺应“道”的自然的运动，而不是以人的妄动和有为干扰“道”的自然有序的运动而已。

9. 问：我理解了先生在动与静以及清静无为相互关系上的一致性。您的解释，使我看到某些学者对您思想理解的偏差和表面化的缺点。对您的思想的理解，也不能采取“摘录”的方法，而应该全面、系统地理解。

答：你们不是主张全面、正确地理解一个思想家的思想体系吗？希望你们这些掌握先进理论体系和学说的学者，对我的批评也要全面、正确，不能断章取义，不要犯你们常常指责的形而上学的错误。

七、“夫物芸芸，各复归其根”　循环论？

10. 问：我希望我在向先生请教的过程中，尽量不要犯这种简单化、片面的、走极端的错误。我的水平不高，如果提的问题不全面、不正确，还望先生指正。这里我想提一个问题，这就是先生在第十六章中所说的：“万物并作，吾以观复。夫物芸芸，各复归其根。归根曰静，静曰复命，复命曰常，知常曰明。”先生在这里，是把万事万物的生长、发展、变化、运动，看成是往复循环的。尽管事物不停运动，变化莫测，但变和动的最后归结点，又各个回到它们原来的出发点。回到起始的出发点，就是先生说的“静”，您称之为“复命”，复命就是“常”，常就是运动的规律和法则。而认识“常”，懂得事物运动的规律和法则，对认识者说来，就叫做“明”。明事理、明法则的人，是聪明的“明白人”。先生这段话讲得很好，特别有哲理性。

但我认为，先生说的这种运动观，是循环往复的，很有循环论的性质。虽然您以为事物在变，在动，但又回到它原先的出发点，即先生所说的“归根”，这种变，等于不变，所以，您又把这种变称之为“静”。先生清静无为的总原则，是同您这种循环论的运动观是一致的，在思想上、逻辑上都是一致的。这种循环论的运动观，反映不反映客观世界的运动呢？世界的万事万物是不是在一个圆圈形的轨道里“团团转”呢？我有疑问。我想，即使“叶落归根”这句话，也不能认为就是往复循环。因为叶子虽然在秋天落下归了根，腐朽化为肥料，然而，树干毕竟是长高了，长粗了，这就是变化。一年年地叶落归根，一年年地长大长高，这就是发展、壮大，而不是循环往复。即使从形式上看有循环的表征，也是螺旋形的循环，是在一圈圈、一步步发展向上的。所以，请原谅我的直率，我以为先生的运动观是循环论，不太合乎世界的运动规律。

答：你复述我“各复归其根”的思想的意思，是对的。应当说，“复归其根”是我的重要思想，是我的运动观。你们认为这是循环论，也可以，我不否认。王弼注释这句话时说：“各返其所始也。”（《老子注》第十六章），也是解释得对的，没有歪曲我的本义。我确实是用这个观点看待世界万事万物的运动变化的。王弼注云：“万物虽并动作，卒复归于虚静，是物之极笃也。”（同上）解释相当好。你看，世界万物是怎样运动、变化的？动自静来，动极复静。万物这种变化规则，不是人人都这样认识的。说句狂话，只有我这种“致虚极，守静笃”（第十六章）的老头子才能观察到。那种思想行为浮躁的非虚极而静笃的人，是不可能观察到的。只有自己虚极静笃的人，才能以冷静理智的态度去认识大千世界，清醒地认识和观察万事万物的变化，才不至于为万事万物的变化莫测扰乱了心智。

至于你所说的叶落归根的例子，看来很有说服力，但我还可以接下去说。不错，一年一度叶落归根，树木长大了，即使不砍伐，多少年以后，树老了，还是要枯萎。即使作为中华民族人文始祖的黄帝陵前的那棵有五千年树龄的柏树，将来也免不了这种结果。结果是什么呢？还是“夫物芸芸，各复归其根”，地层里的种种动植物化石，可对此作证明。你们今天的世界，生产水平发展很高，科学技术也达到历史上前所未有的水准。但谁能保证，由于宇宙的一个突然变化，或者一场殃及全球的天灾人祸之后，世界上的一切不从原始社会乃至生命细胞的起源开始，重新开始世界的运动呢？也可能这一过程从另一个行星上重新开始，不一定是地球。也许我是危言耸听，但是，在茫茫宇宙之中，到处发生星球的再生与毁灭，作为宇宙间一粒微尘的小小的地球，上帝对它的恩宠就那么特殊吗？你们哲学家、大科学家对这个问题能做出保证并找到终极答案吗？

11. 问：对先生的反驳，我无话可说。科学可以做种种实验，但人类还没有做过（或经历过）您设想的那种世界毁灭的可怕的实验，因为这是无法实验的（6500万年之前，恐龙世界的毁灭，是局部生物毁灭的一次“试验”）。在宇宙生生不息的过程中，有生必有死，有死也必有生；没有毁灭也不会有新生，但这个过程是否会降临地球和人类，谁也不知道。先生说“归根曰静，静曰复命，复命曰常，知常曰明”，或许是找到了世界和社会的“终极真理”，但我相信，这个由动化成的静，又会转化为动，再变化，再发展，再创造，生生不息。宇宙因此长存。

答：这一点，我不反对。但你能证明这种新的动——变化——发展——创造，不是“复命”吗？你能证明这个新的过程不“复归其根”吗？

12. 问：这我无法证明。但我了解的自然史、人类史和社会史，一直是发展的，没有到“复归其根”的结果。

答：那我们就各自保留自己的意见吧。宇宙、世界和人类的变化没有完，还在动和变。或许会证明你是对的。可我却坚信我是对的。让宇宙的无限运动经历无限的时间来证明吧。无论如何，我们见到的都只是无始无终的宇宙运行轨迹中的极为有限的一小段，不能用有限来证明无限。

八、《道德经》“相反相成”“相辅相成”的概念和范畴，是对人类思想的巨大贡献

13. 问：先生，关于动与静和这种运动、变化的趋势，我无法得到我认为是正确的结论。但是，先生却通过这一对矛盾的关系，揭示了您辩证法思想中很重要的一个内容，那就是您指出世界上一切事物是相互依存

的，而不是孤立的。在《道德经》的五千言中，您使用了大量这种相互依存而又相互对立的概念和范畴，例如美丑、难易、长短、高下、前后、有无、损益、刚柔、强弱、祸福、荣辱、智愚、巧拙、大小、生死、胜败、攻守、进退、静躁、轻重，等等，每一组概念都是以对方的存在作为自己存在的前提，一方不存在，对方也不存在。这也就是我们平时说的“相辅相成”、“相反相成”。就我们上面讨论的运动方式而言，先生虽然没有明确说明事物运动的原因是由于其内部的矛盾作用的结果，但您实际上是说明了这点，也表明了事物的矛盾对立和统一的性质。您虽然没有用现代的哲学语言，实际上包含了相关的内容。在两千几百年前的中国古代社会里，这是很了不起的。

答：这些相互对立又相互依存的概念，是当时人们认识世界深化的表述，只是通过我的大脑作了文字的表达而已，不是我有多么高明。处在我那个时代的人，从生活中都会感触到这种对立和依存现象的无处不在，但多数人未必去思考，没有进行总结，更没有用文字符号来表达。我只是在感触中去认识，去思考，去总结，最后又留下了那么几千个字，从而被你们后代人抬得这么高。如果我不作文字表达，也就没有所谓的老子朴素辩证法的内容了。事实上，哪个地区只要有人，只要有文字，哪个地区的哪个民族，都会认识到自古以来世界上就存在着万事万物相互对立又相互依存的大量事实，只是需要有人以文字的形式进行这样的概括和总结罢了。

14. 问：这就是思想家的作用。一个民族必须有自己的思想家。一个没有思想家的民族是没有希望的民族。因为这个民族如果在混沌和迷惘中生存、繁衍，而没有思想和文化的创造，它就不能对世界、对文化做出贡献。先生在春秋后期就对历史、自然、宇宙作了具有辩证法思想的解释，这是当时一个有时代意义的思想维度，也是中国古代思想文化对人类的一个贡献。

答：你不必恭维我。恭维是对思想家的亵渎，因为他对一切荣誉和恭维都看作过眼云烟。我说过：“处无为之事，行不言之教。”（第二章）

思想的阐发和传播，也应持这种态度。

九、“有无相生，难易相成，长短相较，高下相倾，音声相和，前后相随”：世界因对立统一而存在

15. 问： 我只是从思想史的角度谈论先生的辩证法思想的学术创造的意义，同时代的学者能同您相比较的不多，这个地位是您的哲学上的创造所确定的，不是任何人能捧出来的。先生刚才引了第二章里的话，现在就从第二章先生的有关论述谈起吧。

您说：“有无相生，难易相成（王弼本‘成’作‘较’，据马叙伦《老子校诂》说及唐碑本改），长短相较，高下相倾，音声相和，前后相随。”您把有无看作是因互相对立而产生的，难易是因互相对立而形成的，长短是因互相对立而体现的，高下是因互相对立而存在的，音声因互相对立而谐和的，前后因互相对立而出现的。您借这些互相对立又统一的概念，说明了矛盾对立统一的观念，说明了世界上的一切事物都以其对立面的存在作为自己存在的前提。没有“有”就没有“无”，没有“长”就没有“短”，等等。反之亦然，这就是通常说的“相反相成”。世界，大自然，人类社会，都因相反相成而构成。先生对许多问题的看法，都是建立在这种相互对立、相互依存的基础上。例如，您认为“贵以贱为本，高以下为基”（第三十九章），说贵是以贱为根本，高是以下为基础的，这就是强调贵与贱、高与下的依存和对立关系（另一层意思，是认为贱与下是“本”，是“基”，强调贱与下是对立统一的主要方面）。

答： 你对我的思想的诠释比我自己还讲得好，可见，你是认真地读了我的书，进行了认真的思考。相互对立又相互依存是我的一个重要思想，在许多地方我讲到过这个问题，例如，我讲善人和恶人的关系时说：“善人者不善人之师，不善人者善人之资”（第二十七章）。善人是恶人的老师，恶人也是善人的借鉴，这就是把善人与恶人作为对立统一的关

系来说的。世上有好人，有坏人，人们总是把两者对立起来，但要看到，只有好人也就无所谓坏人；都是坏人，也就无所谓好人。恶人如果真正能以好人为师，就有可能变成好人。恶人也是好人的借鉴。这样就能把好人恶人作为对立面统一在一起。又如大事和小事，难事和易事，我说："天下难事，必作于易；天下大事，必作于细"；"轻诺必寡信，多易必多难"（第六十三章），这里也是把难与易、大与小作为对立统一来讲的。在社会生活和人的交往中，轻易答应别人要求，势必导致说话不算数，这叫"轻诺必寡信"。把事情看得太容易，势必在实行过程中，碰到大困难。这都是因为相反相成的两端是相互依存、相互联系的。韩非在解释我这一思想时也说："有形之类大，必起于小；见久之物族（族，众也，多也），必起于少。"（《韩非子·喻老》）

16. 问： 先生这一观点，使我想起我们前面曾讨论过的政治社会学说。您说："天下多忌讳，而民弥贫；民多利器，国家滋昏；人多伎巧，奇物滋起；法令滋彰，盗贼多有。"（第五十七章）两两相存，两两相对。有此必有彼，有彼必有此。法令的繁多和人民的贫困以及盗贼的众多，民间聚集的武器多了国家一定会混乱，工巧的技术和众多的奇物，都是因为有了这个，才有另一个，从来不会单方面构成或存在。任何事物的内部，都存在对立的因素。事物因对立的要素的存在而存在。这就是统一物之被分为对立物，内部的对立变成外部的对立，对立又构成为统一体的客观事物存在的事实。这也是辩证法的精髓。有无，难易，高下，长短，美丑，善恶，贵贱……都是对立物的统一，也就是对立物的互相渗透表现为对立物的统一。对立包含在统一之中，由统一的分裂而生而成而立。在自然与社会一切事物的统一过程中，内在的对立不仅互相排斥，互相否定，而且也互相融合，不然就不成其为事物，不成其为世界。我从先生的书中悟到的是这些道理，不知对不对？

答： 你用了你们现代哲学语言来表达我书中以古色古香的古代语言表达的关于对立统一的辩证法思想，我可没有你这样的能耐，应当向你表示感谢。

17. 问：先生讲的许多思想，实际就是我概括的这些内容。或许是由于社会的发展和语言符号的增多（即新名词、新概念的创造），我们把您原来质朴而简明的思想及其表达，讲玄了，讲雅了，反过来又不无贬义地说先生的思想是“素朴的辩证法思想”。这不仅是在抬高自己，也是在吓人、骗人！真是数典忘祖，亵渎了您老先生！

答：不过你应该考虑时代的差别。我这个人，我的思想，毕竟不是近现代社会的产物，毕竟产生在两千多年前。我的书只写了五千字，那时写书不方便哪！在竹简上一个字一个字地写，可艰苦呢！近现代许多洋洋洒洒的巨著，动辄数十万言，中国现代的许多硕士、博士借助电脑一两年就能写上两三本著作。

18. 问：不能以此衡量思想的价值。学术水准是不能用书的厚薄和文字的多少来衡量的。迄今为止，有几本著作超过先生的五千言？

答：不一定。后来居上，也许会超过我。

十、“祸兮，福之所倚；福兮，祸之所伏”

19. 问：先生，我们已经讨论了事物的对立和依存关系的问题，现在想同您讨论事物对立面互相转化的问题，这也是先生辩证法思想的一个重要组成部分。先生说过一句名言：“祸兮，福之所倚；福兮，祸之所伏。孰知其极？”（第五十八章）这些话分量很重，它表明：事物发展到一定程度，就会变成它的反面。前面谈到的“正复为奇，善复为妖”（第五十八章），也是这个思想的体现。无论是祸与福，正与奇，善与妖，凡是对立面，总是经常在变化的，而且这个变化的过程是没有穷尽的，所以说“孰知其极”——谁能知道它最后的道理？谁能确定它有没有终点？

答：倚者，依也；伏者，隐也。有躁动，有变化，就会有福有祸，祸福无常。吉凶悔吝，都是由于动的因素、变化的法则。福可以变为祸，祸也可以化为福。因为变，由于动，福因此依于祸，祸也因此隐于福。这种变化，无穷无尽，不可捉摸，谁能知道祸福变化之法则，谁能精确地掌握祸福穷尽之规律？

我为什么要谈祸与福的变化呢？因为这是直接关系到一切人的大问题。人类生活在世界上，由于自然的、社会的变化不定的因素，会强烈地感受到“祈福无门”的忧患，人人祈福避祸，但是祸福只是一种心灵安慰，并不依随人的意志转。祸福成为左右一个人、一个家庭、一个民族、一个国家的变化不定的因素，决定他们命运的存在形式。祸福的变化无时不在，无处不在，所以人们总是祈福而拒祸。然而，求菩萨，拜上帝，祈真主，心再诚，意再专，虔诚祝愿并不能左右人类祸福的命运。这里就有一个掌握祸福变化法则的问题。认识上清醒，处理上冷静，措施得当，就可能防止或减缓由于祸福交替的突然变化而带来的大悲大喜。对于这个涉及人世间一切人的永恒的问题，我思考了多少年，看够了盛衰兴亡和荣辱升降，才悟出了“祸兮，福之所倚；福兮，祸之所伏”这两句话。芸芸众生，只要不是白痴，都能从生活经历中直接体验到这一真理的普遍存在，只不过他们没有从哲理上进行总结、归纳和概括。我不过是做了这件事并形之于文字而已。应当说这是我智慧的结晶。

20. 问：这两句话已成为历史的哲理名言、人类的智慧结晶。我不明白，魏晋时代思想家王弼在他的代表作《老子注》里，为什么不对这两句话进行解释？是不是这两句话讲得太深刻也太明白了，已没有必要再进行解释？或许是这个原因。韩非倒是进行了解释的，他对祸福变化的“倚”与“伏”的辩证关系，讲得既深刻，又通俗。他在《韩非子·解老》中是这么说的：“人有祸则心畏恐，心畏恐则行端直，行端直则思虑熟，思虑熟则得事理；行端直则无祸害，无祸害则尽天年。得事理则必成功，尽天年则全而寿。必成功则富与贵。全寿富贵之谓福，而福本于有祸。故曰：

‘祸兮，福之所倚’，以成其功也。人有福则富贵至，富贵至则衣食美，衣食美则骄心生，骄心生则行邪僻而动弃理。行邪僻则身死夭，动弃理则无成功。夫内有死夭之难，而外无成功之名者，大祸也，而祸本生于有福。故曰：‘福兮，祸之所伏。’”韩非子在这里，把人的祸福变化的细致过程和心理状态的微妙变化，揭示得入木三分，读之令人掩卷感叹。因为世上这样的事、这样的人（从大人物到小人物），真是太多了！几千年来历史上、生活中上演了多少这样的悲喜剧。有多少事实，印证了“祸兮，福之所倚；福兮，祸之所伏”这真理！

答：辩证法无时无处不在，这是你们的说法。表现在祸福变化的关系上，也表明事物的相互对立、相互依存和相互转化是“道”的法则的一个具体表现。祸与福的对立与变化包含在统一的事物之中，祸与福的双向性的变化，是因为存在变的原因和条件。韩非的深刻透彻，就在于他很具体地说明了变的原因和条件。人要自觉认识祸福这种变化的法则，懂得祸福变化的原因和主客观条件，是很不容易的。尤其是一个人处在“福”的环境和氛围中时，更不容易清醒。“幸福”感的优越条件，往往使他昏昏然，踌躇满志，趾高气扬，忘乎所以，他会自己创造条件使自己从福滑向祸的深渊。相反，处在“祸”的灾难和逆境中，痛苦和不幸，反而使人清醒、冷静，善于反思和总结。春秋时期越王勾践卧薪尝胆的史实，最能说明问题。汉代的刘向有一句话对理解祸福关系的辩证法很有启发，他说：“得其所利，必虑其所害；乐其所乐，必顾其败。”（《说苑·敬慎》。《太平御览》卷四五九《说苑》引作《老子》，误，实为后人发挥我的话而已。）他强调的是在福的顺境中更应该清静持重，这是很有道理的，因为这时的人更容易昏昏然、飘飘然，潜伏的危险也更大。

十一、“祸莫大于不知足”

21. **问：**先生总结的这两句话所体现的深刻的哲理性，对历代人都有超时空的意义和价值，因此，历代思想家、政治家和学者都十分重视先生这句名言。《荀子·正名》曰：“权不正则祸托于欲，而人以为福；福托于恶，而人以为祸。此亦人所以惑乱祸福也。”又《荀子·大略》曰：“庆者在堂，吊者在闾。祸与福邻，莫知其门。”得意忘形者在大厅里欢庆胜利，却有人在巷子里凭吊他未来的灭亡。《吕氏春秋·制乐》曰：“故祸者福之所倚，福者祸之所伏。圣人所独见，众人焉知其极。”《文子·微明》曰：“利与害同门，祸与福同邻，非神圣莫之能分，故曰：‘祸兮福所倚，福兮祸所伏，孰知其极？’”汉代思想家贾谊在《鹏鸟赋》中也写道：“夫祸之与福，何异纠缠；命不可测，孰知其极？”祸与福是纠缠扭结在一起的，谁知道它向什么方向变化？直接关系到个人命运的祸福关系的不可捉摸的变化，充满了辩证法的哲理，连贾谊这样的大思想家也有疑惑和不解，甚至打上了宿命论的印记。他们都引证或发挥先生这句名言，可见先生思想影响之深远。

答：在祸福关系的变化上，要考虑人的主观因素。我在《道德经》第四十六章中说：“祸莫大于不知足。”不少祸，是由于人的不知足而招致的。因此，人的不知足之心以及与此相关的作为，就是变福为祸的原因和条件。不知足可以积贪欲和邪心为大祸。韩非说：“祸难生于邪心，邪心诱于可欲。”（《韩非子·解老》）一句话，不知足，对权力、财富的邪心、贪欲，都会诱发大祸。这个问题，我们以前讨论过，这里就不多谈了。

十二、“物极必反”“曲则全”云云

22. 问：这种“物极必反”，强调对立面经常转化的观点，在先生的辩证法思想中是一以贯之的。例如，先生说：“曲则全，枉则直，洼则盈，敝则新，少则得，多则惑。”（第二十二章）也贯串了辩证法思想，既讲到正面，也讲到反面，又讲到从正面到反面的转化。委曲反而能保

全，屈枉反而能伸直，卑下反而能充盈，敝旧反而能新奇，知识少反而有收获，知识多反而迷惑。通常人只看到或想到一面，不大会注意到它的反面，不想从反面看问题、想问题和处理问题，这就是缺少辩证法思想，就会在认识事物时造成片面性，处理问题时造成失误。

答：“曲则全……”这六句话，不是我的发明，而是古代的成语，所以我特地声明“古之所谓‘曲则全’者”。（第二十二章）这也说明中国古代思想充满了智慧。在古代成语和民间谚语中有许多充满了辩证法思想，它们是人民大众在长期的生产实践和社会交往过程中细致观察和认识事物的经验的总结，充满了启人心智的哲理，我认同它，所以在我的书中引用了这几句话。这几句话的专利权不属于我。

23. 问：先生这种实事求是的学者态度令人崇敬。“曲则全”不是先生的发明，却符合先生的哲学思想，也是先生所持的处世态度。《庄子·天下》说：“老聃之道，人皆为福，己独曲全。”“曲则全”不仅合乎处世之道，也是普遍的社会现象。《庄子·人间世》说：“拳曲而不可以为栋梁。”木材是有曲有直的，《书·洪范》说：“木曰曲直。”但是越是粗大笔直的木材，越是早早地被砍伐，因为它可以用来建屋架桥。卷曲的木材不派用场，所以它能保存下来。生产和生活中有许多事情包含了“曲则全”的真理，人民群众从实践中认识了这是真理，以简明的语言记载了这个真理。

答：还有，“枉则直”，大直若屈，江河万折而必东，总归流向大海，所以，叫“枉则直”。《论语·颜渊》云：“举直错诸枉，能使枉者直。”（把正直的人提拔上来，位置在邪恶人之上，能够使邪恶人正直。）《淮南子·本经训》称：“矫枉以为直。”讲的都是“枉”与“直”的关系和变化。这都是普通的道理，但包含着辩证法。其他的几条，都容易理解。看似矛盾，实质是对立的统一。从这些似非而是的语言中，可领悟人民群众智慧的辩证法思想。我也从中学到不少有益的东西。

24. **问**：由此我还想起先生的名言："兵强则灭，木强则折"（王弼本作"兵强则不胜，木强则兵"。参《文子·道原》、《淮南子·原道训》、《列子·黄帝》引《老子》改）。"坚强处下，柔弱处上。"（均见第七十六章）军队强大了就会破灭，树木壮大了就会被摧折。坚强者处于劣势，柔弱者处于优势。先生在这里既说明了柔弱胜刚强的辩证法，也说明了事物的对立面无一不向其反面转化的规律性——物极则反。先生还指出："金玉满堂，莫之能守。富贵而骄，自遗其咎。"（第九章）钱多了，会走向反面，不能守得住。因富贵而骄狂，会让自己遭灾。我们在前面讨论的社会问题："大道废，有仁义；智慧出，有大伪。"（第十八章）实质上也是事物的矛盾的对立和转化。任何事物内在的对立的矛盾的两方面，都处在互相渗透、斗争和转化的运动之中。对立物包含在统一之中，而统一意味着对立和分裂，潜伏着变化和转化。一切自然现象和社会现象的运动过程，都具有相互矛盾、相互排斥并向另一方面转化的倾向。要认识世界上一切事物的运动过程，都要把这些过程当作对立面的统一和变化的规律来认识。先生许多思想，就包含着这样的认识，充满了辩证法。

答：我只有直觉的认识和简单的归纳，说不出你讲的这些文绉绉的现代哲学语言。不过我能听懂，你们无非是把平常的道理涂饰上高深的语言色彩，让常人在哲学的殿堂里向发出这些高深语言的哲人们顶礼膜拜，让哲学远离人民。

25. **问**：我们也向先生顶礼膜拜，您没有看到道观三清殿中先生高大巍峨的塑像吗？《道德经》也是经典啊！古代和现代的表述是不一样的，有时代的差别，但本质和内容是一样的。现代社会的科学技术可以为辩证法增添新的证明，却没有增添多少基本原则。如果要我对先生的辩证法思想进行评价，我要说，先生代表的这种思想是当时中国（我不敢说世界）的最高水平，因为在先秦诸子百家中还没有哪一家达到先生这样的水准。

然而，也因为当时时代条件决定的生产和科技水平的限制，先生的辩证法思想也有时代的局限。譬如，先生讲了事物的对立面的相互转化，但是没有能说明这种转化是在一定条件下作用的结果。例如，祸可以转化为福，福也可以转化为祸，按先生的意思，这种转化不必有斗争，也不需要一定的条件，祸与福可以自动转化。这种说法看来有问题。黑格尔说："矛盾则是一切运动和生命力的根源；事物只因为自身具有矛盾，它才会运动，才具有动力和活力。"（《逻辑学》下卷，商务印书馆1976年版，第66页）毛泽东说："矛盾着的对立的双方互相斗争的结果，无不在一定的条件下互相转化。在这里条件是重要的。没有一定的条件，斗争的双方都不会转化。"（《关于正确处理人民内部矛盾的问题》）"在一定条件之下，矛盾的东西能够统一起来，又能够互相转化；无此一定条件，就不能成为矛盾，不能共居，也不能转化。"（《矛盾论》）这两位哲学家强调了两点：一是矛盾是运动的原因，二是运动和转化需要一定的条件。先生好像没有强调这两条。

答：我没有读过黑格尔和毛泽东的大作。我那个时代也不会用他们的语言和他们习惯的思维方式。即以"矛盾"二字而言，它来自于《韩非子·难一》中的"以子之矛，陷子之盾"，用以比喻相互抵触，互不相容。近代的哲学语汇借用了它。如果你是指事物内部对立着的诸方面间相互依赖又相互对立、排斥的关系，那么，在我罗列的有无、难易、美丑、善恶、长短、高下、前后、损益、刚柔、强弱、祸福、荣辱、智愚、巧拙、大小、生死、胜败、攻守、进退、静躁、轻重等"对立统一"的事物中，本来就包含着矛盾。只不过在我那个时代，语词的发展和运用以及借用，还没有到使用"矛盾"这两个字的时代。这里有一个因时代条件和环境的变迁而约定俗成的语词和术语的使用问题，即语境。每个哲学家可以有新的哲学名词的创造（例如我的"道"，孔子的"仁"），但不能要求他使用不是他那个时代的语言。这个问题可以讨论。

至于你说我没有讲到矛盾的"斗争"的含义，那必须说明，"斗争"二字的本义是指事物对立面之间的互相对立和互相排斥。我要反问你一句：我在上面提到的种种具体事物的两个对立面，有哪一对不是相互对立和相互排斥（同时也是相互联系）的？用你们现代的哲学语言来说，就叫“矛盾着的对立面又统一又斗争，由此推动着事物的运动与变化”。你们这些现代哲学家和哲学史家，往往喜欢用你们现代的名词、概念来比照古代的哲学思想和概念，这并无不可；但要以名词和概念的时代性差异（语境），证明你们一定比古代的哲学思想高明，那就未必，何况这其中还存在着几百年甚至几千年的时间差。

再讲到你批评我的有关事物两极变化的条件问题。不错，变化或转化总是要有条件的。鸡蛋变鸡，水结冰或蒸发为气体，人人都知道要有温度的条件。没有人蠢到连这个普通的道理都不懂。我没有明确说到“条件”或相关的词语，不等于说我认为没有条件事情也会向另一方面转化。如我说“富贵而骄，自遗其咎”（第九章），这“骄”，就是条件（外部条件作用于主体而发生向另一极的变化）。怎么能说我不讲条件呢？又如，我说：“将欲弱之，必固强之；将欲废之，必固兴之；将欲夺之，必固与之。”（第三十六章，具体内容，我们以后再讨论。）这就是要创造不利于对方的条件，使他们走向反面，陷于不利。我说“多藏”必招致“厚亡”，为了避免财产的损失，主张最好不要多藏，这也是避免造成事情向反面转化的条件。我要人“果而勿矜，果而勿伐，果而勿骄”（第三十章），也是要成功者不要创造条件使自己从成功走向失败。同样，我要人“去甚，去奢，去泰”（第二十九章），也是要人注意不要自己创造条件使自己走向失败，要人懂得“福兮，祸之所伏”的辩证法法则。

从这些事例中，你可以看一看，我有没有忽视“条件”对事物发生变化的作用？能不能认定我是脱离了条件讲变化？所以，认为我讲变化是不讲条件的，不合我的思想实际，是你们的主观臆测。我是衰朽了的过了世、也过了时的古代思想家，不会也不可能使用你们的哲学语言，但不能因此就抹煞了我没有明确表达的内容。站在我肩膀上的现代哲学家应当谦虚地看到他们何以比我高那么一截。他们不应忘记，我们之间有两千多年的时空差距。事实上，他们也未必比我高明。

26. 问：先生的驳论是有说服力的，我能够理解先生的意思，我从来也没有贬低过先生思想的价值。由于时代的差距，我们超越时空的讨论后人对您的误解甚至曲解，您完全有权利进行申辩。这正是我们这种超越时空的讨论的优越性，否则您也只能听任别人不负责任的诬陷和歪曲了。我认为，一个现代人对您和您思想的批评，只能作为一种看法，而不是定论。有一本现代学者写的《中国哲学史》教科书上，有一段文字对您的辩证法思想进行了评价，我以为是很有代表性的，不妨把它抄录在这里，以供先生参考。这一段是这么写的："老子的辩证法思想继承了《易经》和春秋以前丰富的辩证法思想的成就，并在前人成就的基础上有所发展。它的缺点在于注重柔弱，反对进取，不敢迎接新事物；脱离了条件讲变化，没有摆脱循环论的影响。老子的辩证法还有过分强调矛盾对立面的统一性而忽视矛盾对立面的斗争性的一方面，因而包含有走向相对主义的可能。庄子的相对主义哲学体系就是沿着这条道路发展的。这些消极因素，在一定程度上妨碍了老子的朴素的辩证法的正常发展。"（任继愈主编：《中国哲学史》第1册，第54页，人民出版社1966年版）先生能不能对这个结论性的评价做出驳论？

答：我没有兴趣，也没有精力作什么驳论。在我以后，许多思想家都打过哲学官司，甚至把对方骂得狗血喷头，我没有打过这种官司。这种官司的审判官是没有的。我的书还在，大家都可以读，并用来对照。是我非我，我都不在乎。我说过："正言若反。"（第七十八章）正面的话恰像是相反的。我说的许多道理，往往是同常人认识的道理是相反的，所以，我讲的道理不容易为一般人所理解。"上士闻道，勤而行之；中士闻道，若存若亡；下士闻道，大笑之，不笑不足以为道。"（第四十一章）哈哈哈……

27. 问：先生，我不是上士，也不是下士，可能只有中士的资格和认识水平。同您讨论问题，听您讲道，我常会发出会心的微笑，但不会大笑。我以为，只要不带偏见，不戴有色眼镜，细心又虚心地体察您的思想，就会有所悟，有所得。先生刚刚谈到“正言若反”（第七十八章），这里是否还有一个现象与本质的问题？本质是事物的内部联系，现象是本质在各方面的外部表现。本质和现象是统一的，但又并不直接相符合。假象也是事物本质的一种表现，但它是事物本质的一种歪曲的、颠倒的表现。现象可以反映本质，表现在“言”上，即“正言若正”，正面的话就作正面理解；歪曲的现象可以掩盖本质，这就是“正言若反”，正面的话恰像是反面的。在人的社会交往中，在经济活动中，特别是在政治家的政治斗争中，“正言若反”，当面说得好听，背后捣鬼的事比比皆是。不说假话就办不成大事，这是玩弄政治权术的人的心里话。在很多情况下，你必须从“正言”的反面，才能真正理解它的真实含义。

答：这里有相联系的两层意思。一层意思是相反相成，正面与反面构成为同一体。另一层意思是外在现象和内部实际，就是你们说的现象与本质。曲则全，枉则直，洼则盈；柔弱胜刚强；损而益，益而损；知不言，言不知；无为则有为；不益生则久生，等等，都有“正言若反”、相反相成的含义。这是第一层含义。第二层含义，兼有相反相成和现象与本质的双重意义，我说的“上德若谷，大白若辱，广德若不足，建德若偷，质真若渝，大方无隅，大器晚成，大音希声，大象无形”（第四十一章），就兼有双重含义。你看，崇高的德行好像卑下的河谷，最光彩的好似卑辱，最大的“德”好似不足，刚健的“德”好似怠惰，质朴纯真的好像不能坚持下去，方正的东西好像没有棱角，贵重的东西总是最后制成，最大的声音听来反而稀声，最大的形象反而无形，这不都是事物的两极相反相成吗？从现象和本质的范畴看，这不是现象和本质的不一致吗？世界上这两种情况兼而有之的现象比比皆是，我只是把这些情况记录下来而已。

28. 问：不是单纯的记录，是经过细致观察、深思熟虑的，所以先生的表述才能入木三分，启人心智。我还想到，先生说过：“信言不美，美言不信。善者不辩，辩者（‘者’，别本作‘言’）不善。知者不博，博者不知。”（第八十一章）也指出了某些事物的表面现象和内在本质的不一致。这种遍及世界的现象和本质不一致的社会现象，提醒我们，不能从表面现象看问题，不然会上当受骗。对信誓旦旦的人，对好话说尽的人，对说大话吹牛皮的人，都得留点神。因为他们说过了头，你不能不留心他们的动机和用心。不过也不能说死，也有可信的“信者”，“善”的“辩者”，“博”的“知者”。一种是现象反映本质，一种是假象掩盖本质。区别现象和假象，需要时间；检验的一个办法，是看它的外部表现是不是过了头，过了度。

答：王弼注第八十一章时，有两句话说得不错：“实在质也”，“本在朴也”。讲过了头，做过了头，就会丢掉反映事物本来面目和本质的质朴，就变成了虚假，就会走向反面。用你们现代的哲学语汇来说，就叫量变引起质变。

十三、老子辩证法包含质量互变的定律（韩非的诠释，法家深化了我的思想）

29. 问：在先生的辩证法思想中，也包含了这一质量互变的辩证规律。您说：“合抱之木，生于毫末；九层之台，起于累土；千里之行，始于足下。”（第六十四章）毫末（种子的萌芽）不是大树，但毫末不断发展，最终会长成合抱的大树。这时，它同“毫末”就有质的不同了。一堆土成不了高台，但不断积土，最后可以垒成高台，九层台和一堆土又有质的不同。“千里之行，始于足下”，先生这句名言，千百年来启迪和鼓舞了多少人成就了大事业。这精彩而又通俗的表述，深刻地诠释了量变引起质变的规律。荀子说：“跬步而不休，跛鳖千里；累土而不辍，丘山崇成。”（《荀子·修身》）就是从先生这句话来的，不过就不那么通俗易懂了。大意是说，脚不好的人走路，只要不停步，就好像坏了脚的老甲鱼也能爬行千里。先生又说：“图难于其易，为大于其细。”（第六十三章）难和易，大和细，差别很大，但从一点一滴的细小努力做起，即可完成巨大的工作，这就叫“天下难事，必作于易；天下大事，必作于细”（第六十三章）。

在人的日常社会生活中和国家的政治活动方面，先生也有意识地运用质量互变的规律提出处理问题的方法。您说：“其安易持，其未兆易谋；其脆易泮，其微易散。”（第六十四章）认为在事物未稳定时，它的稳定容易维持；事物还没有显著变化的迹象时，容易打主意；事物还脆弱时，容易消融；事物还微细时，容易打散。这就是说，在事物的量变还没有引起质变时，处理问题比较好办；一旦量变引起质变，就得用另外的办法了。先生说：“为之于未有，治之于未乱。”（第六十四章）此言极是。当时虽然没有概括出质量互变这个规律性，但先生实际上已对此提出了深刻的见解。这应归功于辩证法思想的伟大。

答：我还想提提韩非对我论述的解释。在我以后的时代里，我认为韩非对我许多思想的诠释是有深度的。他虽然是法家代表人物，但对我的思想很注意研究和吸收。可以不夸大地说，我的思想是形成法家思想体系的一个重要组成部分。他曾用“千丈之堤，以蚁蝼之穴溃；百尺之室，以突隙之烟焚”（《韩非子·喻老》）的形象语言，说明了量变引起质变的规律。千里大堤，阻隔江水，但是，小小的蚂蚁打的洞穴可使长堤在顷刻之间崩塌，造成大水灾；烟囱里的小火星，可以把百尺高楼烧成灰烬。所以，白圭治堤，从填塞蚁穴开始；丈人防火，从填没烟囱空隙实行。韩非说：“此皆慎易之避难，敬细以远大也。”（《韩非子·喻老》）

韩非还举了名医扁鹊给蔡桓公治病的事例，说明小病不治，大病吃苦的道理。扁鹊初见蔡桓公，对他说：你有病在腠理（中医名词，指皮肤的纹理和皮下肌肉之间的空隙），要赶快治，不然会转成重病。桓公说：寡人无病，不必治病。还讽刺扁鹊说：做医生的都以为自己能给别人治病，以表示自己有本事。十天后，扁鹊又见桓公，说：君之病已到肌肤了，不治，恐怕要更深了。桓公仍然不理他，而且显得很不高兴。再过十日，扁鹊又见到桓公，对他说：你的病已到肠胃了。桓公还是不理睬他。又过了十天，扁鹊见到桓公，看了看他，什么也没说，就走了。桓公叫人问扁鹊，为什么不说一句话，回身就走？扁鹊说：“疾在腠理，汤熨之所及也；在肌肤，针为之所及也；在肠胃，火齐之所及也；在骨髓，司命之所属，无奈何也。今在骨髓，臣是以无请也。”（《韩非子·喻老》）又过了五天，桓公全身疼痛，急忙叫人去找扁鹊，扁鹊早逃到秦国去了。不久，讳疾忌医的蔡桓公就一命呜呼了。韩非用这个故事，生动地说明了“天下难事，必作于易；天下大事，必作于细”的道理。安国治民也是一样的道理。所以他指出：“明君见小奸于微，故民无大谋；行小诛于细，故民无大乱。”（《韩非子·难三》）此言甚是。

十四、“慎终如始，则无败事”“虑终之患如始之祸，则无败事”

30. 问：王弼说：“虑终之患如始之祸，则无败事。”（《老子注》第六十四章）这话讲得真好，译成白话很不讨巧；细细揣摩，能够理解其中的哲理。家事，国事，天下事，哪件事不是这样的呢？量变到质变，这也是辩证法对立统一规律的一个法则。

答：重要的是真正懂得这个法则，并有始有终地遵循这个法则去做。“慎终如始，则无败事。”（第六十四章）如果办一件事，直到终结前还是像开始时一样慎重，那就不会遭到失败了。希望我们大家都应如此，则天下幸甚，国家幸甚，百姓幸甚。今天就谈到这里吧。

第十一章　策略思想

一、论策略　《道德经》的策略思想

1. 问：先生，我们就您的辩证法思想进行了广泛而有意义的讨论，我对先生的辩证法思想有了进一步的认识。辩证法无所不在，它也涉及策略思想和策略的运用。在以上有关问题的讨论中，我们或多或少已涉及这个问题。今天，想专门就这个问题向先生讨教。

策略，按我们今天的解释，是根据形势的发展与变化而制定的行动方针和斗争方式。人在社会中的存在、运动（行动）和发展，有成有败，有得有失，有曲有直，在许多时候、许多事情上都有一个策略运用的问题。策略符合事物发展的态势，而得以成功；策略不符合事物发展的态势，而导致失败（人们称之为“失策”）。策略是人的思维运动（主观思想）和在这种思维运动指导下的行为方式，是不是合乎客观外在事物运动规律的表现。一个成熟的、头脑清醒的人，在社会存在和社会关系上，都会程度不同、水平不等地使用自己认为是正确的策略，用以处理他的人际关系，并表现在社会生活的各个方面。策略在政治、军事、经济上的运用，是它的大范围、高层次的应用。人们往往把策略同政治家的政治策略和军事家的军事策略联系在一起，是因为在这两个斗争十分尖锐的社会领域中的策略运用，特别有意义、有影响，也有技巧，在这些领域里可以玩出策略的最高水准。先生不是政治家、也不是军事家，而是一位思想家、哲学家，也可以说是一位历史学家，但您在《道德经》中表达的策略思想是非常丰富高超的。这同您作为一位思想家、哲学家、历史学家的定位是分不开的。但要研究，为什么这与您思想家、历史学家的定位有关系？这也就是我读了《道德经》以后，想同先生专门探讨您策略思想的缘由。

答：你对策略和策略思想的评述有一定道理。策略和策略思想涵盖的范围可大可小，大可大到政治、军事，小可小到对某一具体事物的行动方针。我没有打过仗，也没有当过统治者，但我读过的史书很多。军事策略和政治策略的记载，是中国史书记载的主要内容。我从这些史实中升华和提炼，也从社会的丰富实践中思考和探索，并从这方面进行一些总结。你把策略同辩证法联系起来思考，这是正确的。任何正确的、行之有效的策略，可以说，都是对辩证法的具体应用，都是对辩证法的运动法则，对事物的相互依存、相互对立和相互转化的规律的正确理解和灵活运用。可能是因为在我的书里有你们称之为“朴素辩证法”的思想，因此衍生了我在具体事物上的某种策略思想。不过，这只是从大的角度而言。至于具体论述一个人的策略思想，又各有区别，各有特点。各人因为指导思想的不同，他的策略思想也是不同的。有的主动，有的主静；有的主热，有的主冷；有的主紧，有的主松；有的主进取，有的主退守；有的主刚，有的主柔。因人而异的不同的策略思想，是因人不同的指导思想在行为方式和行动方针上的表现，各有它的原则，它的特征。正确的策略是对辩证法的正确理解和灵活运用。

二、正确的策略是对辩证法的正确理解和灵活运用

三、老子策略思想：“无为”宗旨和柔弱胜刚强的原则

2. **问：**具体说来，我以为，先生的策略思想是同您的“无为”宗旨和柔弱胜刚强的贵柔守雌原则分不开的。

答：一点不错，这是我的策略思想的基本原则。如果说，“无为”是

产生并指导我的策略思想的大前提、总原则，那么，贵柔、守雌、柔弱胜刚强，就是这个大前提、总原则的实施方案。我们以前已经讨论过“坚强者死之徒，柔弱者生之徒”（第七十六章），“天下莫柔弱于水，而攻坚强者莫之能胜”（七十八章），“牝常以静胜牡，以静为下”（第六十一章）等“柔弱胜刚强”（第三十六章）的命题。它们既是我对世界万事万物对立两极的观点，也是我运用具体策略的指导思想。世人（应该说是“俗人”）在世事纷争中，一般都持强硬的态度、硬碰硬的方式，以迅速达到“勇者先”、“强者胜”的军事、政治或经济的目的。独有我，看法不同，做法也不同。

是不是他们的做法能达到目的，而我这种悖于众人的做法达不到目的呢？恐怕未必。要看最后的结果。他们的想法和做法是直线的，简单的，而我的看法和做法是曲线的，迂回曲折的，可往往是我的策略能达到目的，他们的做法未必能达到目的。是谁正确，看事实，看结果，不是看谁凶谁狠。

四、老子策略思想“四要”：不为天下先，后发制人，藏而不露，功成身退

3. **问：**先生以“无为”为宗旨、以“柔弱胜刚强”为原则的策略思想，确是与众不同。与众大不同的策略，必是出奇制胜的策略。先生能不能把您的策略思想的要点，对我逐一作简单的介绍？

答：说我的策略思想有出奇制胜的高人之处，实不敢当，因为我的策略思想说白了，实在平常，没有什么能出奇制胜的。简要地归纳，有四条：第一，不为天下先，以不争达到目的。第二，后发制人，是谓“微明”。什么叫“微明”？还有相关的“袭明”，后边再解释。第三，藏而不露，是谓“袭明”。第四，防微杜渐，成而不骄，功成身退。这四条可以概括我的思想。

五、“不为天下先”是保持成功、避免失败的策略

4. 问：这四条，简单明确。还没有人这样归纳过。我在读《道德经》时，也没能从先生丰富多彩的策略思想中总结出来。第一、第四条，一听就懂；第二、第三条，可以大致理解它的意思，还是请先生深入解释一下吧。

答：先说第一条，不为天下先。我曾把“不为天下先”说成是我“三宝”中的一宝。《道德经》第六十七章：“我有三宝，持而保之：一曰慈，二曰俭，三曰不敢为天下先。”慈和俭，前面讨论过，这里只谈“不敢为天下先”。“不敢为天下先，故能成器长。”不敢走在天下人前面，所以能做事物的首长。这句话的精神，是以退为进，不出头，不抢先。出头，抢先，容易先受攻击，也最容易遭到失败。这是第一层意思。不敢为天下先又是一种谦虚卑下的态度，是一种不妄生事而常虚心的处世态度。这样的人，世人会尊敬他，他也因此而成才器，成为众人之长。这是第二层意思。不为天下先，又是顺应万物规矩的合乎自然的态度。韩非说：“万物莫不有规矩……圣人尽随于万物之规矩，故曰：‘不为天下先。’”（《韩非子·解老》）他把“不为天下先”提到“万物之规矩”的高度。在万物运行的法则下，合乎自然、循于规矩地行动，就应该是“不为天下先”。这是第三层意思。这三点，从不同的角度说明了为什么应持“不为天下先”的原则，“不为天下先”是保持成功、避免失败的策略。韩非总结说：“不敢为天下先，则事无不事，功无不功，而议必盖世。”（《韩非子·解老》）这话说得很对。

5. 问：先生的策略思想同常人所思所想所作所为是不一样的。凡事争先，争为鸡首，不为牛后，是常人的思维方式和行为方式。也应该承认，不少事情是这样做成功的。先生却反其道而行之，认为能退守才算勇敢，能收缩才能开展，不出头抢先才能走在最前面。认为如果违背这三条原则，就会失败。这一策略思想，很有辩证法，是您“无为”的指导思想

和贵柔守雌、柔弱胜刚强原则的运用。不过，也有问题，不揣冒昧向先生提出，请予指教。先生是不是太强调了“不为天下先”？把后和先、退和进的关系看得太绝对化了？我以为，后和先、退和进的策略，也应该因时因地因条件的变化而变化，而不能一成不变。有时强调退是适合形势，有时强调进、为天下先，也是适合形势。先生不是强调辩证法的变化法则吗？只强调“不为天下先”，主张后和退，不承认有时也必须争天下先，采取先与进的策略，是不是太绝对了？这岂不是也违反了辩证法？

答：不错，在后与先、退与进的事物对立和变化上，我是强调前者而不是后者，主张前者而不是后者。我的策略思想本来就是以退为进，贵柔守雌，不出头，不抢先，柔弱胜刚强，而且确信：只有这样才能行得通，才能取得成功，才能不遭到失败。如果我认为在某种情况下可以出头、抢先，以进为主，刚强胜柔弱，那就不是我的思想了。每个人有每个人的主张，每个人有每个人的策略，但大致可分为刚派或柔派，进派或退派，鹰派或鸽派，目标都是取得成功。到底哪派能成功？我以为，从最终结果说，我的策略会成功。刚派或进派会得到一时之利，而最后将失去成功的希望。策略思想是指导思想的行为方式和具体化，不同的策略思想有它不同的特点和个性，也是在实践中的体验和总结。一旦形成了自己的看法，构成了自己的思想体系，改变它是很难的。所以，不必强求别人适应我，也不必要求我去适应别人。大家各跑各的道，各吹各的号，看谁最后能达到目的。用你们时兴的语言说：就是让实践检验谁拥有真理。

6. 问：先生在《道德经》第七章中说：“是以圣人后其身而身先，外其身而身存。”这也许可作为您以退为进的策略思想的一个说明，一个补充。先生认为：圣人把自己放在最后，自己反而占先；把自己置身于度外，生命反而能得到保全。

答：这就是我在上面讲到的三层含义中的一义：因为圣人谦和卑下，从不与人争先，因此别人也尊重他；因为圣人不与别人争执，从不与人与物为敌，所以人家也不把他当成敌人，他不会受到伤害，因而能得以保全自己。

六、“其无私，故能成其私”

7. 问：先生接着又说：“非以其无私邪？故能成其私。”（第七章）不正是他不自私吗？这反而能达到他自私的目的。先生在这里把以退为进的目的，说得再明确不过了。以退为进，就是为了保全自己。表现不为自己，反而能得到更多的好处；看来是无私，结果却是以无私达到自私的目的。先生的自白极其坦白，一点也不想为打扮自己而给自己套上美丽的光环。

答：这句话要看怎样解释。你那么解释，我不反对。但是，也可以这样解释：圣人使自己处于柔弱而卑下的地位，但他的才能和品格本来是应该居于人先、高于人之上的，然而他没有这样做，反而是事事、处处不为人先，甘居人后。这样做的结果，反而使人更加尊重他。本来人们应该给他各种好处、名誉地位、优越条件，而他寡欲无求，对这一切处之淡然，不追求，不争夺，置身名利权位之外。这样，别人（包括那些追名逐位、争权夺利的人）就不会伤害他。如果一个人具有这样的心境和心态，那就不是你所解释的“以无私来达到自私的目的”的意思，这也说明你并没有真正懂得我的以退为进的策略思想的含义。说得不客气些，未免有点“以小人之心度君子之腹”之嫌。

要解释一下“私”字。圣人“成其私”的“私”，不是私曲（不公正），也不是“私邪”（自私的坏心），而是谦下不争因而能得先得存的“私”，此“私”是以“无私”为前提的。《淮南子·道应训》举的一个例子，很能说明这种“私”的含义。有个叫公仪休的人，在鲁国为相。公仪休很喜欢吃鱼，做了相以后，奉承拍马的人都来给他献鱼。公仪休一条鱼都不接受。学生问他：夫子喜欢吃鱼，而不接受人家献的鱼，为什么呢？公仪休回答说：我是喜欢吃鱼，但因为做了鲁国的相，所以就不能接受人家献的鱼了。“夫受鱼而免于相，虽嗜鱼，不能自给鱼。毋受鱼而不免于相，则能长自给鱼。此明于为人为己者也。”我喜欢吃鱼而不会捕鱼，人家献给我鱼，久而久之，我这个相就会因受贿而被罢免。我不接受人家的鱼，也不会被免相，我就能用自己的俸禄一直去买鱼吃。这就叫明白为人为己、公私分明的道理。这个例子很有说服力，它同我说的“后其身而身先，外其身而身存。非以其无私邪？故能成其私”的道理是一样的。学者说我无私也好，说我以“无私”来达到自己自私的目的也好，都能找到他们的理由。怎么说，我都不会计较。

七、“终不为大，故能成其大”

8. 问：我理解先生的意思。王弼对这句话曾作过这样的解释：“无私者，无为于身也。身先身存，故曰能成其私也。”（《老子注》第七章）把自己放在最后，反而占先；置之于度外，反而保全。保存自己身体的存在，是以退为进的目标。从这个意义上说，也可以说是“成其私”。以退为进，以柔克刚的目的，自然是为了保存自己。有了身体这个人的生命寄托体的存在，才有可能得到益处。王弼这样解释先生的观点，不至于出入太大吧。从某种意义上说，先生以退为进，也是为了保全自己。说先生的动机和目的是“私”，也不为错。谁愿意在生活中寻求失败、倒霉乃至死亡？求保全，求成功，求胜利，最简单的是求生存，不要说人类这种万物之灵，就连动物，哪怕是最简单的动物，也是如此。否则就谈不上生命存在的意义，也实现不了生命的价值。

生命观是哲学观的一个基本问题，哲学家的探索都离不开这个问题。如何实现生命的存在与价值？这就有个策略问题。方式有两种，一种是进取，向前的方式，进的方式，硬的方式，斗的方式，毛泽东的斗争哲学即其代表。一种是退守，向后退的方式，软的方式，先生的哲学就是代表。一般说来，是强者进取，弱者后退。进取成效快，成功率高，但要付出巨大的代价，最后还得算一笔账，合算不合算；退守成效慢，进度慢，短时间内收不到立竿见影的效果，但比较稳妥，不必做出巨大的牺牲。这一直是人类在自然和社会运动方式中的两种抉择。先生是主张以退为进，不为天下先，认为从长远的过程和结果来看，这样做反而能成为事物的首长，获得成功。原因就在于这种策略合乎“道”的自然运行。“道”不同，策略也不同。我现在才比较透彻地了解指导思想和策略思想的同一性。先生的“道”是无为，策略自然是退守。这是合乎逻辑的。

答：这样说，你就说到点子上来了。策略是“道”的实现形式。不同的“道”，是以不同的策略为保证的。所以，你专门同我讨论我的策略思想，这可算是找对了门了。你的解释我同意。

八、“善用人者为之下”

9．**问：**以退为进，又引申为先生说的“圣人终不为大，故能成其大。”（第六十三章）始终不做大事，所以才能完成大事。这两句话是承上句“天下大事，必作于细”来的。本意是指做小事、细事，积累起来就会成为大事。另一层意思还指没有野心。开始做什么事都是小心翼翼，后来事情做大了，这个“小心”始终坚持下去，这样就能做成大事。这里不仅包含了慎终如始的意思，也强调一个人谦虚谨慎的重要性，有野心终究会走向反面。魏源在这里解释说：“始终皆能自小，所以能成其大也。”（《老子本义》第五十五章）就指这个意思。求其大而未必能成其大；一旦成其为“大”，便顷刻覆灭，这是成为“大”而不能为其“大”的辩证法。不求其“大”，事事、时时、步步从“小”做起，而且永远不抱为“大”的野心，终究反而能稳稳当当地成其“大”。这也是辩证法。这是先生的策略，也是先生的辩证法。

答：举个具体的事例来说明问题。例如用人的问题。我说：“善用人者，为之下。”（第六十八章）这是用人的一个原则，也是用人的一个策略。你想用人，发挥一个有才能的人的才能，用人的人必须对被用的人态度谦虚。如果因为自己是上司，处处表现得比被你用的人高明，人家就是有本事也不会尽力。魏源说："用人而不为之下，则不尽力也。"（《老子本义》第五十九章）这话千真万确。用人者高明处，就在于他会用人，而不在于他在哪件具体事情上比别人高明。用人的人要使被用的人尽其才，尽其用，原则和策略就是要真诚地显示你在某一方面他比你高明，而你自己不如他。你能用其长，就是用人者（你自己）之长。你完全不必嫉妒他，这就能因才施用，让他为你尽力。由于你是上司，最后总成绩还会算到你头上去（自然，上司应当奖励有才能有成绩的人）。这个道理，许多当官的都不懂。他们往往情不自禁地显示自己比一切下属高明，好像什么都懂。他们忘了自己的优势，只是因为"位在其上"，而不是"才在其上"。大官不可能样样都懂，不可能行行都是内行。他需要别人的帮助和参谋。他们应当记住一个平常的道理：一个篱笆三个桩，一个好汉三个帮。不懂"善用人者，为之下"的官僚是蠢官。这样的蠢官用不了人，也成不了事。当然可以说这是一种策略。但从根本上说，是原则问题，态度问题，是不是真正谦虚的问题，是不是真正求贤若渴。这就是"自以为小，故能成其大"。

九、"不争之德"　水之性"几（近）于道"

10. 问：先生这段关于用人策略的议论十分精彩。当官的应该好好读读您的书，听听您自己的解释。"善用人者为之下"是先生主张退守的一个策略的具体化，目的是借用别人的力量。在这句话后面，先生还总结、归纳了"不争"的原则，以"不争"达到"争"的目的。先生说："是谓不争之德，是谓用人之力，是谓配天，古之极。"（第六十八章）不与别人争的"德"，这叫做利用别人的力量，这叫做与天道相符合，这是自古以来就有的准则。"不争"是同"不为天下先"相配合的。先生早在两千多年前就提出"不争"，也可以说是提倡"不争哲学"吧。争或不争，这是人类自古以来如何处理相互关系的完全不同的方针。先生提出“不争之德”，一定有您的道理。就这个问题，请先生谈谈您的高见。

答：争，大概是动物的本性，也是人的本性。为了生存，为了活命，为了活得更好，为了更多地占有水源、土地、食物，于是就争。就连不言不语、不动声色的植物，也在为水、阳光和土地而争夺。人是最高等的生物，争的水平、等级也最高等。不仅是与天争，与地争，更多更重要的是与人争。把你嘴里的抢下归我吃，把你的份额抢到我手里，我就可以多一份。大概因为生活资料的匮乏，又生产不了那么多，于是就争就抢，就咬牙切齿，就磨刀霍霍，用争的方法把你的变成我的。可是，也不都如此，有时吃的用的还可以，但要活得更好，于是也争也抢，把人家未必是多余的东西也抢过来。多数情况是多少不匀、贫富不均而引起争斗。所以，儒家有一句话，叫“不患寡而患不均”。这话说得有理。说到底，争是利益之争。利益驱使人和人的斗争。高层次的斗争，如政治斗争、思想文化之争，蕴藏在最内层的，还是物质利益之争。军事斗争无非是把人与人的斗争武装化、军事化，是大规模的有组织的人群与人群的相互残杀。争的过程，就会用暴力，玩刀枪，耍阴谋，用诡计。于是，人类世界就会闹得一塌糊涂，不亦乐乎。于是，民不聊生，血流成河，白骨遍野。即使不流血，也会搞得人人自危，彼此鼓起了乌鸡眼，恨不得我杀了你，你吃了我。

“争”的事实，“争”的现实，使这个世界几乎人人都讲“争”。独有我，偏偏讲“不争”。这确是有悖于常情，有悖于常理。但是，你不要急，等我说了我为什么主张不争，为什么把不争作为我的策略，或许你会认为我讲得有理，就能了解我主张不争的好处和意义。我说：“上善若水。水善利万物而不争。”（第八章）水的“善”是最高的善。水之性，善于帮助万物而不与万物相争。水之性“几（近）于道”，是最接近“道”的原则的。水不争，它总是顺乎地形，以柔克刚，以退为进，以下胜高。你看，万物之中，柔润莫过于水，它遇方则方，遇圆则圆，有阻碍就绕过去；如果有堤坝硬阻挡它，它就慢慢蓄积，漫过阻挡它的堤坝，冲击下去。水不争，它用不争达到争的目的。王弼说：“人恶卑也。”（《老子注》第八章）大家都喜欢居于高位而恶于卑下，水却喜欢处在低下的位置。它自然而成形，无所不在，无所不往，无所不胜，这就是水的性格。最后到达目标的，还是这“无定形而靡不通”并能“润万物”的水。我喜欢用水来说明我的不争的策略思想。水之性启示了我。在某种意义上，是水激发了我以柔克刚的策略思想的形成。大自然哪，包含着哲学，孕育着思想。

11. 问：因此，先生在《道德经》第八章中才作了这样的结论：“夫唯不争，故无尤。”因为像水一样与物无争，所以才不犯过失。一个人，只要他有在众人之上的心，他就一定会去争。有争心，则必有尤（过）。不争，何尤之有？明代思想家李卓吾论述“上善”的水具有这种“不争”的品格时说：“众人处上，彼独处下；众人处易，彼独处险；众人处洁，彼独处秽。所处尽众人之所恶。夫谁与之争乎？”（《老子本义》第七章引）正因为水之不争，所以，谁也争不过它。江海所以能为百谷之王，就因为江海的水比百谷低下，百谷之水只能向江海汇流。所以，不争而天下莫能与之争，这是辩证法，是真理。

但是，要真正认识到“不争”的道理，在行为上做到“不争”，很不容易。没有这种境界，对这一真理没有参透，是不可能做到“不争”的。这也就是人类社会充满了“争”的原因。然而，也因为“争”，而生“尤”（过错），甚至毁了自己的身家性命。虽然“争”有危险，但因为有利可图，人们还是争得不亦乐乎……

答：所以，我说：“是谓不争之德，是谓用人之力，是谓配天，古之极。”（第六十八章）“不争”是一种“德”，叫做不与人相争的“德”。这种“德”善于借用别人的力量，它与天道相吻合，这也是自古以来就有的最高的准则。退守的策略，就是借用或利用别人的力量，而不要正面冲突，也就是以“不争”达到“争”的目的。这是最不容易的。天之道就是不争而善胜，“不争”的策略合乎天之道。

12. **问**：先生的“不争”策略，是先生之“道”的衍生和行动上的延伸。什么样的“道”决定什么样的策略。您的解释，使我对“道”与策略的关系，有了深一层的理解。

答：“夫唯不争，故天下莫能与之争。”（第二十二章）如果你看到天下有好高、争先、伐功、矜长的人，那我要劝你千万要沉得住气，希望你曲己以让之，枉己以逊之，不必对他有慢辞，也不必从心中激起嫉妒的恶意。让他去争吧。应当懂得，这不是顺从他，而是成全我的信仰，坚持我的“道”。

应当明白，唯其不争，才能长久，天下也不能与你争。不自贵大的人，才能长生不危。以“不争”的办法来取得别人无法争到的结果，这是我以退为进策略思想的一贯原则。

13. **问**：“唯下乃大”，是先生的宗旨；“唯不争乃安乃久”，是先生的策略。不矜能，天下人不能与你争能；你不自己夸耀自己，天下人才不能同你争功劳。《淮南子·原道训》说得好：“以其无争于万物也，故莫敢与之争。”这是先生“不争”思想的体现。《文子·道原》也说过相近的意思。《金人铭》也说：“君子知天下之不可上也，故下之。知众人之不可先也，故后之。”君子是明智的，明就明在他懂得“唯下乃大”的辩证法，懂得“唯不争乃安乃久”的哲理。我现在进一步明白了先生“不为天下先”和“不争”的指导思想，既是一种策略，也是一种操守。操守决定人的品格，策略是人的品格的说明。自然，这策略不是歪门邪道，不是阴谋诡计。

答：你也不必美化我。如果说我是以退为进，是以“不争”达到“争”的目的，那么，还是目标就是一切，这目标就是我的“道”，这也就谈不上操守与品格。“道”是一种信仰和追求，谈不上什么人格的崇高不崇高。

十、“将欲歙之，必固张之；将欲弱之，必固强之；将欲废之，必固兴之；将欲夺之，必固与之”不是权术，是历史经验，是君子对付小人之“术”

14. 问：先生说得好。我不是美化先生，而是服膺先生。说到策略，不能不提到您在《道德经》第三十六章中的名言：“将欲歙（同翕；《说文》：‘歙，缩鼻也。’转义为收缩、收敛）之，必固张之；将欲弱之，必固强之；将欲废之，必固兴之；将欲夺之，必固与之。是谓微明。”先生在这里不仅提出了强弱、兴废、予夺等互相转化的关系，也集中表达了先生以退为进的策略思想。从某种意义上说，这是一种权术。先生认为，在一切人与事的较量中，将要收敛它，必须暂且扩张它；将要削弱它，必须暂且增强它；将要废弃它，必须暂且兴起它；将要夺取它，必须暂且给予它。这是一种看不见的手段，心机深沉的聪明。

说这是权术，先生或许不高兴，可我是这么看的。韩非用历史事实给这种权谋作了说明。他说：“越王入宦于吴，而观之伐齐以弊吴。吴兵既胜齐人于艾陵，张之于江、济，强之于黄池，故可制于五湖。故曰：‘将欲歙之，必固张之；将欲弱之，必固强之。’晋献公将欲袭虞，遗之以璧马；知伯将袭仇由，遗之以广车。故曰：将欲取之，必固与之。起事于无形，而耎（通‘软’，柔弱的意思）大功于天下，故曰：‘是谓微明。’”（《韩非子·喻老》）以退为进，以弱示强，目标是成功。权术未必是阴谋，也可以是阳谋，简而言之，它是辩证法的灵活运用。先生这一策略，几乎用在哪里，就在哪里取得成功。先生在两千多年前就讲明了，所以，不是秘密，不是阴谋，但还是有人被这“阳谋”打翻在地，可见，此种策略，百发百中。自然，也有运用之妙，存乎一心的区别，这就要看用此策略者的智慧水准了。

答：这几句话是历史经验的总结，原有所本，我因之加以改造，成了这几句话。《周书》曾有言曰：“将欲败之，必姑辅之；将欲取之，必姑与之。”宋代的王应麟说，《周书》里的这几句话，可能就是战国时苏秦提到的《周书·阴符》（见朱谦之《老子校释》第三十六章）。我是读史书知道并加以充实发挥的。

你说我这几句话是权谋之术，非也。这是历史经验的总结，是对事物变化、消息盈虚的正确观察和灵活运用。世上万事万物，至壮则老。这几句话就是对事物发展这一规律的认识和运用。天下万物之理，有张必有翕（收缩），有强必有弱，有兴必有废，有与必有取。春生，夏长，秋敛，冬藏。天地万物的运动变化、消息盈虚，就是在这不断的变化即运动中过来的。任何事物，当它处在“张之”“强之”“兴之”“与之”的发展阶段时，“歙之”“弱之”“废之”“取之”的“潜几”，已隐伏其中。只是由于条件未成熟，时机未到，而没有显明出来而已，所以叫“微明”。我的说法，不过是点明了条件，寻求时机，让这种潜在的“几”显露出来而已。这叫推波助澜，因势利导，是策略，不是权术、权谋、权变。前者是褒义，后者是贬义。

策略，是一种随机应变的本领和智慧，本于对事物发展规律的正确认识，并在操作上掌握它的运动轨迹。很多人把我这几句话作贬义的理解，承认这很高明，却认为它很不道德。这是迂夫子的见解。要认识到我阐明的是运动的过程，是手段，含义是中性的，不寓褒贬。关键是通过这种途径达到何种目的（正当的，非正当的；崇高的，卑鄙的）。如果是为了灭强梁，伸正义，有何不可？有何不对？你应该把我这几句话理解为策略，而不是权术。

15. 问：看来王弼就是这样理解您这四句话的，他说：“将欲除强梁，去暴乱，当以此四者。因物之性，令其自戮，不假刑为大（一本作‘不大假刑为之力’）以除其物也。”（《老子注》第三十六章）他在这里认为这四句话表明了高明策略的正义运用，还点明了这是“因物之性”（顺应事物内部的法则）而采取的合乎辩证法的方法。他用的“令其自戮”四个字十分高明，同“因物之性”是相呼应的。可见王弼是深刻领会了先生思想的精髓的。正因为先生对这个“因物之性”的策略思想的继承和发展，所以历代许多学者都十分欣赏并引用您的这句话，《韩非子·喻老》、《史记·管晏列传》、《后汉书·桓谭传》都引用了大意相近的话，认为这是高明的策略，“政之宝也”（《史记·管晏列传》）。

答：我们再回过头来谈策略——你说的权术吧。如果说这也是权术，那也是君子对待小人之术。柔胜刚，弱胜强，是此术之本旨。君子待小人，常常遵循天道之自然，而不过费于人力。为什么这么说？这是因为君子得道，小人失道，君子完全可以假天道以助人力，完成他该做的事。历史上这种事不少。如周太王之事獯鬻，周文王之事昆夷，勾践之事吴，张良之待秦、项，汉文帝之待赵佗、刘濞，都是用这个办法。所以，用权宜之计以待小人，就像用罔罟以待禽兽。这是自然之理，合乎天道、人道。尺蠖屈以求伸，龙蛇蛰以存身，天之道，人之理，物之势，莫不如此。

或许你会反问我：这予夺翕张之术，圣人可以用它来除暴销恶，小人也可以借以售奸行恶。是的，会有这种情况，但小人是违天道而行事，可得逞于一时，而不能得势于一世。即使小人使用这些策略，最后也不会挽救他们反其道而行之所带来的必然失败的命运。这些策略，圣人用之，是为大道，可以办大事；奸雄用之，则为纵横捭阖之术，可以干坏事。策略本身，只是中性的，君子可以用，小人也可以用。君子往往因为忠厚，知其可用而不用；小人阴险自私，知其可用而滥用。这就造成世界上好人吃亏、小人得势的不公正局面。因此，君子必须学会防备小人阴谋权术的方法，会用策略计谋，以君子待小人之术而保护自己，佑护好人，打击小人，既要行“道”，又要用“智”，使“大道”和“智术”相互配合，融为一体。“道”之行，“智”之用；“智”之用，“道”乃行。这也有你们所谓的辩证统一的问题，有个“斗法”的问题。

16. 问：先生这段话，发挥得好极了，精彩之极，也是经验之谈。自古以来，有多少君子不懂此道此术此理，吃了大亏，甚至坏了身家性命。所以，君子也要懂策略，会用策略，用以防小人，保自身，护好人。但切不可“玩”策略，陷害好人。君子则要警惕别走到小人的邪路上去。君子、小人之辨，也包括辩证法的转化，关键是恪守其道，坚守正道，不改初衷。

答：天下人大多以刚强相倾相轧，而我独以柔弱之术对待刚强。我并非有意以柔克刚，而是明白这是情势之自然而居其自然之结果。后发制人的策略，就是顺其自然的策略。俗话常说，先下手为强，后下手遭殃。这是先发制人。我不取此策，主张后发制人。战争中的突击，出敌不意，击其不备，是先发制人。诱敌深入，以退为进，打太极拳，是后发制人。先发制人的策略，在不少情况下，是一种逆自然而动的行为方式，是一种强制性的暴力的扭曲。因为是强制性的，逆自然的，因此，看似凶猛、主动、神速，但往往可能被折断而受损，遭到失败。后发制人，看来被动、软弱、缓慢，但在多数情况下，是顺自然而动，是一种顺应事物运动方向的和谐的助动。因为这个方式是顺其势的行动，因此成功率高，也不至于因偏向的扭曲而折断、受损，最终得到成功。这是两种完全对立的策略思想。我一直主张后发制人、以退为进、以静制动、以缓制急，也就是柔弱胜刚强。圣人居柔弱，而刚强莫能伤；非但不能伤，最终又必将以全胜制刚强。从这个意义上说，谁是“利器”？“利器”不是刚强而是柔弱，不是先发制人，而是后发制人。

17. 问：先生的自谦、不争，也是后发制人策略思想的体现。先生说：“是以侯王自称孤、寡、不穀，此非以贱为本耶？”（第三十九章）又说：“人之所恶，唯孤、寡、不穀，而王公以为称。”（第四十二章）孤、寡、不穀（不善），是人之所厌恶的贱称。《吕氏春秋·君守》云：“君云孤、寡，而不可障壅。”高诱注：“孤、寡，人君之谦词也。”《左传·僖公四年》：“岂不穀是为。”杜预注曰：“孤、寡、不穀，诸侯谦辞。”人君、侯王并不贱卑，却故意卑称自己，除了心理上感到孤单的原因外，这实际上也是一种以退为进、后发制人的策略。“弱者道之用。”（第四十章）先生此言，信然。“道”在这里的“用”，就是以退为进，以贵为贱，以上为下的策略。

答：王侯自称孤、寡、不榖，说明这些王侯多少能体察一点“道”的精神，懂得一些“道”之“用”的策略。王侯自称孤、寡、不榖，看似谦恭，实际不会有损于他的地位，反而是“损之生益”（第四十二章），名分上受到损失而实际上只会得益。“损”和“益”是同源的，又是可以转化的，受损必获益，受益必受损。你仔细想想，世上万事万物，哪件不是如此？处在高位上的王侯们从切身体会中多少认识到这个道理，他们才能保持住自己的高位。在实际上，君王自谦的称呼也流于一种形式。他们大多数人以为自己是了不得的强者、尊者、独裁者。谦称只是一个形式，是表面文章，重要的是实际作为。可是，即使表面文章，也能起到一定作用。如果实际作为上更有好的表现，从内心到行动都真正自谦、退让、谨慎，他们的王侯高位就能长久保持。

十一、后发制人，以退为进　“微明”是远见，是大度

十二、藏而不露，是为“袭明”，把聪明包藏起来

18. **问**：我又联想到上面讨论的“是以圣人后其身而身先，外其身而身存”（第七章），也应该是后发制人的思想的反映。不争先反而能争先。争先恐后，不能如愿；后退一步，海阔天空。把别人捧在前面，自己退在后面，得到的不仅是安全，而且，还能得到意想不到的收获。“微明”是深沉的聪明，是有识的远见，也是大度的胸怀。后发制人的策略思想，建立在“微明”的识见上。“微明”是智者的远见卓识。“将然者未形，已然者可见。能据其已然而逆睹其将然，非微明不能。”（魏源《老子本义》第三十一章引王道语）将会有结果的东西，一般不会在外形上显示出来；已经显示出外形的东西，就可以看得清清楚楚。能根据已显示出来而预测它未来逆向发展结果的，没有“微明”的远见卓识和洞察力，是办不到的。后发制人，是以柔克刚、以退为进的高明策略，不具备远见

卓识和远大胸襟的人即使能懂也不能去做。常人都喜欢以刚克柔，以进求先，先发制人，先下手为强。两种策略思想、两种策略，是不同的“道”的追求者的不同途径。两者是南辕北辙，而不是殊途同归。

答：你解释得对。后发制人，是深沉而有远见的聪明的表现，我名之曰“微明”。现在要向你谈另一种聪明的表现方式，这是一种藏而不露（内在不外露）的聪明，我名之曰“袭明”。后发制人和藏而不露，是我“无为而治”大宗旨下策略思想的相联系的两个侧面。我们已经讨论过“微明”，现在专门谈“袭明”。“袭明”就是内藏着的聪明，此说法见之于《道德经》第二十七章。我在这一章中说：“善行，无辙迹；善言，无瑕谪；善数，不用筹策；善闭，无关楗而不可开；善结，无绳约而不可解。”意思是说，善于走路的人，不会留下车辙的痕迹；善于言谈的人，没有什么可指摘的；善于计算的人，不必用筹策运算；善于关闭的人，不用锁钥而使人不能打开；善于捆缚的人，不用绳索，却使人解不开来。

这五个比喻，讲的都是藏而不露的策略思想。由于有这些藏而不露的策略，所以圣人总有办法帮助人，挽救人，也因为如此，世界上不会存在根本无用的人（“弃人”）。同样，圣人也能善于使用那些一时派不上用场的东西，世界上也不会存在根本无用的东西（“弃物”）。体现这种胸襟和策略的，是一种不外露的聪明、内藏的聪明，我名之为“袭明”。“袭”者，匝也。环绕一周曰一匝。用衣服把东西一层层覆盖起来，就叫“袭”。把聪明也一层层包起来，不让人看出你有聪明才智，就叫“袭明”，也就是藏而不露。有道之人的聪明，藏而不露，也不喜欢好为人师，不想博得“好善”的名声。其运用，至要而不烦，至妙而不测。圣人救人救物，是以不救的方式来救。既以不救为救，就不会留下“救”的痕迹，这就是“什袭掩蔽”的策略，救了人，达到目的，而人莫能知。因此，我名之曰“袭明”。要警惕的是，无道之人、小人也会运用“袭明”，以藏而不露的手段达到他们不可告人的目的。

这种“袭明”的策略运用得恰到好处，就可以达到“善行、善言、善数、善闭、善结”的运用自如的境界。这是一种“因物之性”而顺天道的策略和方法。王弼解释这"五善"时讲得很有道理，合乎我的原意。他说："善行"是"顺自然而行，不造不始，故物得至而无辙迹也"。"善言"是"顺物之性，不别不折，故无瑕谪，可得其门也"。"善数"是"因物之数，不假形也"。"善闭"、"善结"是"因物自然，不设不施，故不用关楗、绳约，而不可开解"。王弼的结论是："此五者，皆言不造不施，因物之性，不以形制物也。"（《老子注》第二十七章）这几段解释，很准确地理解并解释了我"袭明"的思想。简言之，因物之自然天性，顺应其趋势而采取的方式方法，能解决世上一切问题，挽救世界上的芸芸众生、万事万物，而使之无"弃人"、"弃物"。我虽然主张"无为"，可我又主张"圣人常善救人，故无弃人；常善救物，故无弃物。是谓袭明"（第二十七章）。因此，我的"无为"正是"有为"。

十三、阴谋家盗用老子策略作为智囊宝鉴

19. 问：一个伟大的思想，又辅之以高明的策略。以高明的策略保证伟大思想的实现，果能如此，这个世界才会变得美好。先生有此思想、理想和策略，我很能理解。这是同您应天道之自然、顺物质之本性的"无为"宗旨密切相关的。这"五善"，就是对物性和天道的领悟。但要真正做到"五善"，可太不容易了。有善必有恶。还要防范小人对您策略思想的滥用、盗用。

答：你的悟性很强。还没有人对我的"五善"和"袭明"作过这样的解释，可见你多少是领略了我思想的真谛的。历史上的阴谋家、小人歪曲我的策略思想作为他们实行阴谋诡计的手段，左右不了我的策略思想的原旨。自然，王弼的解释是促成你认识的关键。王弼不愧是魏晋时代的又一位有时代意义的思想家。他能领悟我的思想，而且有所发挥创造。思想的认识、继承、发展、创造，是时代赋予思想家并由思想家参与的思维过程。我生活的那个动荡的时代，王弼生活的那个动乱的时代，你们当前所

处的转折时代，都存在产生伟大思想家的条件和土壤。我的道家思想在魏晋时代发展为玄学，正是那个时代的产物。当新儒家的信徒和大师们要把孔子的儒学思想的文化血脉，在你们当代转折的社会条件下重建道统时，也有值得研究的社会存在和社会土壤。我劝你们当代的学子也不妨从我的思想渊源中，结合你们的时代，重新认识我的思想对当代世界的意义，认识到“道”的策略与人类生存发展环境的和谐的意义。

十四、“国之利器不可以示人”

20. 问：我也研究过儒学，写过一些论文和专著。从对比和鉴别中，我认为道家思想（包括策略思想）比儒家思想深刻、实用。这决不是因为同先生讨论问题而说好话。只要深入到两家学说中去，学者自会产生共识。先生的《道德经》和孔子的《论语》都传存于世，学者自可鉴别对比。即以策略思想而言，我以为儒家待人处世是坦诚的，却是幼稚的。世上的事，如果都依儒家的办法去做，每每要上当受骗。这也是儒家的可爱处。正宗的儒家、儒生，大多是谦谦君子，对付不了阴谋家、权术家。在老到、深沉或者发展到极致的玩阴谋、耍诡计方面，儒家绝对玩不过道家。自然，这不是先生的本意，而是某些阴谋家、滥小人出于各种需要，盗用先生的策略思想走向极端的表现。这有什么办法呢？在社会的真善美和假丑恶的对峙和较量中，目标就是一切，只要能达到目的，什么手段都可以选择。先生的一整套策略思想和做法，也因而成为野心家、阴谋家和滥小人的智囊宝鉴。在这里，先生的策略思想和“道”的哲学，是向整个世界、所有时代的一切人开放的，区别只在于为谁所用，为何而用。

讲到这里，我忽然想起《道德经》第三十六章最后的几句话：“鱼不可脱于渊，国之利器不可以示人。”我以为，这几句话显然是讲给统治者听的，是提供给他们的策略智囊。先生十分明确地说：正如鱼儿不能离开深渊一样，国家的有效的武器也不能随便拿出来给人看。这里显然不是专指作为现代国家机密的秘密武器或军事机密，如第二次世界大战后期美国首先掌握的原子弹等，而是泛指国家统治者的统治策略，或者说，是统治者为了对付人民、对付不同的政治派系或个人所采用的统治权术。治国的权谋之术（不是表面文章，如宣言、文告之类），是不能示之以众的，特别是在我们这样有两三千年专制统治历史的东方社会体制的国家中，实行的是愚民统治和专制政策。如果一切都公开了，让上上下下、小民百姓都知道你统治者的权谋、权术，统治者就无法进行统治了，统治者的地位就会受到威胁。所以，我认为，“国之利器不可以示人”，也是一种藏而不露的策略，是先生老到、深沉的策略思想的一个具体表现。不知我这样理解，对不对?

答：很多人都是同你一样地理解我这句话。我不能简单地说这是对还是不对。“利器”，原意是兵器。国家武库里的各种武器，是不能随便给人看的，更不能随便借给别人。古代也没有什么武器买卖，只有通过战争或暴动抢夺别人的武器。现代有武器买卖，也只是过了时的武器，最先进的还是要保密。因为把最好的武器卖给别国，就会削弱自己，自己敲掉自己的利齿，最后损害了自己。兵书《六韬·守士》云：“无借人利器。借人利器，则为人所害而不终于其世。”就是这个意思。但上面的说法是对“利器”的狭义的理解和解释。广义的“利器”可以是策略思想，也可以是人常说的“权谋”，或称之为“统治术”。要稳固地、长久地统治一个国家，是要讲统治术的，要搞点权谋的。不懂统治术、不玩权谋的统治者，是不高明也是命不长的统治者。

但是，我说“国之利器不可以示人”，还有更高一层含义，这就是统治者更须看重“道”的统治。有国有邦者，当以“道”自重，而不应该以“利器”自重。“道”治，方可长治久安；“利器”只能起辅助作用。“道”之治，是治之“本”；“利器”辅之“道”，才能有所为。失“道”之治，而独依赖“利器”，是治标而非治本。圣人于幽微之处而见其显明，所以主张以柔道自处，以无为而治。国家兴废，其机在天，而不在“利器”。有道之人，治国当顺天应人。治国如果不以“道”，而以圣智、仁义、巧利展示天下人，国家不会治理好。从某种意义上说，圣智、仁义、巧利同权谋一样，也是“利器”。利器之作，本为治乱治天下，施行的结果反而乱了天下，这利器有何用？示人有何益？所以，我主张“国之利器不可以示人”，而应当以“道”治天下，不主张以“利器”治天下。这是我的本意。

可是，许多学者，包括你在内，都对我这句话理解错了，解释到隔壁去了，把它解释成君王南面之术、权谋之术。非也。不仅是解释扭曲，许多当权派还是这么做的，把我以无为为指导思想、以退守为宗旨的策略原则，权变为阴谋诡计。但那不是我的本意，严重偏离了我的思想，不只是误解，而且是曲解。我的策略思想，由于它多方面的适应性、应用性，各种各样的人都可以利用或运用，把《老子》变成小人、阴谋家的“阴谋书”，那是他们的事，不是我的事。我不能为他们每一个人负责。

十五、韩非对利器（赏罚）的发挥适应于君权集权的需要

21. 问：先生这一解释，使我明白了这句话的本意。我也长期有这样的误解（不是存心曲解或有心歪曲），以为这是先生的权谋之术、权谋之诲。历代有许多人，包括大思想家、大学者在内，都对先生这句话产生过误解或曲解。例如，韩非以“势”为渊，以赏罚为利器；子由以柔弱为利器，河上公以权道为利器，宋朝的王雱以刚强为利器。他们对“利器”的不同解释，很容易使人把“利器”理解为权谋之术。先生刚才解释了，才知道不是先生的本意。先生在这句话前边已经说过：“鱼不可脱于渊。”（第三十六章）就是点明人不可离开道，犹如鱼不可脱于渊。为人主者如果不以“道”示人、化人，只以“利器”示人，就是“鱼脱于渊”，不能存活。读书不求甚解，“仁者见仁，智者见智”，就把事情搞乱了，也把先生的思想扯混了。我原来就是这样理解的。今天得到先生的指教，才弄明白了。所以错误理解，还有一个客观原因，就是“国之利器，不可以示

人”这句话，正好写在讲策略思想的“将欲歙之，必固张之”八句话以后，容易使人从权谋之术的角度去理解“国之利器”就是权术。

答：韩非是主张君主集权主义的思想家，于是，他就从他法、术、势的集权主义理论来借用并改造我的“国之利器，不可以示人”的观点，把它改变为君御臣的君王南面之术。他说：“鱼不可脱于渊。赏罚者，邦之利器也。在君则制臣，在臣则胜君。君见赏，臣则损之以为德；君见罚，臣当益之以为威。人君见赏而人臣用其势；人君见罚而人臣乘其威。故曰：邦之利器，不可以示人。”（《韩非子·喻老》）韩非认为，君王是靠权势来驾驭臣下的，权势不能丧失，失而不可复得。因此，一定要保住权势。权势的保障须借助于权术。所以，他又说：“势重者，人主之渊也；臣者，势重之鱼也。鱼失于渊而不可复得也，人主失其势重于臣而不可复收也。”（《韩非子·内储说下·六微》）他明确把君王的赏罚看成是“利器”，君王就是用赏罚这个“利器”来驾驭臣下，使臣下服服帖帖拥戴君王。这样解释有问题。赏罚确实是君王驾驭臣下的有效手段，人人都知道它的作用。这算得上是“不可以示人”的“利器”吗？可见，韩非也曲解了我的思想，改造了我的思想，适应了他君主集权主义理论的需要。《淮南子·道应训》也顺从韩非的解释，说：“国家之安危，百姓之治乱，在君行赏罚……故老子曰：‘鱼不可脱于渊。国之利器不可以示人。’”真是以讹传讹，天晓得！

22. **问**：我认可先生自己对“国之利器，不可以示人”的解释。不过，总还会有人坚持这是先生的策略思想，或谓权术。他们会坚持，权术还是权术，区别只在是圣人使用还是奸人使用。策略是手段，是方法，是实现目标的过程，本身无所谓好坏善恶。如果是圣人用之，则为大道；奸雄窃之，则为纵横捭阖的阴谋诡计。孙、吴、申、韩等人，可以把您的话引申发展为陷人于死地的权术，论者也可以把“利器”说成是您老先生的一大发明，先生也因此推卸不了责任。

答：正因为如此，我早就申明：“国之利器不可以示人。”从兵家到政治家，他们以兵法权谋打仗治国，争城略地，争权夺位，那是他们的事。对他们的一切作为，我不承担任何责任！历史学家要算账可直接去找他们，不要找我，我不是“始作俑者”！

十六、“大直若屈，大巧若拙，大辩若讷”是修养也是策略

23. 问：历史决不会论定先生是权谋家的鼻祖，这点，先生完全可以放心。全世界的学者都是把先生当作伟大的思想家来看待的。权谋家会施展高超的阴谋诡计，但决成不了思想家，这是历史的结论。我们还是回到“藏而不露”的问题上来吧。先生在《道德经》第四十五章中说：“大成若缺，其用不弊。大盈若冲，其用不穷。大直若屈，大巧若拙，大辩若讷。”这几句话也是辩证法的一种表述，先生指明了：有些事情表面上看是一种情况，实际上又是另一种情况。表面情况和实际情况有时完全相反。但这几句话也可以理解为是藏而不露的策略思想的表述：最圆满的东西却好像有欠缺，但它的作用没有败坏；最充实的东西好像很空虚，但它的作用没有穷竭；最正直的好似枉屈；最灵巧的好似笨拙；最好的口才似乎不会辩论。这些情况，都表明一个事实：真正有本事的人，是深藏不露的。小有才能实际上十分浅薄的人，才会处处表现自己。这既是一种品德修养，也是一种方针策略。一瓶子水不响，半瓶子醋晃荡。锋芒毕露的很多是肤浅的，真正有本事的大多是深藏不露的。深沉、博识和机智，不仅是才能含金量的显示，也是一种品格和策略的内涵。“大直若屈，大巧若拙，大辩若讷”，难就难在“若”字上。没有“大直”、“大巧”、“大辩”真功夫的人，想“若”也“若”不出来。因为这需要货真价实，需要足斤足两，需要炉火纯青。不知先生同意不同意我将您这几句话作策略思想上的理解?

答：既然人们对我说的“国之利器不可以示人”可以作不同的理解，你把这几句话理解为是我的策略思想也未尝不可。但前提必须真正是“大

成”、“大盈”、“大直”、“大巧”、“大辩”，应当名实一致，就是你说的货真价实。在名实一致、货真价实的先决条件下，才有策略运用意义上的“若”字。它既是人的品德的标尺，也是策略的表现。有才能的人不显露才能，有本事的人不炫耀本事，从策略上说，是不暴露自己，隐蔽自己，同时也是保护了自己。“若”的意思是“好像是”而实质上不是。从策略上说，是一种伪装，是保护色。你处处显示自己的才能，喜欢出风头，看似风光，实际上是暴露自己，那就容易遭到别人攻击，就有可能使自己陷入被动，甚至遭受灭顶之灾。这是“退”的策略，也是“进”的保证。“大盈”、“大巧”等之所以为“大”，是因为注意到不为“大”。

这种隐蔽自己真实力量的方针，其实也不仅是故意伪装。因为按照对立面互相转化的规律，既然一个事物发展到一个极端（临界点），必然会向其对立面转化，那么为了防止这种变化的突然性，减缓它转化的速率，只有在事物内部预先容纳一点它的对立面，如在“大巧”中容纳一点“拙”，才能在一个相当时期内保持它的稳定性，防备产生防不胜防的突变。如果只是“巧”，处处显示自己的“巧”，显示自己的“直”，表现自己的“辩”，那就可能“弄巧成拙”，直折为屈，辩变成讷。只有在“巧”中容纳一点“拙”，在“直”中深藏一点“屈”，将“辩”表演为“讷”，那才能长远地保持着“巧”、“直”、“辩”，使自己立于不败之地。这就叫做“其用不弊”、“其用不穷”。这几个“若”字，是辩证法的灵活运用，是对“物极必反”的策略思想真正领悟并灵活运用的经验总结。

24. 问：宋代范应元说得好：“大巧者，至妙天机，故若拙也。大辩者，不言而信，故若讷也……唯其如此，故能大也。”（《老子集注》第四十五章）争大不能为大，反而会变得渺小；实为大而甘为小，大变不了小。不以为大，反能成其大。这就是以退为进、藏而不露的策略。策略用之得当，必能得其成功。

答：相反而相成，相反而相用。灵活的正确的策略，就是辩证法的具体运用。直而不屈，其直必折；巧而不拙，其巧必劳；辩而不讷，其辩必穷。这都是因为不明相反相成的道理，不懂“反者道之动”的原则和策略。世上人好胜心强，总想胜过别人，压倒别人，不想吃亏，不懂得越是热衷于战胜别人反而越不能取胜。弄巧会成拙。清静正天下，退守安天下，无为守天下。以不胜胜之，才是胜之道。

25. **问**：在某种意义上，也可以说“反者道之动”是先生的策略的指导思想。按照事物相反相成、相反相用的“反”字来考虑问题，也就是用对立面的转化的辩证法思想，来确立策略思想和行动方针，办事的成功率比较大，也能保护自己，防止向反面的转化。“反者道之动”，非常精辟地体现了先生“道”的哲学的策略思想。

答：关于我的策略思想，我们已经讨论了不少问题。如果不是和你进行这次讨论，我也不会系统地作这样的概括。如果要把我的策略思想的某些内容再作归纳，我以为还有四个问题可以谈一谈。这就是：一，防微杜渐；二，从难处着手；三，不骄不矜；四，功成身退。这是策略思想的几个具体问题，同时也是一个人的立身处世态度。

26. **问**：非常想听听先生有关这四条的指教。

答：先谈第一条吧：防微杜渐。我认为：“为之于未有，治之于未乱。”（第六十四章）这是我的一个重要的策略思想。要在事情发生前就抑制它的苗子，要在事情还没有混乱前就把它处理好。这是一个重要原则。你们都懂得量变引起质变的原理。防微杜渐，就是在量变还没有引起质变之前处理事情的办法。“为之于未有”，这是上；“治之于未乱”，此为次。最好自然是能做到“为之于未有”。退而求其次，在事情已经发展到“有”的阶段，不得已，只能“治之于未乱”。“没有”——“有”——“未乱”——“乱”，是事物发展的不同阶段，越是到后面越麻烦，越难办。在事情没有发展到严重阶段时治理，比较好办。所谓“防患于未然”、“未雨绸缪”，就是这个意思。《尚书·周官》说：“制治于未乱，保邦于未危。”汉代贾谊说：“当夫轻始而傲微，则其流必其于大乱。”（《新书·审微》）《淮南子·说山训》云：“事之成败，必由小生。”做人、理家、治国都是如此。

十七、防微杜渐，洞察出微　“多易必多难”，从难处着手

27. 问：防微杜渐，关键在于洞察幽微。能见微知著，须有远见卓识。天地万物在变化的过程中，总会有变化的征兆可寻。察事者能见微知著，治家治国者能居安思危，就会防患于未然。同这一策略思想相关联，是先生提出的“慎终如始”的思想。先生在同一章（第六十四章）中说：“民之从事，常于几成而败之。慎终如始，则无败事。”如果既能做到防微杜渐，“为之于未有，治之于未乱”，又能“慎终如始”，那必然成功。

答：是的，警觉，加上毅力，是使事情立于不败之地的保证。《文子·符言》有几句话讲得很对：“学败于官茂，孝衰于妻子，患生于忧解，病甚于且愈（按：且愈，小疾）。故慎终如始，则无败事。”《韩诗外传》也有意思相近的说法：“官怠于有成，病加于小愈，祸生于懈惰，孝衰于妻子。察此四者，慎终如始，则无败事。”贯串在防微杜渐和慎终如始这两个原则中的思想，是要关注事物全过程中的“变”，如何使“变”向好的方向变，不向坏的方向变。重要的因素，在于遵循“道”的自然法则上策略运用的正确与否。正确策略的运用，就是“辅万物之自然而不敢为”（第六十四章）的“道”之“用”。

28. 问：第一条防微杜渐，我能充分理解。现在再请先生谈谈第二条：从难处着手。

答：要做到从难处着手，首先必须做到从难处着想。我说过：“多易必多难。是以圣人犹难之，故终无难也。”（第六十三章）从难处着

想、从难处着手的策略思想，是对事物发展辩证法的具体操作的着眼点和着手处。把事情看得很容易，势必遭到困难。“圣人”的聪明之处，就在于他重视困难，所以他终能克服困难。用你们现代的话来说，就叫战略上藐视困难，战术上重视困难。事情的难与易，同“心”之视事的难与易，不可分隔。始多易者，终必多难。一开始就以为事情好办，到后来往往困难重重。相反，在事情开始时就十分重视困难，“心犹难之”，始终不敢懈怠、轻视，这样，最后就不会碰到大困难。因为你精神上有准备，各方面也有准备，就能克服困难。不会因为对困难的估计不足而手足无措，导致失败。这就叫“始虽以为难，终而不为难”。相反，始多易者，终必多难。开始把事情看得容易，必定对困难估计不足，缺少对克服各种困难的精神准备和物质措施，困难就会接踵而至，一个又一个的困难的拦路虎就会使他焦头烂额，陷于失败。

十八、“自伐者无功，自矜者不长”

29. 问：“多易必多难”（第六十三章）的反面是“多难必多易”。这是很重要的一个策略指导思想。小到家，大到国，小到平民百姓，大到一国之君，我看这句话对他们都适用。这实际上就是辩证法的运用。运用之妙，存乎一心。差别就在领悟能力和运用能力。愿天下人想事办事时都能做到从难处着手，记住先生的话：“多易必多难”。好，现在请先生再谈谈您的第三条：不骄不矜。我记得，先生以前曾把它作为为人处世哲学的一个内容，现在也把它作为策略思想的一个内容，一定是有道理的。

答：“自伐者无功；自矜者不长。”（第二十四章）自己夸耀，就没有功劳；自高自大，就不能领导，这是一个人的品格修养的表现，同时也是一种策略。如果换一种说法，“果而勿矜，果而勿伐，果而勿骄，果而不得已，果而勿强。”（第三十章）那就更兼有退守的策略意义。这几句话我本来就是在讲兵法时所说的，是指用兵胜利以后千万不可以用兵来逞强。任何事物都有一个"物壮则老"（第三十章）的辩证发展过程。事物壮大了，必然走向衰老。这是不能抗拒的规律。但如果一个人很清醒，不因成功了而自高自大，不因胜利了而自我夸耀，骄傲自大，盛气凌人，即使成功了也要认为这是出于不得已，是遇到了好机遇，成功了也不要逞强。持这种冷静的态度，选择这种明智的退守的策略，也许就能成为胜利成功者的护身符，从而使自己立于不败之地。从这个意义上说，不骄不矜又是一种高明的有远见的策略思想。我们以前曾议论过春秋时期越国的范蠡、文种，就是因为两个人的认识不同、策略不同，结果也不同。这里就不重复了。

30. 问："果而勿矜"等五句话中的五个"而"，与第四十五章中"大成若缺"等五句中的五个"若"，有相近的意思，都指不炫耀自己、不暴露自己，以达到隐蔽自己、保护自己的目的。这自然是一种高明的、自我保护的策略思想。这只有大气度、大远见、不贪功、不恋权的人才能做得到。获得成功，处于高位，不沾沾自喜而能保持平常心的人，能有几个？所以，清代的魏源说："矜者自恃，伐者夸大，骄者恣肆，三病一源。知其不可而能自克者，非果断不能也。"（《老子本义》第二十六章）这话说得很对，常人通常都是如此，所以您老先生要提醒人们"果而勿矜，果而勿伐，果而勿骄"。

答：是啊，从古到今，多少人败在"果而矜，果而伐，果而骄"上。所以，我这里要同你接着讲第四条：功成身退。前面我们的讨论已经涉及这个问题，我把它归之于仁人志士立身处世的态度。它是一种明智的处世态度，也是一种高明的待人策略。在《道德经》第二章中我就说过："功成而弗居。夫唯弗居，是以不去。"功成而不自居。正因为不居功自傲，所以他的功绩不会失去。他懂得万物相反相成的道理，也洞察消息盈虚的法则。因此，不以形迹自累，一旦功成事遂，即主动退避其位。这是最稳妥的做法，也是最保险的措施。王弼说得好："使功在己，则功不可久也。"（《老子注》第二章）你不懂物极必反的道理，居功自傲，把功劳归于自己，在中国这个国度，在东方社会政治体制的国家里，你这功劳就不会长，就会落得越国文种、汉朝韩信那样的下场。在中国历史上，很多自恃有大功者，由于不懂这个道理，由于功高震主，而没有好结果，原因就在于他们不懂这个道理。

十九、“功成身退”

31. 问：因此先生总结说：“功成身退，天之道。”（第九章）王弼注云：“四时更运，功成则移。”（《老子注》第九章）他从运动变化发展的观点说明功成必须身退，才合乎天道。太阳过了正午就偏西，月满以后就亏损，天地运行尚且如此，又何况人乎？天道如此，人当效天，遵循天道。知进而不知退，知存而不知亡，知得而不知丧，必有败亡后悔的一天。自古及今，功成名遂而身不退者，大祸总有降临他头上的一天。这样说，不一定指必须外绝人事，隐居山林（当然，能这样做最好），而指首先必须从思想上懂得这个道理，遵循这个原则，行动上有所作为。即使不能身隐，也可以心隐。汉代张良所作所为，就因为他真正懂得这个道理而能保全自己。先生之言，可称为万世之龟鉴。

答：希望你也能懂得这个道理，也能这样去做。如能守之行之，则孺子可教也。你还要思考一个问题：“这个道理，人人知道，历史上的人与事也一再证明这是真理。但为什么还不断有人重蹈历史覆辙（清醒如范蠡、张良的人不多）？”这个问题，我们就不讨论了。你去思考思考，等你有了独特的见解和结论，再来和我讨论。

第十二章　军事思想

一、《老子》是一部兵书

1．问：和先生一起讨论您的策略思想，使我获益良多。今天，我想在这个讨论的基础上，同您讨论有关军事思想的问题。军事思想、军事策略，是同策略思想吻合的。谈到这个问题，又涉及另一个问题，就是《老子》这部书，到底是一部什么性质的书？

这个问题并非空穴来风。历史上各家对《老子》有不同的看法。1974年，当时的中国共产党中央委员会主席毛泽东，在中国考古学界发现湖南长沙马王堆三号汉墓中的古代帛书《老子》甲、乙本以后，曾说："《老子》是一部兵书。"这位打了几十年仗的军事家、政治家，好像提出了关于《老子》书性质的一种崭新的看法。其实，这种看法早已有之，并不是毛泽东的发明。唐朝有个叫王真的，就说过："五千之言"的《老子》，"未尝有一章不属意于兵也"。（《道德经论兵要义述》）。明清之际的大思想家王夫之，在谈到《老子》一书时，也强调这部书尤为"言兵者师之"（《宋论》）。近代的大学者章太炎，也认为《老子》书"约《金版》、《六韬》（按：均为兵书）之旨"（《訄书·儒道》）。强调《老子》这部书实际上概括了古代兵书的要旨。从王真、王夫之、章太炎到毛泽东，在《老子》是兵书这一点上有共识，看来先生的大作兼有兵书的性质这一点不会错。策略家、兵家也是把它当作兵书来钻研的。我大致统计了一下，《老子》书共八十一章，直接谈兵的有十几章，哲理喻兵的有近二十章，其他各章也涉及军事思想、战略战术思想。因此，说《老子》是一部兵书，应该是很中肯的精辟见解。我们上面有关策略思想的讨论，如果把它用在军事问题的战略战术上，也就是军事思想。所以，我们接下来讨论军事思想，是顺理成章的事。不知先生在这方面能否赐教？

答：看来你不把我的脑子掏空是不会停止你的提问的。反正我也没学孔子办学开门授徒，就权且把你当作弟子，把我的思想、学术都传给你吧。自然，你也可以持不同意见。

讲到兵法，中国人、外国人都知道中国古代有一部《孙子兵法》。这是春秋末期军事家孙武等人总结、撰写的一部兵书，是春秋末期战争经验的理论总结。它专门讲军事战略战术，对战争规律以及如何运用这些规律指挥作战，有不少精辟的见解，但比较偏重于战术的阐发。我的书讲兵法（严格地说应该是“军事思想”），主要集中在《道德经》的“德经”部分。“德经”讲兵，不像《孙子兵法》那样用很多篇幅去研讨战术，而是偏重讲战略，把用兵之道上升到政治战略的高度。因此，我敢说，我的军事思想比起《孙子兵法》来，更有思想高度，更有普遍意义。此其一。

第二，我讲兵法，讲政治和政治斗争的规律，从广义上说，是从属于我的“道”之哲学的，是为了通过政略、战略的表达和实现的途径，最后达到实现我的“道”的最高境界。在终极目标上，我的兵法思想，要比春秋以后一切兵家为赢得战争胜利的军事思想，在层次上要高。

第三，如果要问我，你不是一个军事家，只是一个史官，何以能进行军事思想的研究和总结，从而使《老子》书在某种意义上成为一部“兵书”？这要从我的那个时代的社会背景上找答案。你知道，自公元前770年周平王东迁到公元前476年的春秋时期，中国共有一百四十多个国家（顾栋高：《春秋大事表》）。重要的有齐、晋、楚、秦、鲁、郑、宋、卫、陈、蔡、吴、越等国。这些国家不断进行战争。小的战争不说，大的就有晋楚城濮之战（前632年）、齐晋鞌（今山东济南）之战（前589年），晋楚鄢陵之战（前575年），吴越槜李之战（前496年）、夫椒之战

（前494年）。以后的战国时代，兼并战争的规模比春秋时更激烈、更频繁，规模也更大。春秋时期的战争有时数日即可结束，而战国时的战争短的打几个月，长的旷日持久打几年。战争的指挥已成为一门独立的残酷的艺术。对于这战火不息的时代给社会造成的破坏、对人民造成的灾难，对种种“师之所处，荆棘生焉；大军之后，必有凶年”（第三十章）的残破局面，我不能无动于衷。不断思考由于战争的胜负而引起的国家盛衰兴亡和社会各阶层升降沉浮的规律性问题，也成为我思考的重要内容。

但是，我对战争问题的思考，不同于军事家孙武、孙膑那样局限于战争本身和战争指挥艺术（兵法），而是作为一个思想家、哲学家论兵的军事哲学问题的思考。如果说，《老子》是一部兵书，那它就不是一本一般军事学意义上的军事著作，而是一个哲学家出于对军事问题的关心而撰写的军事哲学著作。汉代史家班固评论我的著作，说《老子》是一本“历记成败存亡祸福古今之道”（《汉书·艺文志》）的历史哲学、军事哲学的著作。此言甚是。人对战争的看法，也如同对其他事物的看法一样，要有一个观察、体验、思考、总结的过程。正是因为春秋以来各种战争实践的不断出现，各种形式战争的反复进行，各种矛盾引发了战争，战争过程中又暴露了各种矛盾，我对战争的认识才逐步提高了水准，提出了我对战争的一系列观点。作为兵书的《老子》，正是这一战火不息时代哲学思维的产物。

二、我的兵法思想高于春秋以来的兵家

2. 问：先生的解释，使我对您的军事思想（应该说是军事哲学）与春秋战国兵家的军事思想的异同有了初步的理解。春秋末年以来由于战争频繁而形成、发展起来的兵家，如春秋末年的孙武、司马穰苴，战国的孙膑、吴起、尉缭、公孙鞅、庞煖、王廖、魏无忌、白起等人，他们既总结、研究军事理论，又从事军事活动，许多人直接以军事家的角色出现在

历史舞台上。先生独不然。先生没有参加过任何直接的军事活动，而是以一位思想家的身份对春秋以来的战争的社会原因和社会影响，进行了深入的思考，把历史的、现实的军事活动作为您哲学思考的一部分进行总结，这就使先生在《老子》书中表达的军事思想没有停留在“兵法”的内容上，而是上升到了军事哲学的高度，从而与当时兵家著作《孙子兵法》、《司马法》、《孙膑兵法》、《吴子》、《六韬》、《尉缭子》有明显的区别。因此，说“《老子》是一部兵书”，也不能把它等同于《孙子》那样的兵书。正因为如此，在《汉书·艺文志》承刘歆《兵书略》著录分为兵权谋家、兵形势家、兵阴阳家和兵技巧家四类，共著录五十三家共七百九十篇当中，独没有包括《老子》。这说明班固是有眼光的，他认为先生的这部“兵书”不是常规意义上的军事著作，而是军事哲学著作。我同意这种看法。因此，我想从军事哲学这个角度，请先生谈谈您的见解。

答：首先就从我对战争的看法和态度谈起吧。应当明白地表示，我对战争是持反对和否定的态度的。这里先要说说战争这个人类自相残杀的社会怪现象是怎样产生的。按你们的说法，战争是为了一定的政治目的而进行的武装斗争，是自私有制产生后而出现的解决阶级和阶级、民族和民族、国家和国家、政治集团和政治集团之间的矛盾的一种最高的斗争形式。这是你们现代关于战争的定义。然而，我要问：在你们所说的没有私有制的原始社会里，不同的部落集团，为了利益的争夺，也用血腥的争战手段，这种争战手段叫什么？如果不叫“战争”又应该怎样称呼、命名？说到底，那还不是一个部落集团为了争夺更多的利益，同另一个部落集团进行的武力较量？谁打赢了，谁就可以占据对方的物质利益。当私有财产出现后，这个集团的首领，就可以通过武力侵占的手段扩大这个集团的利益，自己占有更多的私有财产，获取更多的物质利益。

所以，总而言之，我认为战争就是用大规模杀人的暴力方式占有别人（或别的部落、民族、集团、国家）的物质利益（土地、资源、人力、财产等）的暴力过程。驱动这一过程的是巨大的物质利益。近代的说法如战争是政治的继续，政治是经济的集中表现，究其本，还是物质利益。驱动战争这个暴力过程的，本质上还是一群人的物欲，是他们对物质利益的贪得无厌和不知足。正是这种对物欲的无限制的追求，导致统治集团发动战争，而被掠夺的另一方也不得不进行保卫自己利益的战争（即你们常谓之反侵略的正义战争）。如果他们打赢了，又反过来抢夺对方的财产。社会因此造成深重的苦难，苦难的承担者只能是付出血的代价的人民，暂时获利者是统治集团（他们最后也必须为发动战争付出代价）。

总结历史上的战争，我认为天下之所以发生战争，之所以战争不休，就是因为“天下无道”。《道德经》第四十六章云：“天下有道，却走马以粪；天下无道，戎马生于郊。罪莫大于可欲，祸莫大于不知足，咎莫大于欲得。”天下太平，可以使从战场上退下来的善跑的战马向田里送粪；天下不太平，战马就会在郊外产下小马驹。罪恶没有比无穷尽的欲望再大的，祸害没有比不知足再大的，灾难也没有比贪得无厌更厉害的。这些罪恶、祸害、灾难最集中的表现方式，就是战争。欲望、不知足和贪得无厌，可以使多数人被迫为少数统治者的需要去杀戮、去送死，给别人也给自己造成无穷无尽的灾难。世上的战争，就是由于统治者的不知足、贪心重引起的。因此，我认为，如果知足，满足于现状，不贪求什么，就不会发生战争。这就是我对战争的看法，就是我的战争起源论。或许你们不同意我的观点。你也可以说说你的看法嘛。

三、对战争的看法　老子是反对战争的

3. 问：春秋战国之际是中国社会第一次巨大变动的历史时期。这种社会大变动伴随着战争的“罪恶”和灾难，看来是不可避免的。历史的发展从来就是伴随着罪恶，不然中国也不会从周朝的一百四十多国变化为十二诸侯，变成七国争雄，再发展到秦的统一。如果从中华民族逐步走向统一的历史趋势看，虽然兼并统一战争是不义的、残暴的，制造了种种罪恶和灾难，但还是有它的进步性（指它的总体性，历史大势）。这是中国

走向统一所必须付出的历史代价。因此，我认为对历史上的战争要作具体分析，不能简单地否定一切战争。

答：难道维持原来的“小国寡民”的社会形态和平衡自然的社会形态不可以吗？为什么一定要用战争的残酷手段破坏社会和自然的平衡而走向秦始皇式专制主义的统一？我在前面已经谈过我的“小国寡民”的社会思想，如果按照我的社会思想，根本没有必要进行那么长时期残酷的战争，以“统一”取代“小国寡民”的社会原生态。所谓的“统一”，无非是造就君临千万小国寡民社会之上的统一全国的大家长的统治，使大家长即皇帝可以在更大的全国——帝国范围内占有他想得到的一切：土地、资源、财产、美女、玉帛。一统者，统一于帝王也。统一对人民能带来多少好处？大一统的统一和由此而来的相应的层层叠叠的统治机构和敲骨吸髓的各级官僚，只会加重人民的负担，使他们承受更多的经济负担和劳役负担。

四、“大军之后，必有凶年”　“兵者不祥之器”

4. **问：**这个问题，涉及许多方面，统一的利与害，一时也讲不清楚，我看就不必讨论了，让我们还是回到战争问题上来吧。

答：回到战争问题上，我所看到的，只能是“师之所处，荆棘生焉。大军之后，必有凶年”（第三十章）的后果。大国有三军，人数成千上万。军队驻扎的地方，农事废弛，田地荒芜，长满了荆棘。用兵之后，杀气伤和，凶年必至。任何战争，造成的后果总是下夺民力，故荆棘生；上违天时，故有凶年。王弼说得好：“师凶，害之物也，无有所济，必有所伤，贼害人民，残荒田亩，故曰荆棘生焉。”（《老子注》第三十章）战争是对人力物力财力最大的消耗和浪费，一次中等规模的战争就可使人民不堪负担。战争造成的破坏，造成的生命财产的损失，往往几倍、几十倍于军费的负担，每每造成战后经济的凋敝和社会的倒退。故《文子·微明》曰："起师十万，日费千金。师旅之后，必有凶年。"战争还造成人类的仇恨，这种仇恨会延续多少年，深深地铭刻在人的心灵上。由于战争的残酷，你一刀来，我一刀去；你杀人之父，人亦杀尔父；你杀人之兄，人亦杀尔兄。相互残杀，不亦酷乎！即使打了胜仗，其杀气之应（反应），后患无穷。天不能使之生，地不能使之和。哪一场战争不留下惨烈深重的后果？

你说战争对统一有利，秦王朝是通过战争实现统一的，但统一的后果又怎样呢？《汉书·严助传》引淮南王刘安的话说："臣闻长老言，秦之时尝使尉屠睢击越，又使监禄凿渠通道。越人逃入深山林丛，不可得攻。留军屯守空地，旷日持久，士卒劳倦，越（乃）出击之。秦兵大破，乃发適戍以备之。当此之时，外内骚动，百姓靡敝，行者不还，往者莫反，皆不聊生，亡逃相从，群为盗贼。于是山东之难始兴。此老子所谓'师之所处，荆棘生之'者也。"这段话专门引了我的话，是他们从秦统一后的大量事实看到了统一战争的严重后果，不仅是"师之所处，荆棘生焉"，而且还因为这些严重后果引发了"山东之难"——陈胜、吴广起义。这不正说明了问题吗？

所以，我一贯认为："兵者，不祥之器，非君子之器。"（第三十一章）圣人一向把战争看成是不吉祥的东西，而不是君子喜欢的器物。战争所经过的地方，不仅是百姓大众要遭受其害，即使昆虫草木也被其灾，生态环境也受到极大破坏。一切有生命的东西都憎恨战争，一切没有生命的东西也会被它毁灭。既然如此，对战争又有什么可以肯定的呢？

五、兵"不得已而用之"，"恬淡为上"

5. 问：照先生这么说，一个国家可以不必配备武装，一个城市可以不设防。这在到处存在冲突与利益之争的现实社会里，行得通吗？

答：既然现实世界形成了国家，有国之界与国之分，那就有了国与国的关系。这种关系可能是和谐的，也可能是对峙的，和谐或对峙又是随形势的变化而变化的，那就不得不从坏处考虑。要防备对方，就要有边防、国防，就得设军队，准备有可能发生战争，要准备打仗。在我的小国寡民社会模式里，民至老死不相往来，不会有战争，也不必设军队。我的理想同看到的社会现实是矛盾的。既然是矛盾的，那就得从现实出发，要高城深池，要厉兵秣马，以防不测。所以，我并不反对设兵、用兵、练兵。问题在于设兵、用兵、练兵，是为了禁暴除乱，而不是为了掠夺，为掠夺而杀害无辜的百姓。

因此，我对战争的态度，对于用兵，是“不得已而用之，恬淡为上”（第三十一章）。即使不得已而用兵，也必须以平静、淡然的态度来处理，而不能泄私愤、存贪欲。用兵惟以之御强暴，不以之取强迫；是以之济危难而不以为常，不能把战争作为解决问题的常用手段。即使用兵，也必须“恬淡为上”。恬淡则静，静就是柔弱，恬淡才是用兵取胜的原则。狂躁则动，动乃败之基。“恬淡为上”，强调的是不以战争作为泄愤、报复的手段，不以贪暴、掠夺作为战争的目的。正因为如此，我特别强调：“夫兵者，不祥之器，物或恶之，故有道者不处。”（第三十一章）兵器是不吉祥的东西，谁都厌恶它，所以有“道”的人是不会接近它的。只有无道人、贪暴人、凶残人、喜欢杀人的人才会喜欢兵器。天下无道，才会有兵事。我否定战争，是坚持自己的有“道”。因此，“以道佐人主者，不以兵强于天下。”（第三十章）为人臣者，当以常道辅佐人主，使国泰民安，不应该无端生事，而专以兵强天下。这在我的思想上是一贯的，行动上是一致的。只要是以道辅佐人主的人，就不能也不会仗兵威逞强于天下。治国治天下，是以“道”治国治天下，而不是以兵治国治天下，以武器治天下。兵威可得逞于一时，而不能得逞于一世。

6. 问：先生有“道”，不主张以兵治天下，对战争抱非常坚决的否定态度。那么，请问先生，在您向往的小国寡民社会中，有没有军备？

答：我们曾讨论过“小国寡民”社会，我讲过这个社会模式的几个特点：有器具而不用，有车船而不乘，不必学习知识，只要安安静静过日子。邻国互见，鸡犬相闻，民至老死不相往来，等等。这其中，还有很重要的一条："虽有甲兵，无所陈之。"（第八十章）虽有武器装备，但没有地方可以陈列它。为什么呢？因为没有战争，派不上用场。所以制造甲兵，是为了有备无患。没有战争，也没有战争带来的破坏和灾难，这才能安安静静过日子。这样一个虽有甲兵而无处陈列的社会，是没有战争的社会，是人们企盼中的理想社会。人类应在这种理想社会中安安静静地过日子，而不应该在战争和兵刃的威胁下感受恐惧，遭受灾难。

7. 问：先生对战争持反对和否定的态度是非常鲜明的。作为古代的一位反战主义者、和平主义者，这无可厚非。可是先生也主张战争手段可以"不得已而用之"（第三十一章）。请问先生，您认为在什么样的"不得已"的状况下可以用兵？

答：我反对战争，我又认为在不得已的状况下可以用兵。我认为这两者并不矛盾。如果是禁暴除乱、拯民于水火，如果是反对别国的侵略和掠夺，在此类不得已的状况下，可以用兵。一旦达到禁暴除乱、制止侵略的目的后，就要停止用兵，立即罢手。决不可以争强斗胜，炫耀武力。如果超过这种限度，继续用兵，那就会走向反面。所以，我说："不得已而用之，恬淡为上。"（第三十一章）"恬淡"这两个字，意思是说把兵器的锋芒收敛起来，能够说明我"恬淡为上"的本意。反对战争，不得已而采取战争手段，目的达到了，适可而止。纵然打了胜仗，也不要以为了不起。毕竟这是通过战争的残暴手段才取得的胜利。如果自以为得志，那就是以杀人为快乐；杀人还会有快乐吗？人类社会确有杀人嗜血的"人兽"，他们杀红了眼，在杀人中感受快乐和亢奋！而以杀人为快乐的人，是不得人心的。

我还说过："善（战）者果而已，不（敢）以取强。果而勿矜，果而勿伐，果而勿骄，果而不得已，果而勿强。"（第三十章）会打仗的人只要达到目的、取得成功就算了，切不可以用兵来逞强。打了胜仗要认为这是出于不得已，不要高傲、自夸、逞强。要明白采取圣人反对的战争方式来解决问题是出于不得已，而不能把战争当作解决问题的常用手段、惯用方式。原因很简单：兵者是凶器，而非君子之器。所以，即使不得已而采用战争这一极端手段，也必须采取极为慎重的态度，不能滥用、常用。东汉末年兵家曹操说过：“圣人之用兵，戢而时动，不得已而用之。”（《孙子兵法·序》）看来也是接受了我的观点的。不过，曹操虽这么说了，却不能联系实际很好地去做，一场赤壁大战，使他大败而逃。或许这句话是他吸取了教训以后才说的。果真如此，曹瞒可教也。

8. 问：能不能这样说：既然有“不得已”而进行的战争，那就说明战争这个人类社会自相残杀的怪物的存在有它的必然性。因此，即使对它持反对和否定的态度，在一个相当长的时期内也不可能消灭战争。只要有利益之争，就有由于利益之争决定的最极端的流血斗争的形式。只有人人都能得到充分的均衡的利益而且不再滋生贪欲和不知足，并且有实现这种利益的经济机制和相应的伦理道德作为它坚实雄厚的基础，人类社会才不会发生战争，才会从人类历史上彻底根除战争这个自相残杀的怪物。在这之前，是谈不上消灭战争的。

答：我很佩服你这段有关战争存在必然性和消灭战争的可能性的高超理论。我同样承认战争存在的客观性，所以在《道德经》里我用那么多篇幅谈论了战争。不仅谈我的战争观，而且也谈兵法，这表明我并没有否定战争自古以来就存在的客观事实。但承认战争存在的客观性和对战争持反对态度，这是两个问题。我反对战争，认为它是统治者贪欲的恶性发展，对人民的生命财产和社会经济带来极大的破坏，因此，有道者不为。天下无道，才有战争。

对不得已而进行的战争，如除暴安良、拯民于水火，对反侵略的战争，我并不反对。然而，即使对这样的战争，也要把它看成是凶丧之事。这样的战争也要流血，也要死人，也有恐怖和灾难。战争即使打赢了，也是以杀人、死人为代价的。所以，打了胜仗，也不可庆贺。如果要举行仪式，只能用凶丧的礼仪来对待它，哀悼它。所以，我说："杀人之众，以哀悲莅（莅，到场。王弼本、河上本作'位'，误。马叙伦《老子校诂》据罗运贤说改为'莅'，是）之；战胜，以丧礼处之。"（第三十一章）正因为战争杀人众多，所以，应以哀痛的心情参加战争；打了胜仗，也还是应该用凶礼的仪式来处理，以表示不得已杀生的哀伤心情。这才是不得已而用兵的正常心态。敲锣打鼓，欢庆胜利的做法，向来如此，可以理解，但不正确，毕竟在战争中死了那么多人，有什么值得庆贺！所以，我认为应当——

六、"杀人之众，以哀悲莅之；战胜，以丧礼处之"

9. 问：先生真是大慈大悲，非但见识不同一般，连感情也不同一般。世上有几个军事家在打了胜仗以后抱先生这种哀戚和悲天悯人的心情的？绝无仅有！绝无仅有！"杀人之众，以哀悲莅之；战胜，以丧礼处之。"这至理之言，皆千古名言。非先生不敢道，非先生不能道。这与先生反对战争、不得已而进行战争的思想逻辑是一致的。非大彻大悟者不能明白此中道理。这使我联想起孟轲老先生。梁襄王问他："天下恶乎定？"孟子答："定于一（统一）。"襄王又问：谁能统一天下？孟答："不嗜杀人者能一之。"（见《孟子·梁惠王上》）孟夫子认为，即使有利于社会发展与安定的统一战争，也只有不热衷于杀人的人才能统一天下。

在反对残酷战争这点上，他的观点同先生的观点是一致的。不同的是，他主张统一，您不主张统一。对孟夫子而言，他是矛盾的，因为当时的统一，不可能离开战争这个残暴的途径；对先生而言，则是可以统一的，因为全社会都是小国寡民，虽有甲兵而无所陈，就不会有战争。然而，从中国当时的发展趋势而言，统一是历史趋势，小国寡民不合历史潮流。历史似乎是按着孟老夫子的理论走的，而没有按先生指引的道路走。

从事统一战争的各国军事家们也没有按先生的意愿“以哀悲莅之”，“以丧礼处之”。秦白起坑了赵国降卒四十万，也不曾掉过一滴眼泪。历史不讲仁慈，历史也不讲怜悯。历史过程就是如此残酷地行进。先生的大慈大悲似乎是白费精神了。

答：你一个圈子，又绕到秦始皇统一中国上来了。看来你是一位坚定的大一统派。可你别忘了，秦始皇统一以后的中国，仍然是千千万万的“小国寡民”，小百姓仍然以他们原有的生活方式生存在中国这个“统一”的国度内。用你们的话说，中国仍然是千万个以自然经济为基础的社会共同体构建成的社会组织形式，只不过是以历代王朝的帝国形式，用强制性的暴力手段，把它们一股脑儿纳入一个大麻袋里而已，“小国寡民”的真正实质并无多大变化。但是，“人惟求旧，器惟求新”的“统一”的中国，是以不计其数的生命和血的代价换来的。而换取的这种专制政治体制，带给实质上仍然是无数小国寡民社会人民的是什么呢？是赋税、徭役和兵役，而这些负担原来是不存在的。这对老百姓有什么好？本来相安无事的小国寡民自给自足，没有战争，也不会有“杀人之众”，不必“以哀悲莅之”、“以丧礼处之”。在这个问题上，我们说不到一处去，我们也不必就这个问题辩论了。让千年、万年的历史事实去说明问题吧。

七、处理好大小国关系，“大者宜为下”

10. 问：好，我们也奉行“不争论”的原则。事实上，争论的双方即使一方“胜”了，也不一定说明他正确，“败”的一方也未必就错误，因为有许多左右胜败的因素和条件。还是要像先生所说的：让千年、万年的历史去说明问题吧。这意味着时间、试验和代价。不过也没有别的立竿见影的途径。我们还是回到战争问题上来吧。在《道德经》第六十一章中，先生谈到要处理好大国、小国关系的问题，这个问题实际上也涉及统一问题。先生说：“故大国以下小国，则取小国。小国以下大国，则取大国。”又说：“大国不过欲兼畜人，小国不过欲入事人。夫两者各得其欲，大者宜为下。”（第六十一章）先生认为，只有大国对小国谦下，才可取得小国的信赖。小国也要对大国谦下，才能取得大国的信任。大国不应当过分要求领导小国，小国也不要过分奉承大国。如能这样对待，那么大国、小国都满足了要求。在大国和小国的关系上应当有侧重，那就是大国应当特别注意谦下。这里讲的是处理大国与小国关系的外交问题，也涉及军事关系。先生看来是希望永远维持春秋时期大国领导小国、小国奉承大国的现实情况，让社会停留在割据状态的。在这里，先生处理“国际关系”的原则同社会政治思想是一致的。

答：可以这样认为。如果按照我说的处理大国与小国关系的思想和方针来处理国与国的关系，那当时的中国就不会有战争，那整个世界历史上也不会有战争。可是统治者的贪欲、野心，使他们不愿正确处理大国和小国的关系，于是，春秋、战国战争不断，世界上的战争不断，打了几千年，其间的和平，是为下一次战争进行准备。在战争的启动上，大国要担负主要责任。

什么叫“大国”？“大国者（天下之）下流……天下之交也。”（第六十一章）王弼注云：“江海居大而处下，则百川流之。大国居大而处下，则天下流之。故曰大国下流也。”（《老子注》第六十一章）天下所以交会于大国者，就是因为它能谦而居下。由于大国之谦下，天下之趋于大国，就犹如众水之趋下流。大国能谦下，小国就会归附于它；小国能谦下，那么大国也能容纳它。这就叫大国谦下以取人，小国谦下而取于人。大国不要欲望太过分去吞并或领导小国，小国也不要过分奉承或曲诺大国，两者就能各个满足自己的要求，大小相安，和平共事，就不会因“欲”的过度而导致战争。成玄英疏云：“小国用柔，故聚于大国；大国用下，故取得万国之欢心。”（《道德经义疏》）此言甚是。大国不恃其尊，则小国乐附；小国能安其卑，则得大国欢心。国与国之间发生战争，一般说总是大吃小，大国因欲求过度而以战争方式吞并小国。因此，在大国与小国的“国际关系”上，大国是主要的责任者。大国有没有谦下态度，有决定意义。

11. 问：如果我们超越时空来认识和运用先生关于大国小国关系的理论，那么，世界上或许就不会有战争，就不会有“杀人盈野”的春秋时期频繁的战争，就不会有死了几千万人的第一次世界大战和第二次世界大战，也不会有战后延续至今的大大小小的局部战争。然而，无论是大国还是小国（特别是大国），它们的决策者从来就没有按照先生的思想方针在行动（“我们”凭什么要听你这个老头子的话？管你是什么“思想家”！），而是为他们所代表的利益集团的理念和推行的价值观念在行动。因此，世界一直在打仗，和平的时间不多。这说明了两个相悖的问题：第一，是先生的这一伟大思想（“大国宜为下”），应当切切实实灌输到各大国当权派、决策者的头脑中去，让伟大的思想转变为伟大的实践；第二，是先生的思想本来就不合乎历史和现实的实际，所以，直到今天，先生的理论还没有转化为实践。

答：你又在施展你的小聪明揶揄我。但你不能否定我思想逻辑的合理性。当人们还不能真正懂得我这一思想内核的真理性时，他们就会在无知和盲目中自相残杀，把无穷无尽的灾难施之于人民用无数血汗创造的世界，一次一次地毁坏，重建，再毁坏，再重建。等到世界各国的统治者认识到我说的这些道理不仅是可信而且也可行时，或许人民已为此付出了巨大的代价。统治者能不能听有真知灼见的思想家的话，往往决定世界的走向及前途。他们可以不屑一顾，可是必须承担胡作非为的灾难性后果。思想总是超前的，现实总是滞后的，而且是残酷的。

八、“兵强则灭”

12. 问：作为学生，我怎敢揶揄先生？或许真理与实践之间会存在巨大的时差，或许时间会证明先生的思想不仅是正确，也是超前的。但是，我得承认，先生的有些论断则早已为历史和实践证明是正确的。例如，您有一个关于军事问题的重要论断："兵强则灭。"（第七十六章）先生用柔弱胜刚强的原理说明强硬的东西实际上最脆弱，越是强硬的东西越接近死亡。军队太强大了也会遭到毁灭。王弼指出："强兵以暴于天下者，物之所恶也，故必不得胜。"（《老子注》第七十六章）这是因为，强兵必施暴，施暴必恶众，恶众必成为众矢之的，群起而攻之，最后为众人所打败。一部战争史，"兵强则灭"的实例实在不少。

答：统一六国的秦王朝，可以说是"兵强则灭"的一个典型。曾几何时，秦帝国从统一六国的巅峰上狠狠地摔了下来，被农民起义和六国贵族彻底摧毁。它用历史实例诠释了王弼为我的思想作注的这一观点："强兵以暴于天下者，物之所恶也，故必不得胜。"

九、"慈，以战则胜，以守则固"

13. 问：在20世纪第二次世界大战中，不可一世的希特勒德国和穷兵黩武的日本军国主义，也是"兵强则灭"的典型例证。

答："兵强则灭"，是我关于军事问题的重要观点，也是我反对战争思想的重要内容。兵强何以则灭？这不仅是因为兵强则骄，兵骄则败，还因为兵强者终将为人所胜，强中还有强中手，不要以为你是天下第一。矜己凌人者必蹶。到处树敌，终将使自己成为众矢之的。我向来反对以强大的军事力量作为立国之本。立国当有"本"，这"本"不是"强兵"，而是我前面说过的"三宝"：慈、俭、不为天下先。俭和不为天下先，前面已讨论过。这里再说说与战争的残暴相对应的"慈"。

"夫慈，以战则胜，以守则固。天将救之，以慈卫之。"（第六十七章）慈者，容也，爱也。爱人爱物，宽宏大量。慈，合于天地万物自然之理。韩非说："爱子者慈于子，重生者慈于身，贵功者慈于事。"（《韩非子·解老》）战争是慈的对立面。我已说过，只有万不得已才采用战争手段。然而，即使在不得已的战争中，也应该遵循慈即宽容的原则。以慈——宽容的原则用之于战争，战争就能取得胜利；以慈用之于防守，就能巩固阵地。天将拯救谁，天就用宽容来保卫谁。韩非还对战争中的“慈”作过这样的解释：“临兵而慈于士吏，则战胜敌；慈于器械，则城坚固。故曰：慈，于战则胜，以守则固。”（《韩非子·解老》）以慈爱之道临阵，则正；以之守圉（养马的地方），则固。这其中的重要原因，是因为不妄用战争的手段妄伤生命，因而能够得军心，得民心，也能得敌方士卒之心。以慈治军，是我有关军事问题的另一个指导思想，又是同我的“兵强则灭”、“虽胜而哀”的观点相联系的，也是同我主张“不得已而用兵”的思想一脉相承的。你要了解我的军事思想，应该把这几条作为一个整体来认识。

14. 问：听了先生的论述，我对先生的军事思想有了进一层的认识。“不得已而用兵”是同先生对战争持反对和否定态度相联系的。通过这样深入的讨论，我对先生军事思想的认识有了一个总体的完整的概念，不再是零碎而不成体系的了。思想能成体系，就是因为是一个整体，能自圆其说，前后呼应，互不矛盾，从各个分支汇集到主干上去，阐明社会、历史、自然乃至宇宙的运动法则。思想的碎片也有闪烁的光辉，但不能成就为思想体系。先生的军事思想也能成为您“道”的哲学的一个旁支。

答：我还不敢这样说。为什么呢？以上“论兵”的这两部分（反对和否定战争；不得已而用兵），只不过是谈论了对战争问题整体的看法，而没有涉及战术、战略问题。战争问题还须涉及兵法即战术、战略问题。我们现在就来谈谈这个问题吧。战争中有关战术的运用，是根据敌我双方的具体情况和地形、气候等条件而定的。战略则是对战争全局的策划和指导，它依据敌我双方军事、政治、经济、地理等因素，照顾战争全局的各方面、各阶段之间的关系，规定军事力量的准备和运用，制定作战方针和作战指导原则等等，这都是军事家要掌握的问题。我没有打过仗，没有这方面的实践经验，只能就一些重大原则谈谈我的看法。关于“柔弱胜刚强”等战略战术思想，在策略思想部分已经讨论过了，这里就不再重复了。这里只谈几条具体的内容。我把它归纳为三条：第一是退守原则，第二是以奇用兵，第三是莫要轻敌。

十、战略战术（一），退守原则：以退为进，以逸待劳，哀兵必胜

15. 问：这三条很有意义，可以说是古今中外战争中具有一定普遍意义的指挥原则，具有先生鲜明的军事思想的特色。就请先生从第一条讲起吧。

答：《道德经》第六十九章比较集中地论述了我“以退为进”的军事指挥方针：“用兵有言：‘吾不敢为主，而为客；不敢进寸，而退尺。’是谓行无行，攘无臂，扔无敌，执无兵。”我借用了兵家的话，他们认为：我不敢取攻势而要取守势，不敢前进一寸却要后退一尺。“是谓行无行”以后这四句话，马王堆甲、乙本作“是谓行无行，攘无臂，执无兵，乃无敌矣”，文从字顺，意义较明确，比较好理解。就是说，我采取的是以退为进的战略战术，这叫做没有行列（阵势）可以摆，没有臂膀可以举，没有敌人可以对抗，这样就能无敌于我。王弼解释说：“言以谦退哀慈，不敢为物先……无有与之抗也。”（《老子注》第六十九章）魏源解释说：“军惟死战以拒敌，故有行列、攘臂、执兵之事。苟无敌之可扔，则亦无列足整，无臂足攘，无兵足执矣。盖以后为先，以退为进，常致人而不致于人，则是操全胜之术，不劳力而坐致之，是谓扔无敌也。”（《老子本义》第五十八章）王、魏二人的解释，都很好地说明了我主张以退为进的用兵原则和理由。

同退守的原则相关，我在这一章中还提出了“哀兵必胜”的观点：“故抗兵相加（‘加’应是‘如’的误写。马王堆甲、乙本均作‘若’，唐碑本也作‘若’，‘若’、‘如’同义），哀者胜矣。”两军对峙，如果兵力相当，则悲愤的一方将获得胜利。退守一方，处于“哀者”地位，

会有强烈的化悲愤为力量的精神因素作用于士卒，并为赢得战争的胜利创造条件。如果是出于不得已而用兵，又取退守原则，这都会在客观上造成哀兵哀心。哀心见则天人助，天人助则战必胜。虽欲不胜，不可得也。这也是“柔弱胜刚强”。

此外，我主张战争中的退守原则和策略，又是遵循了以逸待劳的方针。以退为进，以后为先，就能主顺而客逆，主逸而客劳，攻骄而守卑，进躁而退静。这就可以顺待逆，以逸待劳，以卑待骄，以静待躁。在攻守的过程中，情况就会发生变化，事物就会向反面转化，强势转为劣势，攻势渐失其锋变为守势，就可创造敌弱我强的条件，最后一鼓作气，打败敌人。

16. 问：先生这段论兵的言论极为精彩，兵家应熟读之，深思之，运用之。这使我不由想起先生在《道德经》第六十八章的一段话：“善为士者，不武；善战者，不怒；善胜敌者，不与。”善于作“士”的人，不逞他的勇武；善于打仗的，不靠他的愤怒；善于战胜敌人的，不跟敌人正面应付。善战的人不仅不会发脾气，也不跟人争一时之短长。他善于利用别人的力量，而不必正面冲突。他善于以“不争”达到“争”的目的。以逸待劳的退守方针，就是为了实现以不争达到争，而且争而胜之的目标。我记得我们前面已经讨论过，“不争之德”是一种“用（借）人之力”的高明策略，是一种符合天道的“古之极”的古今通行的准则。这个原则在战争中同样适用，这就是以退为进、以逸待劳的策略方针。

答：王弼注释说，“不武”“不怒”者，就能“后而不先，应而不唱”；“不与”者，就能“不与争也”（《老子注》第六十八章）。善于带兵的人，不逞勇武；善于作战的人，不会被激怒；善于战胜敌人的人，不与敌人正面对阵。具有这种素质的将军，才能后发制人打胜仗。好逞勇武、易被敌人激怒的将军，很容易先发制人，同敌人正面对阵而受挫败。能不武不怒不争的将帅，才有可能采用“以奇用兵”的策略和计谋。

十一、战略战术（二）：“以奇用兵”，“正复为奇”

17. 问：先生已经谈到了您的战略战术思想的第二条：“以奇用兵”。我记得先生是在《道德经》第五十七章中论述“无为”的政治思想时讲到这条的：“以正治国，以奇用兵，以无事取天下。”以正规的方法治国，以出奇的方法用兵，以无所作为取天下。先生一定是把这三条作为一个整体来构建的。但是，我还不能理解为什么“以奇用兵”这条讲军事问题的原则，同“以正治国”、“以无事取天下”联系在一起？这三条有必然的内在联系吗？

答：你这个问题提得有道理。王弼的解释可以作为我的解释。他说：“取天下者常以无事。及其有事又不足以取天下。以正治国则不足以取天下，而以奇用兵也。”（《老子注》第五十七章）奇者，仅能用兵而不能治国。正者，但能治国而不可以取天下。治国时用“正”，用兵时以“奇”，治天下靠“无为”。这是一个完整系统的有机组合。我是反对战争的，但在实践中一定会有不得已而用兵的时候，那就要把兵带好，把仗打好，那就必须“以奇用兵”，以取得胜利。取得胜利后，“以正治国”，把国家也治理好，最后服从于“以无事取天下”，达到“无为而治”的目的。治国，用兵，终结点还是“以无事取天下”，无为而治。

18. 问：这是一个很好的解释。能不能这样说，“以奇用兵”是大运动过程中的一个局部过程，为的是达到“以无事取天下”的目标？但就“以奇用兵”这一个问题来说，就有许多文章好做。这四个字，本身就是对军事指挥问题的极好的概括，是战争问题上指挥经验的总结。在任何战争中，就是应当用出人意料的、不寻常的方法来指挥作战，才能出敌不意、击其不备而取得胜利。

答：“以奇用兵”，是灵活地变换战术，以达到战略目的的必不可少的条件。战争是一种奇诡的行为，必须制造种种假象迷惑敌人，击其不意，攻其不备，以战而胜之。所以孙武说：“兵者，诡道也。”所谓“兵不厌诈”，就是这个道理、这个意思。春秋战国时期，战争频繁，所有取胜的战争都是“以奇用兵”的结果，所有失败的战争也是违反“以奇用兵”原则的结果。春秋时期楚国和宋国的泓水之战，宋襄公对正在渡河的楚军讲仁义，没有出奇兵进行攻击，等楚军过河后摆好阵势才击鼓攻击，结果宋军大败。与此相反，出奇兵而取得胜利的，是战国时期齐国和魏国的马陵之战。齐帅孙膑用“因其势而利导之”的办法去调动敌人，自己的军队行军途中每天减少灶头数量，造成齐军大半逃亡的假象，以迷惑魏将庞涓。庞涓丢下主力，率轻兵追击齐军，结果被埋伏在马陵的齐国大军包围，魏军大败。这是孙膑“以奇用兵”取得胜利的一个著名战例。历代取得胜利的战役，几乎都是“以奇用兵”的结果。以“正”治国是可以的，以“正”治军也有一些道理，但以“正”用兵则不可。用兵只能以“奇”。因为兵是诡道，在战争过程中又是对敌方保密的，非以“奇”不能保守自己的秘密，非以“奇”不足以迷惑敌人，非以“奇”不能战胜敌人，所以才叫“出奇制胜”。

19. 问：先生虽然没有带过兵、打过仗，但您从历史上的战争中总结了正反面的经验教训，提出了“以奇用兵”的著名论断，这是一个创造性的总结，十分精辟。这是您以辩证法对历史上的战争进行深入思考的结果。

先生曾提出“正”与“奇”的对立统一的概念，又强调了“正复为奇”（第五十八章）的辩证过程，对“正”与“奇”的关系作了辩证的解释。打仗的时候，有时正面佯攻，以吸引敌人的主力，突然又出奇兵迂回，一举歼灭敌人。这就是“以正合，以奇胜”。“以奇用兵”是“正复为奇”在军事上的灵活运用，是对兵法上说的“战势不过奇正”的发挥。它强调战争的弱方（“柔弱”方）要利用一切机会和可能，集中自己的兵力，去打对方的薄弱点，以自己的局部优势去战胜强者局部的弱势，避免以自己的“弱”硬碰对方的“强”而造成自己的失败。以“正复为奇”

思想为指导而能“以奇用兵”的将军，是冷静而明智的将军。他能断然决事，但决不是鲁莽行事的军事家。

讲到这里，又使我想起先生讲过的“善为士者不武”、“善胜敌者不与”这两句名言。善于指挥千军万马的将军，是不会先凌武对方，劈头就气势汹汹使出全身解数的。聪明的军事指挥员总是先退让一步，不去硬拼，而以出奇制胜的富有创造性的路数去战胜敌人。我这样理解先生的“以奇用兵”思想，不知对不对?

答：你讲得很好。讲得好，是因为把我的军事思想同我的哲学思想、同辩证法能联系起来，对“以奇用兵”作了比较深入的分析。是啊，打仗不是儿戏，是残酷的杀人竞争，不仅要斗力、斗勇、斗财、斗物，更要斗智，不仅要掌握敌人的动态，还不能让敌人看出你自己的行迹。要迷惑敌人，“善行者无辙迹”（第二十七章），要“行无行”，不让敌人看出你行动的方向，还要“执无兵”（第六十九章），拿着武器好像没有拿武器一样。以此为前提，出敌不意，击其不备，战而胜之。这都是有关“以奇用兵”的操作。如何操作，也有个“奇”的问题。运用之妙，存乎一心，就看你的本事了。

但是，在讲了“以奇用兵”这一条对战争进程有重大影响的原则以后，我还要强调用兵中的另一个大问题、大原则，这就是我要说的第三条：勿轻敌。

“祸莫大于轻敌，轻敌几丧吾宝。”（第六十九章）轻敌必败。两阵相交，两兵相拒，虽有多寡强弱之分，虽有地形条件之利弊，但不管占据多少有利条件，也不能轻敌。思想上轻敌，必丧失一切戒备，予敌以可乘之机。如果轻敌，即使有“三宝”（俭、慈、不为天下先），即使能“以奇用兵”，也救不了你，必让你丢下性命不可。兵者，凶器也；战者，危事也。轻敌必引祸招灾。如果打了胜仗，更不能轻敌。小胜即骄，大胜大骄，会导致思想上轻敌，或许大败即刻会来。战争中轻敌是大忌。因此，我专门把“勿轻敌”列为一条。

十二、战略战术（三）：“祸莫大于轻敌”

20. 问：“祸莫大于轻敌”，这是一条重要的军事原则，也是有普遍意义的指导思想。在一定的条件下，坏的东西可以引出好的结果来，好的东西也可以引出坏的结果来。这就是先生说的“祸兮，福所倚，福兮，祸所伏”。轻敌，就是为福变为祸、胜转为败从主观上创造条件。祸福、损益、强弱、进退、胜败、生死等等，都是对立的统一。因一定的条件，事情发展到临界线，就会向反面转化，福就会转变为祸，强就会转变为弱，进就会转变为退，胜就会转变为败，生就会转变为死。“祸莫大于轻敌”，一语点明了军事上这种突变的主观原因。这是先生的辩证法思想在军事问题上运用的一个典范。重要的还在于这一思想有放之四海而皆准的普遍意义。这点，我就不为先生吹喇叭了。

答：讲完上面这三条，有关论兵的问题也就谈得差不多了。我的思想你都一一为我表达了，符合我的原意。如果我是教授，你就是合格的助教，可以代替我为学生讲课。关于我的“军事思想”，大概你也不会有多少问题了吧。我也累了，今天就到此为止吧。

第十三章　道家怎么变成道教?

一、哲学流派道家怎么变成道教?

二、我未开门收徒，“开创”道家“学派”都难说

1. 问：先生，有关您思想体系的诸问题，我已向您请教得差不多了。我们的讨论也还算是深入的。如果再有问题，还可以再向您请教。今天，我想向您请教一个同您和您的思想体系有区别又有联系的问题，这就是道家和道教的关系问题。

长期以来，我一直没有弄清楚：您创立的哲学流派道家是怎样变成宗教的道教的？您是一位思想家，而在道教中，您却被道士们塑造成三清殿里一尊受崇敬的偶像，被奉为“太上老君”，变成道教的教主；您总结并创造了用以说明世界万事万物变化规律的最高法则——“道”。但在道教中，您的自然哲学和处世哲学却同神仙方术糅合在一起，发明了一整套修炼方式，演变成道士、道姑们的金丹仙药、步罡踏斗、伏魔降妖、祈福禳灾、呼风唤雨、抽签算卦等等仪式。从道家到道教，这一变化的过程，难道表明它们之间存在某种内在的联系？古代中国有诸子百家，学派众多，为什么独独是先生创立的道家会变成道教，而且是唯一土生土长能与外来的佛教并驾齐驱的中国式宗教？而其他诸子学派都没能向宗教的祭坛迈进，演变为教派，造就出教主？即使在中国社会影响最大的孔子儒家学派，也没有变成宗教（“儒教”并不具有宗教色彩，孔庙、大成殿实际上

也不是寺院和庙宇，孔子塑像也不是神像）。这是一个长期萦回在我心头而没有找到答案的问题，希望先生赐教。

答：你提的这个问题很好，但是我也说不清楚。这也许就是“当局者迷”吧。我在世的时候，不要说“道教”连影子也没有，就是所谓的“道家”，也没有形成气候，成不了“家”。我只是写了一部《道德经》，而且当时也不叫“经”，只是《老子五千言》，被奉为“经”是后人的事。不能认为是我提出了“道”的概念和学说，就成了“道家”学派了。所有的学派，都必须有传承，有弟子，才成得了“家”。我没有开门授徒，严格地说我没有正式收过学生。

庄子说我有三个学生。一个是柏矩（《庄子·则阳》），第二个是庚桑楚（《庄子·庚桑楚》），第三个是阳子居（《庄子·寓言》）。即使庄子说的三者是实有其人（我已记不清了），这三个人也不过是向我请教问题而已，谈不上是入室弟子。因为向我问学的人还有崔瞿（《庄子·在宥》）、士成绮（《庄子·天道》）、孔子（《庄子·天运》）等人，就如同你向我问学一样的性质。所以，说我开创了道家，形成了学派，这在当时并没有这种实践，也没有这种感觉。如果说我是道家的开山祖师，那也是由于《道德经》客观的历史影响造成的。因此，我既然未建学派，又何以成“家”？

三、是《道德经》的思想力量和后人的传承，才形成道家学派

2. **问：**是的，先生的说法很客观，也很谦虚，谦虚是实事求是态度的表现。但一个重要的事实是：先生第一个提出了以“道”为核心的思想体系。用“道”来说明宇宙万物的本质、构成、变化和本原，这就自然使您成为道家的创始人。您没有收学生，但您思想的力量是伟大的，这使您的学说有了传承和扩展的可能。从您以后，关尹、列御寇、杨朱等人，在不同程度上传述和丰富了您的学说，而庄子更发展了您的思想，形成为道

家传承的正统学派——庄子学派。因此，称先生是道家的祖师爷，不会错。虽然“道家”之说形成于汉代，从司马谈的《论六家要旨》到《汉书·艺文志》称“道家”并将其列为“九流”之一，但这一学派的开端则自先生始。在这几百年的过程中，“道家”学派在形成并发展，完全循着一种学术思想的发展途径正常地行进，并没有变成宗教。从春秋末年“老学”的开创，到汉代“黄老之学”占优势，其中虽有变化，但这是很自然的思想发展过程，并没有向宗教方向发展。

答：我以为，学派可以有传承、有发展，甚至有变化，但不应该错误地导向于宗教。思想家、哲学家不应该变成教主，更不应该变成“神”。思想是可以辨析的，也是可以争论的。一旦对思想的信服变成宗教的信仰，思想就不成其为思想了。宗教的教条是不允许怀疑的。我从来没想到我的学派会变成宗教，我也不希望我变成让人供奉的教主。

四、从春秋“老学”到汉初“黄老之学”，是思想适应现实的流程

五、“老”怎么变成“黄老”？　稷下学派的形成

3. 问：先生此言极是。把学派变成教派，把思想变成宗教信条，甚至用世俗的、行政的力量强迫人民信仰，这是人类思想发展过程中误入歧途的一种反映，后果并不好。中国历史上有过教训，这里就不多谈了。然而，道家变为道教，成为中国唯一土生土长的宗教，这是中国思想史和宗教史上的一个不争的事实。虽然先生“身不由己”，但您已经被一种无名的力量卷到“教主”的至尊地位上去了。我想，这虽不是先生自愿的，但也不是没有原因的。我想弄明白的是，虽非意愿又是如何身不由己地被打上宗教的光环的。这其中应有客观的和主观的原因，有必然的和偶然的因素。否则，为什么宗教的光环不打到儒家、墨家、法家的头上，独独打到道家的头上？

答：为了弄清这个问题，先要把道家变成道教的过程搞清楚，也许从

这个演变过程中可以找到变化的原因。这个演变过程有几个阶段，这里先简要地说说战国后期稷下黄老学派的形成。这是由“老”变成“黄老”的一个重要环节。

稷下学派是齐宣王养的一批游说之士，见《史记·田齐世家》的记载。其代表人物有“慎到赵人，田骈、接子齐人，环渊楚人，皆学黄老道德之学，因发明序其旨意。”（《史记·孟荀列传》）老学就是老学，怎么又把我与黄帝挂上钩了？原来这些人的任务主要是“各著书言治乱之事以干世主”（《史记·孟荀列传》），我的“老子之学”中的一部分就可以被他们用作“君人南面之术”。但既然是讲“南面之术”，那还得找一个古代的“世主”以为历史根据。而我，没有当过“世主”，只是一个学者，还不够这个条件。于是，他们煞费苦心找到了古代的世主——黄帝，同时曲解我的思想并托之于黄帝，这样就形成了“黄老道德之术”。于是，“老子之学”就同黄帝之名结合在一起，变成了黄老学派。以后，又编出许多“黄帝之书”，如《汉书·艺文志》所列的《黄帝四经》、《黄帝铭》、《黄帝泰素》、《黄帝说》、《黄帝内经》、《黄帝阴阳》等等。《吕氏春秋》里引的许多黄帝说的话，就是由这些人编出来的。天知道黄帝有没有讲过这些话！

伪托的“黄帝之书”同我的思想混杂起来，就把黄、老糅为一体，又出现了许多标名黄帝的道家书，如《汉书·艺文志》所列的“《黄帝君臣》十篇，起六国时，与老子相似”，“《杂黄帝》五十八篇，六国时贤者所作”；“《力牧》二十二篇，六国时所作，托之力牧。力牧，黄帝相”等等。伪托的“黄帝之书”和我的思想混杂起来，进一步糅成了“黄老之学”，这是秉承统治者意志搞游说的道家人士的杰作，说不清他们是发展了我的思想还是搞乱了我的思想。通过这个混沌杂乱的过程形成了“黄老道德之学”，简称为“黄老之学”。这是道家转变为道教过程中的一个重要环节。在这个过程中，把已经成了仙的黄帝同我这个凡人联结在一起，也让我沾上了仙气。

六、汉初黄老之学盛行，是中间过渡阶段

4. 问：学者可怜，没有多大能耐，还必须配上“世主”黄帝才能有权威！凡人也没有大本事，须搭上神仙才有可能成仙。然而，从另一个意义上理解，也说明了作为人，作为学者的先生的思想的伟大，您的思想是“成仙”的条件，成仙的“资格”。没有思想的灵魂，黄帝也不顶用，神仙也无能，还必须搭配上思想家、哲学家。这种文化史、思想史上的怪现象，倒也值得总结总结。这也使我明白了：为什么东方社会的国家常常不惜一切手段把领袖人物神化。

答：如果说，战国后期稷下黄老学派的形成，是道家变成道教过程中的第二个阶段，那么，西汉初年出于社会历史原因的黄老之学的盛行，可以说是第三个阶段，是一个重要的过渡阶段。西汉初期，君臣学黄老之学，尊黄老之道，行黄老之术，是历史的惯性和汉初社会历史背景结合的产物，这就不多说了。但这种情况，客观上使道家凌驾于百家之上，大大提高了道家的地位。西汉一代，虽然武帝独尊儒术，但是道家在民间、在统治者当中的影响还是很大的。然而，它仍然是学术上的一派，并没有成为宗教，我也没有成为教主。黄帝给我沾上了一点仙气，但还没有让我成仙。火候未到，条件也不成熟。

七、汉代巫术、巫士和道家思想结合，加上谶纬神学盛行，使道家逐步向宗教变迁

5. 问：那么，又有什么潜在的社会因素和思想因素，在什么情况下发挥了作用，同先生的思想结合，从而使道家有可能变成宗教？

答：你应该知道这样一个事实，即在古代社会里，科学与哲学不分，哲学与宗教又不分。最古老的学术思想往往存在于宗教之中。而宗教的出

现，是同人类对自然对社会的不可知的认识几乎是同时的。全世界各民族的文明史几乎都是如此。初民社会的巫术巫教，是科学、哲学、宗教糅于一体的，这也是原始社会人类的信仰和后世天文、历算、巫术、宗教往往交织在一起的原因。巫士担任奉祀天帝鬼神并为人祈福禳灾，兼事占卜、星历之术。以后他们的地位、作用虽有变化，但巫术、巫师从未在社会上消失，不仅在统治者上层，而且在民间都有着巨大的影响。不可预测的自然灾害和社会动荡造成的人类对自己命运的无法把握，永远需要巫师和巫术为他们预卜命运，指示方向。你问是什么潜在的社会因素和思想因素为道家向道教的转化创造了条件？我以为，一直在社会上有影响的巫术，是最主要的潜在因素，它一旦在适当的时代条件下同我的道家思想相结合，就有可能变道家为道教。

6. 问：这很有道理。宗教的形成，需要有原始宗教的躯壳，再融进新的内容。这也是历史的因袭作用。您正确地分析了道家变成道教的社会思想因素——巫术、巫教的存在。

答：这还是潜在社会思想因素的一种，还有另一种社会因素，那就是汉代的谶纬神学。从西汉末年到东汉，谶纬神学是很盛行的，这与巫士也有关。谶是巫士或方士们制造的隐语或预言，用作吉凶的符验或征兆。纬对经而言，是方士化的儒生们编辑起来的用迷信解释儒家经典的著作，起源于河图洛书的神话传说。这些掺和着阴阳五行学说的儒家的东西，又和汉初的黄老之学结合起来，为以后道教的形成作了思想上的铺垫。

7. 问：有道理。我也研究过汉代的谶纬，写过几篇论文，可是没有想到它对道教的形成还产生了影响。这个问题可以作进一步的研究。有个现代文学家叫许地山（笔名叫落华生），写过一本《道教史》的小册子，他也认为："巫觋道与方术预备了道教底实行方面，老庄哲学预备了道教底思想根据。"（《道教史》，商务印书馆1934年版，第182页）这个见解有道理，但需要深入阐述。

答：如果说这是第二条，那还应当举出第三条对道教形成起了作用的思想因素，这就是印度的佛教在东汉时代传入中国，它对道教的形成也有影响。

八、道家“化”了自“胡”而来的佛教？　《老子化胡经》

8. **问：**什么，道教的形成还和佛教传入中国有关系？这不是两种宗教吗？我从来没有想到两者有关系。我知道佛教传入中国是在东汉明帝时代，袁宏《后汉纪》云：“初，明帝梦见金人，长大，顶有明光。以问群臣，或曰：‘西方有神，其名曰佛，陛下所梦，得无是乎？’于是遣使天竺，问其道术，而图其形象焉。”（《后汉纪》卷十）其他如《牟子理惑论》、《四十二章经序》、《老子化胡经》都记载了这件事。这是认为佛教传入中国的公认的说法。可是没听说这与道教的形成有关啊！是不是因为《老子化胡经》也记载了这件事，就“化”到道教上来了？

答：传到中国的是佛教，没说佛教一下子变成道教。可是，你要知道一个情况，即人们开始信仰宗教时，目标并不很明确，这就是初民社会人们信仰多神教的原因。佛教初入中土时，也有这种情况。派人到印度求佛的汉明帝有个弟弟，楚王（刘）英。史载：“英少时好游侠，交通宾客，晚节更喜黄老，学为浮屠斋戒祭祀……（明帝）诏报曰：‘楚王诵黄老之微言，尚浮屠之仁祠，絜斋三月，与神为誓……其还赎，以助伊蒲塞桑门之盛馔。’”（《后汉书·楚王英传》）这就说明，身为贵族的刘英，既信黄老，又信佛教。在他的信仰中，黄老与佛教是合而为一的。《老子化胡经》说道家“化”了自“胡”而来的佛教，不是没有道理的。

9. **问：**这就是说，佛教在东汉初年传入中土，流入宫廷，还同黄老之学合流，带动了老学和您老子先生的“神化”，又把道家向宗教的神坛推进了一步。这也可以说，佛教传入中土，为道教的创立提供了一种现成的宗教参照，道教可以在教理教义、戒律礼仪以及教团组织形式等方面，向佛教作某些有意义的借鉴和参照，为道教的正式建立指示了方向。

答：可以这么说。事实也是这样。统治者也是有意识地在抬高我和道家。历史记载：“延熹中，桓帝事黄老道，悉毁诸房祀。”（《后汉书·王涣传》）“八年正月，遣中常侍左悺之苦县，祠老子；十一月，使中常侍管霸之苦县，祠老子。”（《后汉书·桓帝纪》）“九年，亲祠老子于濯龙〔宫〕，文罽为坛，饰淳金釦器，设华盖之坐，用郊天乐也。”（《后汉书·祭祀志》）你看，“好神仙事”的汉桓帝如此善待我，把我也当作神仙了。黄老之学不仅能同佛教亲和，自己也成为神仙了。在道家学派演变为道教的漫长历程中，佛教起了一定的参照、借鉴作用。道家思想不仅与原始巫觋之风有天然联系，也同中国本土生长的战国秦汉的黄帝神仙思想、汉代的谶纬神学发生了联系，又同外来的佛教挂上了钩。

可以说，从道家到道教的变化过程，是多种的历史、文化因素和社会因素以及上下交融的社会心理因素互为作用的结果。道教的形成，涵盖了多种意识形态，包含着多层次、多方位的社会思想因素。正是这多种社会思想因素和当时社会历史条件的有机合成，使道家（而不是其他学派）演化为中国独特的宗教教派。

10. 问：这个论述很精辟，也很深刻，能让我进一步探讨何以道家会变成道教，而其他诸子没有发展成为宗教的一个流派。这里又有很多文章可做。

答：上面我们谈到了道教形成的具体的社会思想基础，但还没有讲到道教的正式形成，还须有一定的社会背景。道教的形成是在东汉末年，离我生活的时代已有六百几十年。作为宗教名词“道教”的提出，始见于东汉末年的《老子想尔注》（《墨子》书中有“先王之道教”、“儒者以为道教”的说法，这同后来作为宗教名词“道教”是两回事）。“道教”名词从此“实体”化了。这里应该指出并强调的是，虽然上层社会在对道家的神化过程中起了行政干预和促进的作用，但道教的正式形成是在民间，而不是在朝廷。

九、太平道和五斗米道：道教形成在民间

11. 问：学习和研究历史的人，都知道道教形成同东汉末年的“太平道”与“五斗米道”的出现直接有关。先生能解释为什么道教是以民间形式出现的吗？

答：这与东汉末年社会矛盾的激化有关。东汉末年巨鹿人张角领导的黄巾起义，是以民间的“黄老道”（《后汉书·皇甫嵩传》）号召人民聚义的。“黄老道”又叫“太平道”，是一种民间的原始道教。据说，张角持有琅邪人宫崇所献与朝廷的他的老师于吉所写的《太平清领书》（见《后汉书·襄楷传》）。《太平清领书》又叫《太平经》，是流行于民间的道书。可见，道书的出现是在民间，而不是在宫廷。与张角同奉黄老道于同年起义的，还有“巴郡妖巫张修”（《后汉书·灵帝纪》），张修“疗病愈者，雇以五斗米，号为五斗米师”（《后汉书·灵帝纪》注）。到汉顺帝时，由张陵（张道陵）在蜀地正式创立了“五斗米道”，又传其子张衡（不是东汉科学家张衡），张衡再传其子张鲁（《三国志·魏书·张鲁传》）。

五斗米道又称“米道”、“鬼道”，因入道者须交五斗米而得名。五斗米道以《老子五千文》（即《道德经》）为主要经典。流传下来的第一次提出“道教”名词的《老子想尔注》一书，就是五斗米道的“祭酒”（领导人）讲解《老子》的记录。因为五斗米道成员尊其宗教领袖张陵为“天师”，因此，五斗米道又叫“天师道”。这就是道教定型的开始。

从张角的太平道到“三张”（张陵、张衡、张鲁）的五斗米道（天师道），都是早期民间道教，主要影响在下层社会群众，信奉者也都是普通群众，这种思想基础和社会基础，有可能使民间道教可以成为农民起义的组织和旗帜。

十、为何形成于民间？“天之道损有余而补不足”

12. **问**：这很有意思，道教的正式形成是在社会下层，而不在上层；在民间，而不在宫廷。其中有什么本质的原因和必然的因素吗？

答：你还应该记得我的一个重要思想和一贯主张：“天之道损有余而补不足。人之道则不然，损不足以奉有余。”（第七十七章）我们在讨论社会经济思想时谈过这个问题。人民因不平等不公正而遭受种种苦难，祈求和希望的就是平均和平等。“天之道损有余而补不足”恰恰能够满足他们这种平均和平等的要求。正是在这个涉及全社会的大问题上，我的思想和我的主张适应了广大百姓的需要，从而使下层社会的人民很自然地信仰《老子》书，皈依道家。《太平经》所说“顺天地之道，不失铢分，则立致太平”（《太平经·帝王》），可以从《道德经》中找到根据。原始道教之所以起于民间，就是这些有针对性、又有普遍性的社会思想和主张适应了多数人的需要，寄托了他们的希望。民间的巫教形式又很容易同这些思想结合，从而形成土生土长的中国式的宗教教派。张鲁“五斗米道”的“量腹取足”、吃“义米肉”的“义舍”制度（见《三国志·魏书·张鲁传》），就是“损有余而补不足”的具体化。正因为这个道理，“（五斗米道）祭酒主以《老子五千文》”（《三国志·魏书·张鲁传》注引《典略》）为经典，承认我的《老子》一书是五斗米道信徒必须学习和信奉的经典。原始道教五斗米道，显然是以《老子》为信条，表达他们的社会愿望和政治理想的。当年我写《老子》书时，怎么也不会料到在六百多年以后我的思想竟能起到这样的作用。

13. **问**：这倒是一个新的解释。也可证先生思想的适应性强、涵盖面广，连小民百姓的造反都可以从《老子》书中找到理论根据。不仅是“损有余而补不足”，还有“民不畏死，奈何以死惧之？”这都可以作为农民造反的根据。或许这就是道教在东汉末年农民起义过程中正式形成的真正社会原因。

任何一种宗教的形成，都是以普通民众的信仰为基础的。没有适合社会广泛心理状态和群众的广泛信仰，就没有形成宗教的社会土壤和思想基础。世界三大宗教（佛教、基督教、伊斯兰教）的形成和发展，无一不是如此。道教能成为中国土生土长的宗教，也是这个道理。看来，一种思想既能适应统治者需要，又能适应被统治者需要，才有可能被改造为宗教。春秋战国的诸子百家，包括后来影响很大的儒家在内，都不能达到这个要求，所以成不了宗教。儒家主要是适应统治者的需要，老百姓不能从中找到自己需要的东西。而道家的思想有老百姓需要的内容，一旦同民间巫教、佛教结合，就可能变成一种新的宗教，而且是中国特有的宗教。我认为这个论点可以成立。历史事实也证明了这个问题。

答：那你就去做一篇《道家为何变成道教》的学术论文吧。我认为，至今还没有哪一个人、哪一篇文章，把这个问题都讲清楚。研究这个专题，还是很有意义的。

十一、葛洪：道儒结合，官方化，世俗化，宗教化　李姓的唐朝，拉血缘关系，我变成“道德天尊”

14. 问：我对道家、道教的研究都还不够，等将来有机会再说吧。再问先生一个问题：五斗米道形成后，能不能说这是道教正式建立的标志？

答：无论是张鲁的五斗米道还是张角的太平道，都是早期民间道教的性质。但随着五斗米道的发展，它在社会上的影响越来越广泛。例如，到晋代，连著名书法家王羲之的家族也信奉五斗米道。这说明，五斗米道（天师道）已开始由民间向官方渗透、蔓延。这与道士们的努力传播和发展信徒有很大关系。

晋代，更出了一位葛洪，他写了《抱朴子》一书，奠定了神仙道教的思想基础，为道教的官方化、正统化和合法化，做了很重要的提供理论根据的工作。这是道教史上一件划时代的大事。很重要的一点，是他将儒家的忠孝仁义等纲常思想引入了道教教义，形成了以道家的神仙养生为其内、儒术应世为其外的修道模式，从而为儒道合流、道教能为官方接受开通了大路。所以说，葛洪改造了民间道教，为道教的宗教定型化和官方化、世俗化起了非常重要的作用。

宗教教义也必须有思想家的参与，才能精致化、系统化、理论化。葛洪就是这样一个有宗教色彩的思想家，他是在我以后在道家思想发展上一个有里程碑意义的人物（但和另一里程碑式人物王弼不同，王弼走的是哲学——玄学的道路，葛洪走的是宗教哲学的道路。两个人同出在魏晋时代，非属偶然）。从此以后，道教也形成了自己的神职人员——道士，成为正宗的宗教教派。

葛洪以后，北魏嵩山道士寇谦之和南朝刘宋庐山道士陆修静和他的再传弟子、茅山道士陶弘景，在修订道教教义理论等方面做了许多事，还制定了许多斋戒仪式。以后又形成了各宗各派，如北天师道（寇谦之）、南天师道（陆修静）、茅山宗（陶弘景），再后又变成什么“正一派”、“全真派”等等。连我隐居的终南山北麓的楼观台，也形成了一个什么“楼观道”，无非是打我的招牌，吃道家的饭。这也确实养活了不少道士、道徒，招徕了天南地北的一大批信徒。

到唐朝，敝人就更荣耀了，因为唐朝天子姓李，和我同姓，于是就拉血缘关系，道教被尊为“国教”，敝人被尊为“圣祖”，真是不胜荣幸。有了皇帝作后台和靠山，我和“道”演化为三清殿里的尊神——元始天尊、灵宝天尊、道德天尊，其中的“道德天尊”就是我。我从一个凡人，一个隐士，变成了万人顶礼膜拜的尊神！还编了成千上万卷的《道藏》，来解释我的《道德经》，我的五千字演绎成千百万字，真是做梦也没有想到！然而，我并没有为之陶醉，我只能感叹：此诚老学之不幸，敝人之不幸！我从来就没有想创立什么教派，也从来没想过当什么教主！历史好像同我开玩笑。但是，老子还是老子，《道德经》还是《道德经》。这

“经”，只有哲理的意义，而没有宗教的色彩。后人怎么打扮我，怎么打扮我的思想，是他们的事，我也无可奈何，对此，我一概不负责任！

十二、“孔子是中国的，老子是世界的”；但不是宗教的，而是哲学的

15. 问：但是，先生也可以从这种自然而荒诞的演绎中得到某种安慰：诸子百家都没有享受香火，孔子也不过在文庙里享受一点冷猪头肉，独有先生和道家，享受了这种只有神仙才能享受的待遇。如果没有一种伟大的内在的思想力量，这是断然不可能的。我向先生求教了这么多天，深深感到先生思想的博大精深。这正是道家变成道教、先生由学者、哲人变为教主的内在力量和内在逻辑。须知，神化在某种意义上是一种升华，是一种超凡脱俗的肯定。如果是这种意义上的神化，先生当受之而无愧。最近，我遇到一位研究中国历史的美国学者，我们谈到了您和您的学派。他说，外国学者也十分重视老子。还说：“孔子是中国的，老子是世界的。”我以为此言很有道理。冷静地把您的思想同对中国历史和社会产生巨大影响的孔子相比，把您的思想放到世界文化层面上来考察，我也认为这样的评价是正确的。所以，我想，德国哲学家黑格尔在他的《历史哲学》、《哲学史讲演录》里高度评价了您的思想，也不是偶然的。根据联合国教科文组织统计，在世界文化名著中，译成外文发行量最大的第一是《圣经》，其次就是《老子》。19世纪中叶以来，《老子》英文译本已超过40种。可见世人对《老子》一书的重视。

答：哈哈，你又在给我戴高帽子了，还把洋人拖了出来。“信言不美，美言不信。”（第八十一章）你这是“美言”，我就不信了。至于世人印我的书，传播我的思想，我当然高兴。这是传播一种哲学，对世界的存在与发展有好处的哲学。我相信我是哲人、智者，但不是神。《老子》一书是哲学，而不是宗教，不是《圣经》。

16. 问：先生讲得真好。我也是学者，不说大话诳话，只讲老实话。这也是我向先生讨教、讨论了这么多天的真实感受。为了把这些日子有意义的讨论留诸人间，我请求先生能允许我加以整理，付诸文字，让世人、让世界更多的读者领悟先生的哲学，不要让这个世界在混沌中走向歧途！不知先生同意否？

答：我当不了救世主！人类还是要靠自己拯救自己，命运掌握在他们自己手中。至于你要整理我们的谈话记录，那是你的事，我不表示意见。但你须加上一笔："未经本人审阅。"这样，即使你发表了这篇谈话，我也不负任何责任。就如同后人诠释我的思想，任凭他们怎么说我也不负责任一样。我只承认我的未经篡改的《老子》一书的著作权。

附　录

一、老子年表

（老子生活时代，各家说法不一，这里仅取笔者较为认可的一说，以资参考）

老子，陈人，约生活于公元前571年至公元前471年之间。

青壮年时仕周，为“守藏室之史”。

前522年（周景王二十三年，鲁昭公二十年）

孔子适周观光，慕老子之名，拜访老子。

前516年（周敬王四年，鲁昭公二十六年）

老子所管典籍被王子朝携至楚国，老子被罢免回老家。

前505年（周敬王十五年，鲁定公五年）

老子在鲁。

前501年（周敬王十九年，鲁定公九年）

老子居沛。孔子时年五十一岁，曾南至沛，见老子。

前492年（周敬王二十八年，鲁哀公三年）

老子居陈。

前478年（周敬王四十二年，鲁哀公十七年）

楚灭陈，老子遭亡国之痛，逃亡异国。后死于秦，享年约百岁。

其间，著《老子》五千言。

二、主要参考书目

[1]（三国魏）王弼．老子注［M］．

[2]（汉）河上公．老子章句［M］．

[3]（宋）范应元．老子集注［M］．

[4]（清）魏源．老子本义［M］．

[5]马王堆汉墓帛书老子［M］．北京：文物出版社，1976.

[6]郭店楚墓竹简［M］．北京：文物出版社，1998.

[7]马叙伦．老子校诂［M］．北京：古籍出版社，1956.

[8]朱谦之．老子校释［M］．北京：中华书局，1984.

[9]高亨．老子正诂［M］．北京：中国书店出版社，1988.

[10]复旦大学哲学系老子注释组．老子注释［M］．上海人民出版社，1977.

[11]张默生．老子［M］．胜利出版社（土纸本）．

[12]张松如．老子校读［M］．长春：吉林人民出版社，1987.

[13]《哲学研究》编辑部．老子哲学讨论集［M］．北京：中华书局，1959.

[14]顾颉刚．古史辨（第四册）［M］．上海古籍出版社，1982.

[15]顾颉刚．古史辨（第六册）［M］．上海古籍出版社，1982.

[16]詹剑峰．老子其人其书及其道论［M］．武汉：湖北人民出版社，1982.

[17]车载．论老子［M］．上海人民出版社，1962.

[18]杨兴顺．中国古代哲学家老子及其学说［M］．北京：科学出版社，1957.

[19]容肇祖．王安石老子注辑本［M］． 北京：中华书局，1979.

[20]吴光．黄老之学通论［M］．杭州：浙江人民出版社，1985.

[21] 陆永品. 老庄研究［M］. 郑州：中州古籍出版社，1984.

[22] 罗义俊. 老子入门［M］. 上海古籍出版社，2006.

[23] 吕振羽. 中国政治思想史［M］. 北京：人民出版社，2008.

[24] 范文澜. 中国通史简编（第一卷）［M］. 北京：人民出版社，1955.

[25] 冯友兰. 中国哲学史新编（第二册）［M］. 北京：人民出版社，1984.

[26] 侯外庐. 中国思想通史（第一卷）［M］. 北京：人民出版社，1957.

[27] 任继愈. 中国哲学史（第一册）［M］. 北京：人民出版社，1996.

[28] 任继愈. 老子新译（修订本）［M］. 上海古籍出版社，1978.

[29] 郭沫若. 青铜时代［M］. 北京：人民出版社，1982.

[30] 郭沫若. 十批判书［M］. 北京：人民出版社，1982.